Bruno Würtenberger

Klartext

Bruno Würtenberger

Klartext

Lustvoll leben in echter Liebe zu sich selbst und anderen

HORIZON
bewusst leben & denken GmbH

Originalausgabe

1. Auflage 2013
Umschlaggestaltung: ReclameBüro Margret Russer, München
Umschlagfoto: ©Jasantiso, iStockphoto
Satz: Sebastian Carl, Amerang
Druck und Bindung: C.H.Beck, Nördlingen
Printed in Germany

ISBN 978-3-942-88005-3

www.horizonworld.de

Inhalt

Einleitung 11
Aufmerksamkeit 11
Kraftpotenzial 16
Eifersucht, Angst, Neid und Selbstmitleid 19
Liebe und Erleuchtung 24
Wahrheit 28
Ego 30
Freiheit 31
Blasphemie 34
Ideale, Vorbilder und Perfektion 37
Glauben 40
Vorsicht und Alarmbereitschaft 42
Gut und Schlecht 47
Widerstand 49
Freude 51
Religion und Wissenschaft 53
Weltflucht 56
Vertrauen I 59
Gottesfurcht? 60
Das verpasste Leben 62
Kommunikation 64
Die Botschaft des Windes 65
Hier und Jetzt 67
Drogen und Statistiken 68
Erziehung 70
Erfahrung 72
Der Frust mit der Lust 74
Integration und Desintegration 76
Identitäten 83
Vertrauen II 86
Arbeit und Therapie 88
Stärke 92

Erschaffen der Realität 95
Zeit 99
Die Heiligkeit des Lebens 102
Schamanismus 104
Psychologie 110
Die Relativität der Schöpfung 116
Antworten 121
Geld 125
Unterdrückte Gefühle 130
Lebenseinstellungen 132
Familienleben und Bewusstsein 136
Gewalt 142
Täuschung 144
Träume 147
Eigenwille 150
Amt, Würden und Menschlichkeit 152
Lebenserfahrung und Ratschläge 154
Worte 157
Aufregung und Ärger 160
Gebete, Affirmationen und Meditation 162
Göttliche Energie 164
Einheit und Weite 167
Veränderungen 170
Sklaverei 173
Vollendung 175
Gott und Götzen 177
Abhängigkeit 179
Meditation 181
Die Sprache Gottes 183
Scheinpersönlichkeiten 185
Karma 188
Die Unnachgiebigkeit Gottes 189
Bruno 191
Erleuchtung und Verblendung 194
Erfolg 196
Hellseher, Medien, Heiler und Scharlatane 201

Der esoterische Gott ... 204
Das Spiel von Gut und Böse ... 207
Liebe und Glück ... 211
Manager und Spiritualist ... 214
Karma und Verantwortung ... 220
Läuterung ... 227
Leid ... 230
Erleuchtung auf Erden ... 232
Krankheit, der Gesundheit wichtigster Aspekt ... 234
Die Bruderschaft der Weißkittel ... 236
Globalisierung ... 242
Selbstverleugnung ... 246
Du ... 249

Danksagung

Ich bedanke mich bei allen Lesern, besonders bei meinem Sohn Florian, sowie bei allen großen und kleinen Kindern, in der Hoffnung, dass ihnen dieses Buch später oder schon heute zum Wegbegleiter wird. Außerdem widme ich mein ganzes Sein, Wertschätzung und Dankbarkeit, allen Kindern dieser Erde. Ich habe großem Respekt dafür, dass sie hier inkarnieren. Ohne sie wäre die Welt verloren. Jeder Mensch muss seinen eigenen Weg durch die Universen gehen. Keiner kann weder Deine Reise vollbringen, noch Dein Leben leben. Niemand kann Deine Aufgabe für Dich erfüllen. Was wir aber alle können, ist uns gegenseitig zu unterstützen! Du bist wertvoll und Du bist wichtig, die Welt braucht Dich und ich bin froh, dass es Dich gibt!

Einleitung

Der Schweigende vermag mehr von der Wahrheit zu erzählen, weil alles, über das zu reden es sich lohnt, nicht mit Worten zu beschreiben ist.

Genau genommen lüge ich, sobald ich spreche. Mit dieser Tatsache müssen wir uns abfinden. Vor allem ich! Viel lieber würde ich über die Sprache des Herzens mit Dir kommunizieren. Ja, es gibt eine Sprache, die, obwohl gedanklich gesprochen, dennoch direkt aus dem Herzen kommt. Ich nenne sie die Herzenssprache. Sie ist ohne Klang, aber voller Musik. Sie spricht nicht und dennoch erzählt sie von der Wahrheit. Eine wunderbare Sprache. Ich liebe sie! Und genau in dieser Sprache werde ich nun zu Dir sprechen. Gib Dir einen Augenblick Zeit um in Dich zu gehen und den Antworten Deines Herzens zu lauschen.

Aufmerksamkeit

Energie fließt dorthin, worauf Deine Aufmerksamkeit gerichtet ist. Von dort kehrt sie zu Dir zurück und bringt die so von Dir fokussierten Dinge in Dein Leben.

Dies ist die einfachste Möglichkeit Realität zu erschaffen. Es ist nichts Neues, Du tust es unbewusst schon immer so. Wenn Du weißt, wer derjenige ist, der Deine Energien willentlich oder unbewusst auf die Dinge, Menschen oder Situationen richtet, die in Dein Leben treten, dann weißt Du auch, wer Ursprung darüber ist. In dem Moment, in dem Dir bewusst wird, dass Du derjenige bist, welcher bestimmt, worauf Deine Aufmerksamkeit gerichtet ist und wohin Deine Energien fließen, in diesem Augenblick der Erkenntnis bist Du Ursprung.

Jetzt bist Du Meister über Dein Leben, jetzt kannst Du bestimmen, wie es in Deinem Leben weitergehen soll. Meister bist Du nicht erst dann, wenn Du perfekt bist, sondern dann, wenn Du bewusst bist. Weshalb aber wollen nicht alle Menschen Ursprung über ihr eigenes Leben sein? Weil man mit den einhergehenden Vorteilen und der Macht – die ja meistens alle wollen – gleichzeitig auch die Verantwortung mitgeliefert bekommt. Verantwortung ist für die meisten Menschen an Angst gekoppelt. Sie fürchten sich, sich schuldig zu machen. Das Schuld- und Sündenbewusstsein jedoch ist gezielt eingeführt worden, damit Du anderen die Macht über Dein Leben überlässt. Wer immer es fertig bringt, Dich glauben zu machen, dass Du ihn brauchst, um Gott näher zu kommen oder dass Du es ohne seine Hilfe nicht schaffen wirst, Deine Lebensziele zu erreichen, bringt Dich in Abhängigkeit. Dies geschieht nicht nur durch sogenannte Sektenführer, sondern auch durch Institutionen wie Kirchen, Regierungen, Industrien der Chemie oder Genussmittel. Genau genommen basiert die gesamte Konsumgesellschaft und ihre Werbemethoden auf dem Wunsch, Abhängigkeiten zu schaffen, um den eigenen Profit zu garantieren. Es ist fast überall dasselbe. Kaum einer wird Dir sagen, dass Du gut bist, so wie Du bist. Kaum einer wird Dir sagen, dass Du glücklich sein kannst, ohne all diese Konsumgüter, Genussmittel oder Erlöser, welcher Philosophie oder Religion sie auch immer entspringen mögen. Kaum einer wird Dir sagen, dass Du so wie Du bist, 'Gott' und allen Deinen Zielen näher bist, als es alle Ideen und Konzepte je sein können. Alle werden es tunlichst vermeiden, Dir zu sagen, dass Du ein 'kleiner' – respektive 'großer' – Schöpfer bist, dem praktisch keine Grenzen gesetzt sind.

Ja, Du bist ein Kind 'Gottes' und deswegen grundsätzlich heilig und vollkommen. Aber perfekt… nein, perfekt bist Du nicht und Du kannst darüber froh sein! Denn ‚perfekt-sein' im landläufigen Sinne gibt es nicht. Es ist ein künstlicher, statischer, fiktiver Zustand, in welchem es keinen Raum für Wachstum gibt. Da alles Vollkommene wächst und sich weiterentwickelt kommt ein statischer Zustand wie Perfektion dem Tode nahe. Und da so etwas wie der Tod, in einer ewigen Schöpfung wie der unsrigen nirgends zu beobachten ist – denn es findet stets Transformation statt nicht aber Tod – ist ein Zustand wie ‚perfekt-sein' unmöglich. Denn alles fließt. Um nun noch einmal auf die spirituellen oder religiösen Führer zurückzukommen, denn dies soll ja ein spirituelles Buch sein: sie verlangen von Dir zu sein, wie es gar nicht möglich ist zu Sein und schaffen somit in Dir einen Zustand der Unzufriedenheit. Indem jene offenbar selbst nicht perfekten Führer vorgeben, über alles erhaben und damit perfekt zu sein, ist die Situation geschaffen: ‚Ich bin besser als Du.' – oder: ‚Ich weiß mehr als Du.' – oder: ‚Ich bin Gott näher als Du.' – oder: ‚Ich habe die Wahrheit und Du nicht.' Wenn Du das glaubst, befindest Du Dich in der Falle.

Um Dich aus dieser Falle zu befreien, kann es hilfreich sein, etwas Unterstützung anzunehmen. Du bemerkst, dass Du in der Falle steckst, wenn Du bei den meisten Dingen, die Du tun und erleben möchtest, ein schlechtes Gewissen hast. Auch wenn gesagt wird, dass das schlechte Gewissen die Stimme Gottes ist, musst Du den Mut aufbringen, Dich darüber zu erheben. Denn es ist eher die Stimme der von Kindesbeinen an erfolgten Indoktrinationen unerwachter Menschen, die selbst nicht erreicht haben, was sie sich insgeheim wünsch(t)en. Die göttliche Stimme ist viel eher das gute Gewissen in Dir.

Fixierte Aufmerksamkeit

Fixierte Aufmerksamkeit macht Dich abhängig von der Außenwelt und von Deinen Emotionen. Dies lässt Dich vom Agierenden zum Reagierenden werden. Du wirst zum ‚Opfer-der-Umstände'.

Damit Du ein freies Leben genießen und die Fülle Deiner Fähigkeiten – irdische wie auch mediale – verwirklichen und erleben kannst, benötigst Du Dein ganzes Aufmerksamkeitspotenzial. Die Qualität Deines Lebens ist abhängig von dem

Maß freier Aufmerksamkeit, welches Dir zur Verfügung steht. Deine Aufmerksamkeit ist bald erschöpft und somit Deine Lebensqualität fraglich, wenn sie von Geheimnissen, berechnendem Verhalten, Ängsten, Streit, Kritik, Selbstkritik, Denken und Wünschen eingenommen wird. Ja, es herrscht ein wahrer Krieg Deine Aufmerksamkeit. Der ganze Lärm, die Hast und Eile, die Gefahren, denen Du ausgesetzt bist, das Leben, welches dadurch zu einem bloßen Überleben geworden ist, droht, all Deine Ressourcen zu vernichten. Da die Welt, in der Du lebst, nur die Reflektion Deines inneren Zustandes ist, genügt es nicht, wenn Du Dich einfach zurückziehst oder Dich als Einsiedler in abgelegene Gebiete verkriechst. Es genügt nicht, nur den äußeren Lärm zu stoppen. Viel wichtiger ist es, die Ruhe in Dir wieder herzustellen. Dein inneres Befinden muss ruhig, ausgeglichen und friedfertig sein, dann stellt sich die Ruhe im Außen von alleine ein. Ich sage nicht, dass Du Dich nicht zurückziehen darfst. Im Gegenteil! Es ist sehr wertvoll, sich von Zeit zu Zeit zurückzuziehen um die innere Ausgeglichenheit und Klarheit wiederherzustellen, doch es ist nicht das Ziel. Ziel ist es, inmitten der – übrigens von Dir erschaffenen – Welt, immer und überall in Harmonie zu sein. Ich benutze ganz gezielt den Ausdruck ‚Harmonie', weil es verdeutlicht, dass das Leben eine einzige Symphonie ist, in welchem jedes Geschöpf ein Instrument verkörpert und einerlei wie die anderen Instrumente klingen, sollst Du Dich nur darum kümmern, wie Du spielst, wie Du klingst und wie Du in Harmonie mit dem göttlichen Orchester musizierst. Ich schreibe ‚Sein' – und verwandte Formen – an gewissen Stellen des Buches absichtsvoll groß, um explizit auf den reinen Daseins-Zustand hinzuweisen.

Je besser, je klarer und beständiger jeder einzelne Musiker sein Instrument spielt, desto einfacher wird es für die restlichen Künstler in Harmonie, also im Gleichklang mit der göttlichen Komposition, zu spielen. Du kannst sicher sehen, dass dann, wenn der verwirklichte Virtuose den unverwirklichten Musiker belehrt, schon zwei Symphoniker weniger das Spiel begleiten.

In einem Orchester, in welchem jeder jeden belehrt, wird mehr geredet als musiziert, wird mehr darüber nachgedacht, wie man spielen sollte, als dass man spielt. Und so ist es wichtiger für Dich, das Leben zu leben als darüber zu philosophieren und wichtiger, einfach Du selbst zu sein, als zu versuchen so zu sein, wie Du glaubst, dass Du sein solltest. Das Denken nämlich distanziert Dich vom Leben. Es trennt Dich davon, weil Du dann nicht mehr die Unmittelbarkeit der Gefühle – welche nicht im Leben enthalten, sondern das Leben selbst sind – erleben kannst.

Gedanken haben ihre Berechtigung, jedoch ist es wichtig zu wissen, dass das wahre Leben Gefühl ist und nicht Denken. Wenn dieser Umstand verwechselt wird – wie es so oft geschieht – dann wird der Herzmensch immer mehr in den Hintergrund gedrängt und die Welt von Denkern regiert. Wohin eine solche Entwicklung führt, kannst Du der gegenwärtigen Zeit entnehmen.

Fehler zu machen ist dem Perfektionismus vorzuziehen. Auch wenn es Dir unlogisch erscheinen mag: Fehler zu machen ist vollkommen. Oder sind die Früchte an den Bäumen schon vom ersten Tage an reif und saftig? Und, sind sie deswegen unvollkommen? Oder könnte es sein, dass Du einfach eine andere Vorstellung von Vollkommen-Sein hast? Ich kann Dich beruhigen, alles ist immer vollkommen…

dem braucht nichts hinzugefügt und nichts hinweggenommen zu werden. Alles ist vollkommen, so wie es ist. Auch Du. Da aber Wachstum und Reifung in der Vollkommenheit enthalten sind, ist es dennoch auch für die Menschen erlaubt immer weiter zu reifen. Dann aber kommt irgendwann ein Zustand der Ausgereiftheit, dann gilt es zu sterben. Ich meine jetzt nicht den irdischen Tod, sondern das Hineingeboren-Werden in die nächste Wahrnehmungsebene. Und auch in dieser, der für Dich nächsten Dimension menschlichen Seins, beginnst Du wieder als kleines Früchtchen mit vielen verbesserungswürdigen Makeln, welche Du ebenfalls früher oder später überwunden haben wirst und erneut sterben musst. Könntest Du verstehen, dass der Tod – so wie Du irdisch an ihn glaubst – in Wahrheit eine Neugeburt ist, so könnte er Dich nicht mehr so sehr beeindrucken und erschrecken. Im Gegenteil! Du würdest Dich freuen und voller Hingabe diesem Tag entgegengehen. Dadurch erzeugst Du die Bereitschaft erleuchtet zu werden, Deine Widerstände, Ängste und Zweifel würden sich erübrigen und aus Deinem Leben verschwinden und Du könntest beginnen zu Sein. Ich versprach Dir zu erklären, wie Du wieder zu Deiner göttlichen Stimme, dem guten Gewissen findest. Ganz einfach: erlöse alle Geheimnisse, indem Du sie preis gibst. Achte nicht mehr ständig auf Deinen eigenen 'Vorteil', höre auf gegen das Leben und Dich selbst zu kämpfen, stelle Dich Deinen tiefsten Ängsten und gehe durch sie hindurch. Lass alle Widerstände, alles Wollen und Nicht-Wollen los, lass das Denken an zweite Stelle treten und sei wieder ein fühlendes Wesen, welches nicht von seinen Emotionen geleitet wird, sondern vom innigen Bedürfnis so zu sein. So wie Gott Dich erschuf: ehrlich, offen, liebevoll und friedfertig. Einfach Du selbst.

Kraftpotenzial

Es ist Dir gegeben, als Ebenbild Gottes – als Ebenbild des Schöpfers – ebenso kraftvoll und schöpferisch zu sein.

Jeder Mensch besitzt dasselbe Potenzial an Kraft- und Lebensenergie. Jeder Mensch ist angeschlossen an den göttlichen Quell allen Seins. Jeder Mensch hat die besten Voraussetzungen dafür, diese unerschöpfliche Kraft zu nutzen und zu seinem und dem Wohle seiner Mitmenschen und der Tiere einzusetzen. Es ist eine Illusion zu glauben, dass die Kraft ungleichmäßig verteilt wurde. Keiner kommt zu kurz, außer er kürzt sein Potenzial selbst. Kein anderer ist in der Lage Dich zu beeinflussen, Dich zu entkräften oder zu stärken, es sei denn, Du glaubst daran. Es ist nicht Dein Körper, der bestimmt wie kraftvoll Du bist und auch nicht die Umwelt. Es ist ausschließlich Dein Glaube, welcher bestimmend für Dein Erleben ist. Einerlei was Du glaubst: Du wirst es erfahren! Einerlei was Du erreichen möchtest: glaubst Du daran, so wird es sich manifestieren müssen. Tut es dies nicht, so hast Du entweder keine Geduld oder aber Du glaubst nicht wirklich an das Gelingen. Die wenigsten Menschen glauben wirklich, woran sie glauben möchten. Glauben heißt für sie hoffen, vermuten oder wünschen, aber das ist nicht gleichbedeutend und nicht annähernd so kraftvoll wie überzeugt sein. Glauben heißt überzeugt sein ohne jeglichen Zweifel. Absolut sicher sein, dass dem so ist. Das ist Glauben. Die Menschen würden ja gerne an sich glauben und von sich überzeugt sein, doch es gelingt ihnen nicht, weil sie dauernd nur ihre Schwächen im Bewusstsein tragen. Selbst dann, wenn sie sich auf ihre Qualitäten besinnen, schwingt im Hintergrund die Gegenseite mit – all das was 'nicht-in-Ordnung' sei an ihnen. Und das, was sich letztendlich in Deinem Leben manifestiert, ist nicht das Vordergründige, 'positiv-polierte' Denken, sondern das Hintergründige, das Tiefgründige, welches in Deiner Seele mitschwingt, das woran Du wirklich glaubst. Dies ist Dein wahrer Glaube und dort gilt es anzusetzen, wenn Du Dein Leben verändern möchtest. Positiv Denken reicht dafür nicht aus. Es dient bloß als Ersatz für Menschen, die sich selbst nicht ändern möchten. Für Menschen denen es nicht gelingt, das was sie wissen in die Tat umzusetzen. Ja, es ist wichtig zu wissen, dass man durch ‚positiv-Denken', auch wenn es noch so edel klingt, nicht zu einem positiven Menschen werden kann. Ein Positivdenker verhält sich ähnlich dem Schönfärber. Er ist eher ein Restaurateur denn ein Erbauer, er restauriert altes, halb zerfallenes Gemäuer und wird eines Tages überrascht sein, wenn das Gebäude – sein Gedankenschloss – einstürzt. Denn er wusste offenbar nicht, dass das Fundament das tragende Teil, das tragende Element ist. Das Untergründige, das auf den ersten Blick nicht gleich zu sehen ist. Es bedeutet mit anderen Worten: ein negativ eingestellter Mensch muss nur positiv denken, um das Beste aus seinem Leben zu machen. Das ist nicht schlecht, das ist immer noch viel sinnvoller als destruktiv zu sein, aber es ist nicht wirklich positiv. Ein wirklich positiver Mensch braucht nicht positiv zu denken, er IST positiv. Positiv Sein ist ein Grundgefühl, eben ein Fundament des Gefühls und kein Gedanke. Und wenn Deine Gedanken nicht mit den übereinstimmenden Gefühlen erfüllt sind, besitzen sie keine Kraft. Der Gedanke ist das Gefäß, der Inhalt Gefühl. Dieses Wissen richtig angewandt, versetzt Dich in die Lage, jede erdenkliche Realität erschaffen und erleben zu können. Ja mehr noch, es gibt Dir die Möglichkeit bereits bestehende Tatsachen zu ‚entschaffen', zu verändern. Also, die Basis, das Fundament, sind die hinter den Gedanken liegenden Gefühle und nicht das Denken an und für sich. Erst wenn Du wirklich fühlst, was Du glaubst, wird sich Dein Glaube manifestieren. Und alles, was Du gegenwärtig in Deinem Leben wahrnimmst – was Du erlebst – entspricht in höchster Präzision genau dem, was Du wirklich glaubst. Das Leben täuscht Dich niemals über diese Wahrheit hinweg. Es sind feststehende Gesetzmäßigkeiten nach denen das gesamte Universum aufgebaut ist. Deshalb rate ich Dir, nicht nur genauestens zu prüfen was Du denkst, sondern darauf zu achten, was Du fühlst. Dein Kraftpotenzial liegt also in erster Linie in Deinem Fühlen!

Erst in zweiter Linie in Deinem Denken und drittens in Deinen Handlungen. Dann erst, wenn Deine Handlungen in Übereinstimmung mit Deinem Fühlen und Denken sind, hast Du Chancen auf Erfolg. Es gilt also, unter die Oberfläche zu tauchen, um den reichen Schatz der Meere zu heben: unter die Oberfläche des Meeres Deines Universums tauchen und staunen, welch unermessliche Kraft in Dir wohnt. Denn es ist Dir gegeben als Ebenbild Gottes, als Ebenbild des Schöpfers, ebenfalls schöpferisch zu sein.

Du hast tatsächlich nur einen Feind, der Dich daran hindert erfolgreich und glücklich zu sein: deinen Zweifel an Deiner eigenen Größe und Schönheit. Deine Zweifel in Bezug auf all Deine Fähigkeiten und Talente. Deine Zweifel an der Vollkommenheit der Schöpfung und Deine Angst zu versagen. Dein Kraftpotenzial ist unerschöpflich! Wenn Du die Bereitschaft hast zu versagen, dann wird es Dir auch nicht an Mut fehlen, alles zu tun, was es braucht, um Dein eigenes und das Glück der Welt zu vermehren. Wenn Du also ein Ziel hast in Deinem Leben, dann frage Dich zuerst: ‚Bin ich bereit, alles zu tun, was nötig ist?' So lange Du Dich klein hältst, wirst Du in dieser Welt nicht viel bewegen. So lange Du Dich klein machst, nimmt keiner Notiz von Dir. So lange Du Deine wahre Größe nicht anerkennst, wird sie keiner anerkennen. Das Allerschönste daran ist jedoch, dass, wenn Du Deine eigene Größe wertschätzt, Du auch die Kraft und Größe anderer wertschätzen und unterstützen kannst.

Eifersucht, Angst, Neid und Selbstmitleid

Emotionen herrschen über den Menschen.
Eifersucht, Angst, Neid und Selbstmitleid wirken so lange zerstörerisch, bis sie ohne Widerstand erfahren werden.
Dann wandeln sie sich zu Gefühlen, welche Dein Leben unterstützen und bereichern.

Eifersucht macht Dich zum Verlierer

Der Eifersüchtige zeigt mit seinem Verhalten, dass er sich bewusst ist, dass er sich nicht korrekt seinem Partner oder seinen Mitmenschen gegenüber verhält. Dieser Mensch will Macht über jemanden ausüben oder eine Situation besitzen. Diese Macht wir dann entweder in Sanftheit, Grobheit oder übertriebener Sachlichkeit und Logik ausgelebt. Sie produzieren ‚Stimmungen' – angenehme oder unangenehme – um die Menschen zu dominieren. Eifersucht ist eine Steigerung der Angst. Da Eifersucht einen Suchtcharakter aufweist, endet sie stets in Selbstzerstörung. Sie zerstört alles, was diesem Menschen wichtig ist. Eifersüchtige Menschen werden am Ende von allen gemieden. Sie schneiden sich mehr und mehr von der Umwelt ab. Es ist ein langsamer, schleichender Prozess, in dessen Folge die Betroffenen alles, was ihnen Freude bereitet, zerstören. Sie verlieren letzten Endes die Freude am Leben und glauben oft, es wäre besser zu sterben. Denn: sie leben ständig im Gefühl nicht zu genügen, nicht verstanden zu werden und nicht gut genug zu sein. Sie fühlen sich stets ungerecht behandelt und betrogen. Sie müssen daher alles kontrollieren, haben Angst vor Verlust, müssen beschützen und bewahren. Sie fürchten sich vor Einsamkeit und müssen ständig auf alles gefasst sein. Sie glauben, dass sie Opfer sind und benehmen sich oft wie verletzte Tiere, obwohl Sie es sind, welche die anderen und sich selbst verletzen. Doch alle Dinge ändern sich. So, wie das Leben einem beständigen Wandel unterworfen ist, sind auch Deine Emotionen wandelbar.

Eifersucht wandelt sich in Großzügigkeit

Wenn der Eifersüchtige das intensivste Niveau seines Schmerzes erreicht hat, beginnt die Wandlung. Nachdem er all das verlor, nach dessen Besitz ihn dürstete, wird er den Ausweg finden. Keiner vermag den Anderen mit guten Ratschlägen zur Umkehr zu bewegen, bevor dieser nicht den Nullpunkt erreicht hat. Deshalb ist es weise zu warten, bevor Du Deine Hilfe anbietest und es ist notwendig, dass Du die Fähigkeit Leidende zu betrachten, beherrschst. Es ist für den Meister oft das Schwerste, zusehen zu müssen, wie seine Schüler leiden und sogar den Prozess noch zu beschleunigen, damit der Punkt der Umkehr möglichst bald erreicht werden kann. Aber er tut es. Er bringt diese Fähigkeit – Kraft seiner Liebe zu allen Geschöpfen – auf. Er leidet und gleichzeitig lacht er, denn er weiß, Du bist auf dem rechten Weg.

Und irgendwann bemerkt der Eifersüchtige, dass er durch sein Festhalten-Wollen alles verloren hat, und erkennt, dass sein

Leben noch viel mehr bereit hält. Da er nun nichts mehr hat, wird es ihn auch nicht viel kosten, den neuen Weg – zumindest probehalber – zu begehen. Schnell wird er dann erleben, dass das Leben alle seine Wünsche erfüllt, noch bevor er sie äußern konnte. Er beginnt zu sehen, wie töricht es war, zu glauben, er könne irgendetwas oder irgendjemand besitzen oder verlieren. Er wird beginnen, das was ist, zu genießen ohne es festhalten zu wollen.

Er erlebt dann zum ersten Mal in seinem Leben, was es heißt, beständig glücklich zu sein, ohne irgendwelche Bedingungen und Abhängigkeiten. Bald will er diesen Zustand jedem zu Teil werden lassen und es wird sich in ihm eine beispiellose Großzügigkeit entfalten.

Angst macht misstrauisch

Menschen, die Angst haben, einerlei ob diese Angst bewusst ist oder nicht, zerstören ihr Selbstwertgefühl. Sie beginnen nicht nur den Mitmenschen gegenüber misstrauisch zu sein, sondern auch gegen sich selbst und gegen das Leben an sich. Sie fühlen sich fortwähren unsicher und allen möglichen und unmöglichen Gefahren ausgesetzt. Menschen, die in Angst leben, ziehen sich energetisch zusammen. Ihre Ausstrahlung verschwindet und sie werden von den andern nicht mehr wahrgenommen. Sie werden sehr irrational und beginnen, mit dem Leben zu kämpfen. Sie benötigen dafür sehr viel Kraft, die sie eigentlich durch ihre Ängste schon gar nicht mehr besitzen. Denn Angst frisst in Windeseile mehr Energie, als dem Menschen zugeführt werden kann. Angst ist ein schlechtes Geschäft, weil sich die Betroffenen stets mehr verausgaben als sie aufnehmen. Es endet meist in Abgeschiedenheit, Psychosen oder Paranoia. Depressionen – ob manischer oder anderer Natur – schreiben meist das letzte Kapitel eines solchen Menschen.

Angst wandelt sich in Vertrauen

Wenn die Angst bis zum Exzess durchlebt wurde, geschieht die Umkehr. Angst ist die Grundlage aller Kriege, aller Unstimmigkeiten, aller Scheidungen und aller anderen Auseinandersetzungen. Angst ist die Basis aller unangenehmen Gefühle, Gedanken und Erfahrungen. Aber sie kann transformiert werden, und es resultiert daraus das größte Vertrauen und die intensivste Gottverbundenheit. Es lässt Dich innerlich so ruhig werden, dass das Ego keine Lebensgrundlage mehr hat. Du siehst also, das Ego, welches Dir bis dato kompromisslos gedient hat, löst sich von selbst auf, wenn Du die Ängste in Dir überwunden hast. Es ist nicht möglich, dem Ego dadurch den Garaus zu machen, indem Du es bekämpfst und so lange Du es als Feind betrachtest. Ohne wirkliche innere Arbeit und Wandlung besteht keine Chance zur gänzlichen Egobefreiung.

Du kannst noch so diszipliniert Deine täglichen Übungen und Meditationen durchführen, es wird Dich nicht zur Egolosigkeit führen können. Denn auch in der Selbstdisziplin versteckt es sich. ‚Sich-zu-disziplinieren' und ‚sich-diszipliniert-zu-verhalten' sind eben nicht dasselbe wie ‚Disziplin'. Das eine erfordert viel Kraftaufwand, das andere entsteht wie von alleine, ohne speziellen Aufwand. Sobald irgendetwas in einen Kraftakt ausartet, zeigt es Dir an, dass Du auf irgendeiner Ebene gegen Deine Widerstände kämpfst. Nur, welches Ego wird mir glauben, dass es zur Erleuchtung keinerlei Anstrengung bedarf…?

Neid macht Dich unzufrieden

Neid entsteht dadurch, dass man nicht hält, was man anderen und sich selbst verspricht. Der Neidige ist selten offensichtlich. Neid versteckt sich meistens hinter der Maske eines Kritikers. Neidische Menschen unterdrücken ihre kreativen Talente und bewerten sich selbst immer entweder viel zu gut oder viel zu schlecht. Sie erleben das Leben wie durch einen dünnen Schleier und sind oft nicht in der Lage, klare Gedanken zu fassen und Ziele zu finden. Von Neid geprägte Menschen wollen es grundsätzlich gut machen, werden aber von ihrem Minderwertigkeitsgefühl ständig dazu gedrängt angefangene Arbeiten vor ihrer Beendigung abzubrechen. Sie haben einen guten, aber leider schwachen Willen, wenig Selbstdisziplin und oft viel Selbstmitleid. Neid aber wandelt sich – wenn er transformiert wird – ebenfalls in Großzügigkeit.

Selbstmitleid macht Dich zum Opfer

Sich selbst bemitleidende Menschen wirken nach außen sehr sensibel, feinfühlig und vertrauenswürdig. So lange kein Impuls von außen kommt, sind sie meist sehr sanft und zurückhaltend. Dennoch sind sie sehr unberechenbar und können durchaus äußerst aggressiv, sarkastisch und verletzend sein. Selbstmitleidige Menschen können sehr zornig werden und neigen zu Gewalt. Die Gewaltanwendung findet zuerst auf der Gefühlsebene statt, danach auf der psychischen (Psychoterror) und zuletzt auch auf der körperlichen Ebene; und dies entweder gegen andere oder sich selbst. Morde, wie auch Selbstmorde, sind praktisch immer die Folge von Eifersucht, Angst, Neid und Selbstmitleid. Selbstmitleid wandelt sich in Dankbarkeit und Mitgefühl, wenn der selbstmitleidige Mensch gelernt hat, seine fixierte Aufmerksamkeit, aufzulösen. Gefühle wie Eifersucht, Angst, Neid und Selbstmitleid, lassen sich weder durch Medikamente noch durch körperliche oder geistige Kontrolle heilen, sondern nur durch das mutige und gleichzeitig freudige Hindurchgehen. Erst wenn Gefühle bereitwillig und ohne Widerstand angenommen und durchlebt werden, findet die Transformation statt. Und letztendlich geht es nicht darum, nur die Gefühle zu verwandeln, sondern Dein Ego – Dich selbst. Eifersucht, Angst, Leid und Selbstmitleid gehören zusammen wie Geschwister und verhindern klares, selbstloses, ehrliches

Denken und Fühlen. Das ganze Leben ist nur noch Reaktion auf ein oder mehrere dieser Gefühle, die im Grunde genommen alle auf einem Minderwertigkeitsgefühl basieren. Diese Menschen sind nie wirklich sie selbst, sie benötigen viel Unterstützung in Richtung Bewusstseinserweiterung und vor allem dahingehend, wer sie in Wirklichkeit sind. Sie müssen wieder entdecken, dass sie wunderbare Kinder Gottes sind und über unbegrenzte Möglichkeiten verfügen.

Liebe und Erleuchtung

Wahre Liebe und Erleuchtung sind dasselbe.

Liebe ist nicht nur das meistgebrauchte Wort auf Erden, sondern auch das am meisten missbrauchte. Ich sage absichtlich ‚auf Erden'. Denn in den höheren Geistesregionen wird nicht von Liebe geredet, sondern wird die Liebe gelebt. Du kannst davon ausgehen, dass die Menschen immer über jene Dinge am meisten reden, die sie entweder gerade in sich gerade entwickeln oder noch entwickeln sollten. Auch dann, wenn sie kritisieren und belehren, sprechen sie in Wahrheit nur zu sich selbst. Denn, und das hört sich für Dich vermutlich eigenartig an, in Wahrheit existieren keine anderen außer Dir. Zumindest von einer bestimmten Ebene aus betrachtet. Denn das, was Du als Deine Individualität betrachtest, das was sich als ‚Ich' bezeichnet, existiert nicht wirklich. Die Individualität der Menschen ist eher ein Hindernis im Bewusstwerdungsprozess dessen, was Gott ist. Du kannst Gott nicht als dieses ‚Ich' erfahren, denn Gott ist die Ungetrenntheit, in der es weder so etwas wie ein ‚Ich' noch ein ‚Du' gibt. Und deshalb nenne ich die Individualität manchmal auch Invalidität. Weil sie die Menschen daran hindert, die Einheit erleben zu können. Deshalb ist Dein Ego also eher eine Behinderung. Ich sage nicht, dass es schlecht ist, im Gegenteil, es hilft so etwas wie eine Getrenntheitserfahrung zu erleben. Aber es ist ein Traum, nicht die absolute Wirklichkeit. Also, sei Dir stets bewusst, dass jeder von und zu sich selbst redet. Alle scheinbar anderen Wesen, welche Du getrennt von Dir wahrnimmst, sind in Wirklichkeit Teile von Dir, bist Du selbst. Und solange ein Mensch in menschlichem Zustand liebt – womit ich jetzt das Bewusstsein meine – ist Liebe nur Selbstliebe. Er liebt nur das im Außen was er selbst ganz persönlich als gut, schön oder wünschenswert betrachtet. Und da alle diese Bewertungen, die sich ein Mensch im Laufe seines Lebens macht, sich laufend verändern, ändert das auch seine Liebe. Es handelt sich daher eher um eine Vorliebe.

Doch die wahre Liebe, die danach kommt, ist unveränderlich, weil allumfassend.

Echte Liebe ist nicht an Bewertungen und Vorlieben angepasst, sondern frei. Die wahre Liebe ist frei, alles und jeden zu lieben, einerlei wer oder was dieser andere ist, sagt oder tut. Bedingungslos eben. Alle Kriege, alle Scheidungen, alle Krankheiten und alle anderen Konflikte gründen nicht ausschließlich auf Angst, wie ich es schon erwähnte, sondern auch auf einem Mangel an wahrer Liebe. Was Du frei von jeder Angst zu lieben bereit bist, wirst Du niemals mehr bekämpfen. Du wirst nie in Konkurrenz mit Liebe treten können, sondern nur in Harmonie und Verbundenheit agieren können. Die irdische Liebe, ich nenne sie 'Ich-Liebe', ist stets in Gefahr. Und was in Gefahr ist, beginnt der Mensch zu beschützen. Und was er beschützt, fürchtet er zu verlieren. Und was er festhält, wird er verlieren.

Wer seine Liebe beschützen will, errichtet Mauern des Misstrauens. Wer seine Liebe beschützt, beginnt sie früher oder später zu verteidigen. Und noch später wechselt er in eine prophylaktische Angriffsstellung und bald beginnt der Kampf um die Liebe. Der 'Heilige Krieg'. In jedem Krieg wird letztendlich um Anerkennung gekämpft. Anerkennung ist ein Ersatz für Liebe; ein verzweifelter Versuch des Menschen, jene Liebe, die er selbst einmauerte, wiederzuerlangen. Aber es ist hoffnungslos. Wer Liebe sucht und um Anerkennung kämpft, wird nichts anderes als Anerkennung erhalten und damit wird er niemals zufrieden sein. Deshalb hören die Kriege nicht auf. Selbst dann nicht, wenn das Töten und Morden endet. Der Krieg läuft weiter – im Inneren des Menschen. Ja, letztlich sind die äußeren Kriege nur Ausdruck innerer menschlicher Kämpfe. Deshalb rate ich: höre auf zu kämpfen und hab den Mut zu lieben. Dann, wenn Du das innere Kämpfen beendet hast, kehrt Friede und Ruhe ein, dann ist Raum für Erleuchtung. Erleuchtung kann nur in der Stille des Herzens geschehen. Wahre Liebe und Erleuchtung sind dasselbe.

Erleuchtung geschieht, wenn nichts mehr in Deinem Leben wichtiger ist als das Leben. Nun, wo kannst Du Erleuchtung finden? Nirgendwo. Wo kannst Du Gott finden? Nirgendwo. Wo kannst Du Liebe finden? Nirgendwo. Wo kannst Du Deinem Glück begegnen? Nirgendwo. Da stellt sich bloß die Frage: wo ist Nirgendwo? Nirgendwo ist hier. Nirgendwo ist dort, wo Du gerade jetzt in diesem Moment bist. Nein, ich meine nicht den Ort, wo Du Dich gerade physisch befindest. Nein, ich spreche von Deinem Bewusstsein. Dein Bewusstsein ist ‚Nirgendwo'. Dort findest Du alles, wonach es sich zu suchen lohnt. So oft hast Du gehört und gelesen, dass das Himmelreich inwendig ist und, dass Du Gott nur in Dir finden kannst. Aber alle schauen auch geistig in ihren Körper hinein bei ihrer Suche. Das bedeutet, dass sie sich alle noch mit dem Körper identifizieren. Sie suchen leider am falschen Ort. Du musst Deine Aufmerksamkeit auf Dein Bewusstsein lenken und von dort in das Bewusstsein Deines ‚Höheren Selbst' wechseln. Bevor Du in ‚Dich' gehen kannst, bevor Du diesen Ort findest, solltest Du also zuerst einmal wissen, wer Du bist und was Du bist. Du bist nicht Dein Körper, Du bist nicht Deine Gefühle und Du bist nicht Deine Gedanken. Du bist noch nicht einmal Dein Leben, nicht einmal Deine Erfahrung. Nein, Du bist Gewahrsein, Gott. Um erleuchtet zu werden musst Du glauben können, dass Dein wahres ‚Ich', Dein Geist, nicht von Gott getrennt ist.

Wenn Du das nicht glauben kannst, dann macht es nichts, dann wirst Du es im Moment Deines Erwachens erleben. Dennoch, mit etwas Glauben geht alles ein wenig schneller... auch die Erleuchtung. Obwohl oft gerade ein Glaube der Erleuchtung größter Feind ist. Und auch jeglicher Glaube verschwindet in der Erleuchtung, jeglicher Glaubenssatz und alles Denken löst sich auf. Es ist ein Zustand der, wenn er neu ist, die Menschen oft sehr verwirrt. Doch Erleuchtung scheint nur zu Anfang unrealistisch, danach wird schnell klar, dass es nichts realistischeres gibt als das. Es ist eins-zu-eins Leben, wo nichts mehr zwischen dem Betrachter und dem Leben existiert. Alles ist Eins. Keine behindernden Überzeugungen, keine individuellen Vorstellungen und keine Bewusstseinsfilter stehen dann mehr zwischen Dir und dem Leben.

Solange der Mensch an Vorstellungen gebunden ist, lebt er in einem Theater. Er steht auf der Weltenbühne, spielt sein Spiel, mimt seine Rolle und hält dabei diese Vorstellung für wahr. Erleuchtung führt ihn hinter die Bühne, wo er dann mit Schrecken und Verwunderung feststellt, dass sein ganzes Leben ein Schauspiel war. Er kommt sich dann vor wie ein Schauspieler, der die Hauptrolle gespielt hat und sich so mit seiner Rolle identifiziert hat, dass er glaubte, er sei jene Figur die er spielte und selber nicht mehr unterscheiden konnte zwischen Realität und Wirklichkeit. Ja, je 'realistischer' die Menschen werden, desto weiter entfernt sind sie von der Wirklichkeit. Realitäten existieren unzählige, Wirklichkeit gibt es nur einmal. Wirklichkeit ist jenes Leben, welches sich hinter der Bühne abspielt. Sie ist immer da, immer erfahrbar für jeden Menschen der sich entschließt seine Schauspielerrolle abzulegen. Es ist das ewige Leben, das nicht vergeht, wenn der Vorhang fällt. Erleuchtete tragen keine Masken und Kostüme mehr. Man kann sie nicht entlarven, weil sie keine Raupen, sondern Schmetterlinge sind. Es gibt kein wahres Gesicht mehr zu entdecken, weil die Erleuchtung dadurch zustande kommt, dass alle Masken abgelegt werden. Mit anderen Worten, ein erleuchteter Mensch ist vollkommen authentisch, frei von Vorstellungen über das Leben, sich selbst und seine Mitgeschöpfe und frei von Bewertungen.

Nur so gelingt es ihm, das Göttliche zum Ausdruck zu bringen. Du kannst es Dir so vorstellen: das Licht, welches die Menschen durchdringt, muss sich durch viele verschiedenfarbige Filter kämpfen und verliert dadurch an Schönheit und Brillanz. Ein Meister ist ein glasklares Prisma, welches Licht in die reinsten Farben brechen kann oder es als das alles beinhaltende göttlich-weiße Licht in die Welt hinausstrahlen kann. Da Erleuchtete mit keiner Vorstellung identifiziert sind, bleiben sie nicht im Spiel der Identitäten stecken und können jede von ihnen gewünschte Rolle verkörpern. Sie können alles sein, alles fühlen und alles besitzen – aber sie müssen es nicht.

Sie sind frei. Frei, weil sie sich – nur mit der Gegenwart identifiziert – ihre Rollen bewusst auswählen und sie in jedem Augenblick ablegen können. Sie sind frei und erleben die Freiheit ihres Seins, weil sie unerschütterlich an das Grundrecht des freien Menschen glauben. Sie sind überzeugt davon, dass Gott nur freie Wesen erschafft und somit auch in der Freiheit des Seins am besten erfahren werden kann.

Wahrheit

Wahrheit ist das, was Du erschaffst.
Wirklichkeit ist das, was Du erlebst,
wenn Du aufgehört hast etwas zu erschaffen.

Gäbe es nur eine Wahrheit so wäre das in etwa so, als bestünde die Farbpalette eines Malers nur aus einer Farbe. Wie soll er da ein Bild voller Lebendigkeit und Vielfalt malen können? Und für einen Komponisten wäre es etwa so, als müsste er mit nur einer Note eine Symphonie komponieren und selbst der Größte aller Virtuosen könnte kein einziges Musikstück spielen, wenn er nur einen Ton zur Verfügung hätte. Wie klingt wohl ein Symphonieorchester, in welchem alle Musiker mit demselben Instrument spielen…?! Da es aber unterschiedliche

Noten, unterschiedliche Instrumente, unterschiedliche Farben und unterschiedliche Menschen gibt, gibt es auch verschiedene Wahrheiten. Und keine ist wahrer als die andere. Die eine Wahrheit vermag Dich vielleicht mehr, die andere weniger anzusprechen. Du wählst immer jene aus, die Deiner ganz persönlichen Ansicht am nächsten kommt. Änderst Du einmal Deine Sichtweise – Deine Ansichten und Vorstellungen – dann ändert sich auch Deine Wahrheit. Wahrheit ist also nichts Absolutes, Wahrheit ist relativ. Wenn ich von der Wirklichkeit spreche, dann meine ich die sogenannte ‚absolute Wahrheit'. Ich kann Dir den Unterschied nicht besser beschreiben. Es ist etwa so unterschiedlich, wie über Musik reden oder sie zu hören, etwa so unterschiedlich, wie die Vorstellung vom Verliebt-Sein und wirklichem Verliebt-Sein. Wenn Du den Garten erleben willst, solltest Du in den Garten gehen und nicht zum Gärtner; und wenn Du das Leben erforschen möchtest, dann gehe nicht zu einem Philosophen, sondern lebe. Denn es ist ein großer Unterschied über das Leben nachzudenken oder es zu erleben. Das eine ist Theorie, das andere die Praxis. Theorie ist Wahrheit, Praxis jedoch ist Wirklichkeit. Über etwas zu reden, über etwas nachzudenken, kommt nicht annähernd an die Qualität des Erlebens heran. Der Glaube, dass die individuelle Wahrheit die absolute wäre, führt zu wüsten Auseinandersetzungen. Alle Kriege sind Glaubenskriege, alle Wissenschaften basieren auf einem Glaubenssystem und alles, wenn es auch noch so plausibel bewiesen werden kann, gründet letztlich in einer kollektiven Vorstellung der Weltenrealität.

Objektivität gibt es für Menschen nicht. Menschen sind Subjekte, keine Objekte, und darum logischerweise subjektiv. Wenn Du eine objektive Meinung über irgendetwas hören willst, befrage ein Objekt! Und was denkst Du, wird Dir wohl ein Stein antworten, wenn Du ihn nach der Uhrzeit fragst? Wie würde zum Beispiel ein Berg Dir raten, wenn Du ihn nach dem Sinn des Lebens befragst? Was würde Dir eine Blechdose, eine Straßenlaterne oder sonst ein Ding auf Deine unzähligen Fragen, wie auch immer sie lauten mögen, antworten? Siehst Du. Und genau das sind die wirklichen Antworten. Genau das ist die Weisheit, die Du brauchst, denn die Dinge sind erleuchtet, da sie nichts weiter sind als das, was sie sind. Also nimm zur Kenntnis, dass es weiser ist, ein Objekt zu befragen als ein Subjekt, wenn Du die absolute, für Dich richtige Antwort haben möchtest. Frage wichtige Fragen nie einen Menschen, denn der Mensch kann Dir keine wirklich wahre Antwort geben, es sein denn, er ist erleuchtet. Falls Du selbst erleuchtet werden möchtest: Du erreichst diesen Zustand nicht dann, wenn Du ihn willst, sondern dann, wenn Du es Bist. Erleuchtung wollen ist Ego, Erleuchtet-Sein geschieht, wenn Du mit Dir im Reinen bist. Es ist der einzige Weg. Es kommt nicht auf die Menge Deiner Sünden und Fehler an, sondern darauf, ob sie bereinigt wurden. Wenn Dir das Bereinigen zur Gewohnheit geworden ist, geschieht Erleuchtung von selbst.

Ego

Das Ego hat drei Gesichter:
ein bewusstes, ein unbewusstes und ein schlafendes.

Das von allen Seiten so gefürchtete oder gelobte Ego ist das Einzige, was Dich von Deiner Verwirklichung abhält. Das bewusste Ich, ich nenne es Ego, wird mit jedem irdischen Erfolg genährt und in seiner Existenz bestärkt. Das unbewusste Ich – oder eben Ego – wird durch jeden spirituellen Erfolg mächtiger. Beide sind relativ leicht zu beobachten und gut durchschaubar. Doch es gibt noch ein schlafendes Ich. Es ist jenes Ich, das Du im Traum als ‚Dich-selbst' erlebst. Jenes, das alles erlebt, was Du verdrängst oder aus irgendeinem Grunde verbannt hast. Meist wurden die Menschen so von Religion, Gesellschaft, Kultur und Familie indoktriniert, dass gewisse Dinge gänzlich nach innen verdrängt wurden. Du hast dann ein Traum-Ich erschaffen, das alles das, was Du nicht sein durftest, zu leben begann. Je weniger Du Dein Innerstes im Alltag auszudrücken vermagst, desto größer wurde Dein Traumleben. Dass die Menschen heute so viel Schlaf benötigen, zeigt wie wenig sie sich selbst leben in ihrem Alltag. Wenn Du erwacht bist und ganz Du selbst, dann brauchst Du nicht mehr zu schlafen. Zumindest nicht mehr als 2 – 3 Stunden. Das genügt vollauf, um den Körper zu regenerieren, da Du zum Leben fast keine Energie mehr benötigst. Alles geht leicht und spielerisch. Denn erholen tust Du Dich im Tiefschlaf. Im Tiefschlaf sind alle Deine Egos vergessen. Dort sind weder Träume noch Gedanken, dort Bist Du reine Essenz des Geistes, Eins mit dem Göttlichen. Alle drei Egos sind der Ausdruck von Wunsch und Widerstand. Das Ego, egal welches, ist immer im Kampf mit der Welt, dem Geist oder Dir selbst. Es lebt im Schweiße des Angesichts. Solange Du irgendetwas ablehnst oder nach irgendetwas dürstest – außer dem Leben selbst – hast Du keine Chance, Deine eigene volle Transzendenz zu erfahren. Beginne zu leben!

Freiheit

Wie kannst Du frei sein, wenn Du Dein ganzes Leben lang, Tag für Tag, alles dafür tust Dich an Dinge zu binden, die Du allesamt nur ausgeliehen hast?

Du bist an alles gebunden, sobald Du bemerkst, dass Du es jetzt, in diesem Moment, nicht hergeben kannst. Sei es ein geliebter Mensch, Partner, Kind, Freund, Feind oder Dein Haustier. Seien es Dinge wie Geld, Wohlstand, Auto, Kleidung, Dein Haus, was sonst auch immer. Auch Deine Ideologien und Philosophien, Dein Glaube und Deine Vorstellungen vom Leben fesseln Dich an eine Welt, die unbedeutend ist. Ich sage nicht, dass Du diese Dinge in Deinem Leben nicht genießen sollst. Ich rate Dir bloß dazu, Dich nicht an sie zu binden. Wenn Du ihnen anhaftest, bist Du verloren. Dein Leben wird dann mehr oder weniger von Schmerz und Leid geprägt sein. Denn die meisten Tränen vergießt Du nicht wegen anderen oder wegen wirklich traurigen Begebenheiten, sondern wegen Dir, wegen Deinen Verlusten. Alles, woran Dich Deine Lust bindet, wird früher oder später zum Ver-Lust. Dies zeigt des Menschen Hang zum Leiden. Alle Gelüste, jede Gier nach etwas, alles wovon Du Dich jetzt nicht trennen magst, macht Dich abhängig und unfrei. Du bist ein Gefangener Deiner Wünsche und Ängste. Es hört sich im Moment vielleicht etwas eigenartig an, aber Du genießt das Leiden und Du bist nicht bereit, es herzugeben, weil Du an es gebunden bist. Kein anderer Mensch kann Dich jemals unfrei machen und keine Fesseln sind enger gebunden als diejenigen, die Du Dir selbst umgelegt hast. Im Grunde genommen kannst Du immer frei sein, sogar im Gefängnis. Ja, selbst im tiefsten, Verlies, bei Wasser und Brot, ist es möglich frei zu sein. Denn die Freiheit misst sich nicht an Raum- und Bewegungsfreiheit, auch wenn diese in der Welt immer ausgedehnter wird, sondern an innerem Ungebunden-Sein. Des Menschen Lust zu reisen entspringt innerer Gebundenheit, sie ist ein Versuch, sich frei zu fühlen. Doch alle kehren sie an den Ausgangspunkt ihrer Reise zurück. Alle nehmen ihre Verhaftungen mit auf ihren Reisen. Alle bleiben sie Gebundene, selbst die Astronauten – egal wie weit sie von der Erde entfernt sind – ihr Bewusstsein bleibt nicht auf der Erde zurück. Alles, was Du gelernt hast, alles, was Du glaubst, alles, was Du weißt oder glaubst zu wissen, alle Deine Überzeugungen und Glaubensmuster, Meinungen und Bewertungen und Deine ganze Lust nach ‚Großartig-sein-wollen' reisen stets mit Dir mit. Ja, die ganze Welt reist mit, denn sie ist der Spiegel Deines Inneren und dieser wird Dir immer zeigen, wer Du in Wirklichkeit bist, wie Du denkst, was Du glaubst, was Deine Wünsche und Befürchtungen sind. Natürlich bist Du in Wirklichkeit nicht Dein Leben, nicht Deine Wünsche und nichts von alledem, aber Du kommst nicht darüber hinaus, weil Du an diese Wirklichkeit – nennen wir sie der Einfachheit halber ‚irdische Wirklichkeit' – gefesselt bist. Freiheit misst sich in jenen Augenblicken, in denen Du Dich glücklich fühlst, ohne dass jemand bei Dir ist, ohne dass Du Dich an etwas Schönes erinnern musst, ohne dass Du etwas in Aussicht hast. In Momenten, wo Du wunschlos bist, wo Du nicht zu denken brauchst und wo Du weißt, dass Du eins mit Gott Bist, ganz ohne Vorstellungen. Die Vorstellung eins zu sein mit Gott ist nicht das Eins-Sein selber, genauso wenig wie der Gedanke an etwas, die Sache selber ist. Es ist nicht dasselbe, ob Du Dir vorstellst verliebt zu sein, oder ob Du es wirklich bist, oder? Und deshalb sage ich, dass die Liebe Dich frei macht. Aber nicht die Liebe zu Dingen oder Menschen, nein, die Liebe zum Leben. Die Liebe zu allem, was das Leben Dir zu bieten hat, einerlei ob dies nun freudig oder traurig, schmeichelhaft oder schmerzlich ist. Das Leben beinhaltet Aufbau und Zerstörung, liebe beides und Du bist frei. Ich sage nicht, dass Du zerstörerisch sein sollst und ich sage nicht, dass Du liebevoll sein sollst, sei wie Du bist, das ist die Lösung. Dennoch, ich möchte Dir zum besseren Verständnis noch einmal ins Gedächtnis rufen, wie wichtig und lebensnotwendig auch Zerstörung ist. Die Sonne zum Beispiel zerstört die Nacht, der Sommer zerstört die Frühjahrsknospen der Pflanzen, der Herbst die Blätter und der Winter die Früchte. Ununterbrochen ist Zerstörung und Tod am Wirken. Deine Zellen sterben millionenfach in jeder Minute, damit auf der Gegenseite Geburt und Leben stattfinden können. Es ist nicht Tod, sondern Transformation, was da vor sich geht. Es ist die unermessliche Liebe Gottes, welche ständiges Werden ermöglicht. Nichts steht still, alles ändert sich und es ist gut so. Wehre Dich gegen dieses Naturgesetz und Du wirst leiden, liebe es und Du wirst staunen, ob der Großartigkeit und Vollkommenheit der Schöpfung, von der auch Du ein Teil bist. Wenn Du sie unterstützen möchtest, dann befreie Dich, sei frei und lebe Dein wahres Selbst, Dein wahres Sein, bringe es zum Ausdruck und erlebe Dich als Schöpfer, als Schöpferin – als Gott.

Blasphemie

Die wirkliche Gotteslästerung ist nicht der Glaube, dass Du Gott Bist, sondern der, dass Du glaubst, es nicht zu Sein.

Blasphemisch ist allein Dein Glaube, Du seiest unvollkommen. Zu glauben, dass Gott die Kontrolle über diese Welt verloren hätte, ist Gotteslästerung. Zu glauben, nicht jeder Mensch hätte die gleichen Möglichkeiten, ist blasphemisch. Es dient der Ehre Gottes zu glauben, dass alles gut ist, so wie es ist. Du kannst das vielleicht nicht verstehen, aber was verstehst Du denn schon wirklich? Verstehst Du, dass Kriege notwendig sind um die Menschen zu einem höheren Bewusstsein zu führen? Verstehst Du, dass es notwendig ist krank zu sein und zu leiden um die eigene Entwicklung voranzutreiben? Verstehst Du, dass es hilfreich für Dich sein kann, zu versagen, Liebeskummer zu haben und Mangel zu erleben? Verstehst Du das? Du kannst aber bestimmt verstehen, dass es nötig ist, dass es hin und wieder regnet. Du versteht, dass die Zerstörung von Pflanzen notwendig ist, damit Du etwas zu essen hast? Ich heiße das im Bezug auf die Tierwelt nicht gut, denn Tiere gehören einer anderen Entwicklungsstufe an und sind weder zum Verzehr gedacht, noch dazu geeignet.

Du stellst Dich nicht über Gott, wenn Du Dich Ihm gleichstellst. Und, steht nicht geschrieben, dass Du nach dem Ebenbilde Gottes geschaffen wurdest? Na also, wo ist denn die Gotteslästerung? Es ist eine Lästerung, den Menschen glauben zu machen, sie seien unzulänglich und genügen Gott nicht, sie seien Abtrünnige, Verstoßene aus dem Himmelreich Gottes. Du bist nicht verstoßen worden, Gott würde so etwas niemals tun, Du bist nur ein Reisender. Und Du reist in Wirklichkeit nicht durch eine Welt, sondern durch Dein Bewusstsein. Alles andere als Dein Bewusstsein, ist Dir nicht zugänglich, es sei denn, Du findest zurück in Dein Gewahrsein.

Gewahrsein ist jener form- und namenslose Bereich, jener Zustand, in dem Du verweiltest als Du noch unschuldig warst. Unschuldig warst und bist Du in jenen Augenblicken, in denen Du frei bist von jeglicher Vorstellung. In denen Du nichts weiter bist, als das, was Du Bist. Du fühlst Dich dann wie ein Regentropfen, der ins Meer fällt. Was ist er dann? Noch ein Tropfen oder das Meer? Und was denkst Du, was Du sein wirst und warst, und eigentlich immer bist, wenn Du, Dein Ich und Deine Egos in Gott eintauchen? – Gott! Und so ist das keine Gotteslästerung, sondern einfach eine logische Schlussfolgerung, eine Tatsache.

Man kann mich nun deswegen angreifen, beschimpfen und verachten, dennoch bleibt es meine unumstößliche Wahrheit. Diese Dinge zu sagen, wird in einer Welt voller Unfreiheit und Gottesfurcht nicht gerade mit Jubel entgegengenommen. Doch stört das den Frieden des ‚Freien Geistes' in keiner Art und Weise. Gottesfurcht erreicht niemals den Gottesfreudigen, Angst erreicht nicht den Furchtlosen und Zweifel nicht den Überzeugten. Diese Welt kann mich nicht erreichen, denn ich bin nicht von dieser Welt. Ich kann mich in sie hinein begeben, sie jedoch nicht zu mir ‚aufschwingen'. Ich tauche in sie hinein und wieder aus ihr heraus so, wie ich es will, denn ich bin frei. Die Welt kann mich nicht 'ertränken' mit ihrer Finsternis, weil ich das Licht Gottes Bin. Und das was ich Bin, Bist auch Du. Deshalb tust Du gut daran, Dich nicht wie ein Adler im Hühnerstall aufzuführen. Flieg! Erhebe Dich in die Lüfte, breite Deine weiten, mächtigen Schwingen aus und gleite, wenn Du möchtest, in Deiner ganzen Pracht, majestätisch durch die Lüfte. Wenn Du es jedoch bevorzugst, weiterhin wie die Hühner im Hof herumzuscharren, dann tu es, aber höre auf, Dich darüber zu beklagen. Das Leben ist nicht gezwungenermaßen schmerzhaft, anstrengend und mühselig, es ist nicht unspirituell und es verlangt keine Entsagung im landläufigen Sinne, es ist Genuss. Das Leben ist wahre Freude für jene, welche sich über die Mühsal, über den 'Hühnerhof' hinaus in die Weite des Seins aufschwingen. Das Leben ist Freude!

Du fragst, wie es denn mit all den Hungernden und Dürstenden, den Kranken und Behinderten sei? Ist es nicht so, dass gerade jene oft mehr Natürlichkeit an den Tag legen als jene, denen nichts fehlt? Hast Du schon einmal das unbekümmerte Lachen eines Geisteskranken gesehen? War es nicht wunderbar? Hast Du Dir insgeheim nicht auch schon gewünscht, die Freiheiten und die Spontaneität eines Behinderten zu leben? Ja, sie sind viel authentischer als 'normale' Menschen. Selbst in ihrer Wut sind sie echter als andere in ihrer Freundlichkeit. Es ist also daher fraglich und nicht so ohne weiteres zu beantworten, wer nun wirklich glücklicher ist, jene oder Du. Du kannst es nur erahnen, aber Du weißt es nicht. Du kannst es nicht wissen, weil Du voller Bewertungen und Vorstellungen bist. Aber, es geht auch nicht darum, dass Du Dir nun überlegst, ‚was-wäre-wenn…', sondern darum, dass Du endlich damit beginnst, Dein eigenes Leben zu leben. Wer keine Freude am Leben hat, wird gelebt, wird solange gemolken, bis er oder sie nichts mehr hergibt. Dann landen sie im Schlachthaus und – aus ist es mit ihnen. Das war's dann. Ende, aus.

Das ist Gotteslästerung: Als Adler geboren sein, wie ein Huhn zu leben und wie eine Kuh zu sterben! Das hätten selbst die Tiere nicht verdient aber die Unfähigkeit das eigene Leid anzunehmen und sich aufzuschwingen, führt dazu, dass die Menschen den anderen Mitgeschöpfen ebenfalls Leid zufügen, bewusst oder unbewusst. Und am Ende sagen sie immer: ‚Ich habe es doch nur gut gemeint, das wollte ich nicht!'

Ideale, Vorbilder und Perfektion

Ein Ideal ist ein Vorbild,
welches Du niemals erreichen kannst.
Es macht Dich unzufrieden, angespannt und unehrlich.
Perfektion ist leblos, kalt und tot –
und Gott sei Dank unmöglich.

Selbstverständlich hast Du Ideale und Vorbilder, denen Du nacheiferst. Auf den ersten Blick mag das hilfreich und sinnvoll sein. Doch welche Vorbilder hast du: Jesus, Buddha, Krishna, Leonardo da Vinci oder vielleicht Michael Jackson?! Wer auch immer Dein Vorbild ist, wird bestimmt von dessen Unnachahmbarkeit und Unerreichbarkeit. Denn Du bist ein Mensch, ein Mensch voller Unzulänglichkeiten und Unperfektheit. Es wird Dich deprimieren, dass Du nicht dieselben Möglichkeiten hast, wie jene, die Du verehrst. Solltest Du Dich auf dem spirituellen Pfad befinden, wirst Du Dich möglicherweise nach all Deinen Kräften bemühen, perfekt zu sein. Du hast den Blick für die ‚Vollkommenheit der Unvollkommenheit' verloren. Du möchtest keine Fehler mehr haben, hast sie aber. Du willst immer nur gut sein, schaffst es jedoch nicht. Du möchtest nur gute Gedanken, nur gesund essen, nur weise reagieren, doch es funktioniert nicht – Du bist ein Mensch. Und der Mensch, ja die gesamte Schöpfung, ist nicht perfekt, deshalb sind ja auch Entwicklung und Wachstum möglich. Was sich nicht mehr weiter entfalten kann, ist nicht perfekt, sondern tot. Selbst Gott wird mit jedem Augenblick größer, wächst und entfaltet sich mehr und mehr. Dadurch ist auch er vollkommen. Aber was geschieht und geschah tatsächlich bei Dir, während Deiner Bemühungen zur Perfektion? Du musstest alles, was nicht sein durfte, unterdrücken, denn es widersprach Deinem Ideal. Dies führte zur größten Misere der Menschheit. Und da es keine Menschheit gibt, sondern nur Menschen, ist es Deine Misère. Sie gehört Dir. Die Menschheit, die Gesellschaft, Kulturen oder

Systeme laufen Dir nicht über den Weg. Nur Menschen. Es ist immer der einzelne Mensch, der es ausmacht. Nicht die Menge kann die Welt verändern, sondern der Einzelne: Du. Nun sage ich nicht, Du sollst keine Vorbilder haben. Du solltest sie jedoch bloß als eine Art Richtschnur betrachten, nicht als etwas, was unbedingt erreicht werden muss, sondern als etwas, was Dir die Richtung anzeigt und Dir – einem Leitstern gleich – den Weg weist. Auch nicht als etwas, zu dem Du werden solltest, sonst läufst Du Gefahr, zu einer Kopie zu werden. Dann wirst Du zu dem, was der andere ist und nicht zu dem, was Du bist. Deine Verwirklichung liegt aber eben gerade darin, Du selbst zu sein. Ohne Kompromisse. Du bist hier, um Du selbst zu werden, Dich selbst zu erleben, Dich selbst auszuprobieren, solange bis Du erkennst, wie wunderbar göttlich Du bist. Bis jetzt kannst Du wohl sehen, dass es andere Menschen geschafft haben, göttlich zu sein, doch jetzt ist der Zeitpunkt erreicht, wo Du erkennen sollst, dass Du es ebenfalls bist. 'Werden' und 'Vergehen' widersprechen nicht der Vollkommenheit, nach der Du strebst. Alles kommt und geht, alles fließt. Nicht mehr zu fließen wäre Dein Tod. Es wäre der Untergang Deiner Vollkommenheit, welche auch in Deiner Qualität, Dich zu verändern, zum Ausdruck kommt. Alles, was lebt, ändert sich und der Grund Deines Daseins ist: zu leben. Was Du jedoch versucht hast, ist, Dich dem Leben vorzuenthalten, Du hast Dich dem Leben verschlossen, weil es so viele Gefahren birgt. Weil es einfach nicht möglich ist, in einer Welt wie dieser perfekt zu sein. Du bist tot. Dich hat Jesus gemeint, als er von den ‚Toten' sprach. Dich und alle anderen, welche nicht leben, sondern dahinvegetieren und mit geschlossenen Augen durch die Welt wandern. Du siehst nicht mehr die Pracht der Natur, die Blumen, die Düfte und Klänge, welche sie hervorbringt.

Die kosmische Musik geht an Dir vorbei, Du hast Dein musikalisches Gehör verloren, Du hast Dich allem Lebendigen verschlossen. Kein Wunder also, dass Du Dich nach 'lebendigen' Vorbildern richtest. Jesus sprach mit den Blumen, Buddha redete mit den Bergen, aber Du sprichst nur mit Dir selbst.

Alles göttliche und alles teuflische hast Du schön nach außen projiziert. Du selbst bist irgendwo dazwischen: weder heiß noch kalt – lau eben. Und dementsprechend lau und flau ist Dein Dasein. Kein Wunder also, dass Du eine Außenwelt brauchst, in der so viel Aktion, soviel Gewalt, Leid und auch 'Heiligkeit' geschieht. Denn Du sehnst Dich in Wirklichkeit nicht nach einem perfekten Gott, einem perfekten Menschen, sondern nach dem Leben! Gott ist das Leben! Mein Rat ist also: suche das Ideal in Dir. Werde zu dem, was Du bist und orientiere Dich an Deinem Inneren. Alle äußeren Ratgeber können Dir zwar raten, aber deren Rat führt Dich nicht näher zu Dir, sondern eher noch weiter weg. Es ist nicht wichtig, dass Du so wirst wie andere glauben, dass es gut sei, sondern so, dass Du vollkommen authentisch und Du selbst bist. Dies mag nicht so verlockend klingen, jedoch führt es Dich eher zum Ziel, als dass Du Dich verleugnest und unzufrieden mit Dir bist. Es entsteht dadurch nämlich eine enorme Spannung in Dir, der Du nicht lange Herr sein kannst. Sie macht Dich nervös und angespannt. Durch diese Reizbarkeit bist Du auch nicht mehr bereit, andere Standpunkte und Ansichten zu respektieren. Du gehst auf Kampf mit der Welt und Deinen Mitmenschen, machst Dich unbeliebt und stehst bald alleine da, in einer Welt voller 'Unverständnis', 'Herzlosigkeit' und 'Härte'. Du wirst selbst unter Tausenden von Menschen einsam sein, Dich verloren und alleine fühlen. Niemand versteht Dich, weil Du Dich selbst nicht verstehst. Du verleugnest Dich selber in jedem Moment, wo Du nicht zu Deinen Bedürfnissen stehst, weil Du glaubst, dass sie in Deiner Welt keine Berechtigung haben. Doch alles hat Berechtigung zu sein, alles was in Dir ist, ist Ausdruck göttlicher Vielfalt und Vollkommenheit. Wirkliche Perfektion ist: perfekt Du selbst zu sein. Alles andere ist verlogen und unehrlich, nicht echt, nicht Du. Und selbst so liebt Dich Gott über alles! Gottes Liebe kann nicht erkauft werden, durch welche Taten auch immer. Gottes Liebe ist immer bei Dir und Du wirst sie mehr und mehr spüren können, je mehr Du Dich selbst spürst, und Gott mehr und mehr erleben können, wenn Du bereit bist, Dich selbst zu erleben. Wenn Du bereit bist, ja zu sagen, Dich anzunehmen und endlich aufhörst, Dich selbst abzulehnen. Du brauchst keine Angst zu haben. Das Einzige, was Dir dabei passieren kann, ist glücklich zu werden, Deine Bestimmung zu finden und zu erfüllen. Sicher hast Du schon schlechtere Geschäfte getätigt.

Die Erfolgsrechnung ist ganz einfach:
Leben minus Bewertung – gleich Lebensfreude,
Lebensfreude minus Begrenzung – gleich Dankbarkeit,
Dankbarkeit minus alles, was Dich daran hindert – gleich Liebe
Liebe minus Eigenbedarf – gleich Erleuchtung.

Glauben

Glauben ist die wahre Magie.

Wenn Du wirklich glaubst, was Du glaubst, dann wirst Du erleben, dass im Glauben mehr Schöpferkraft – wie auch Zerstörungskraft – liegt, als in allen anderen wissenschaftlichen oder okkulten Techniken. ‚Was glaubst Du eigentlich, wer Du bist?!', diese Frage habe ich in meiner Jugend nur allzu oft gehört. Mein Vater hat es immer dann gesagt, wenn er damit ausdrücken wollte, dass ich mich seiner Meinung nach, überschätze. Damals fühlte ich mich angegriffen durch diese Worte. Heute weiß ich, dass genau diese Frage absolut essenziell ist und sie sich jeder stellen sollte. Denn die Antwort, sofern sie ehrlich ist, zeigt Dir auf, wie Dein Leben in Zukunft sein wird und weshalb es bis jetzt so war, wie es war. Ja, Glaube ist Magie. An was Du glaubst, ist unwesentlich. Wesentlich ist, dass Du davon überzeugt bist. Wenn Du wirklich glaubst – unabhängig davon an was – so wirst Du es früher oder später erfahren. Dein ganzes Leben basiert auf Glauben, alles was Du tust oder unterlässt zu tun, basiert auf Glauben. Alles was Du siehst oder nicht siehst, basiert auf dem, was Du glaubst. Dein Glaube filtert alles, was

Du erlebst, sagst oder tust. Diese Filterbrillen, welche die Menschen tragen, bergen nur eine Gefahr: Zuviel davon macht die Brillengläser, durch die sie die Welt erleben, so dunkel, dass sie fast nichts mehr sehen können. Zu viele Glaubensfilter auf einer Brille machen blind. Du solltest daher nicht viel glauben, sondern tief glauben. Ich glaube an die Freiheit des Geistes, an die bedingungslose Liebe Gottes und an die Freude des Lebens. Ich glaube, dass erst, wenn jeglicher Glaubensinhalt verschwunden sein wird, der echte Zustand des Menschseins zu Tage treten kann. Noch haben wir viele Gesichter, viele Wahrheiten, viele Glaubensmuster. Dann jedoch, wenn Du erwacht bist, wird Dir klar, dass es besser ist, nur wenige Dinge, diese aber umso tiefer zu glauben. Dies macht Dich unmittelbar zum Schöpfer Deines Lebens. Das Leben als solches wurde Dir von Gott geschenkt, es ist pure, undefinierte Lebendigkeit. Doch Dein Erleben, Deine Erfahrungen, das was Du bist, hast Du erschaffen, Du ganz allein. Natürlich kannst Du anderen die Schuld für Deine Erfahrungen zuschieben, doch damit ändert sich nichts, außer dass Du Deinen Glauben bestätigt finden wirst. Du könntest Dich aber auch bereit machen, die Verantwortung für Dein Leben zu übernehmen – und Hand in Hand damit auch wieder die Macht über dieses Leben zurückgewinnen. Doch damit dies funktioniert musst Du es glauben. Du erschaffst – mit jedem Atemzug – Dein Leben neu. Auch Dein Körper wird von Dir in jedem Augenblick neu erschaffen, ob Du Dir dessen nun bewusst bist oder nicht, spielt keine Rolle. Doch welch großartige Möglichkeiten stünden Dir offen, wenn Du die Verantwortung für Dein Leben übernähmst? Was glaubst Du, was dann für Dich alles möglich wäre? Glaubst Du, es wäre dann schwierig, erfolgreich, glücklich und gesund zu sein? Es kann sein, dass Du recht hast, und Du Dir Deinen Glauben erst nach den entsprechenden Erfahrungen gebildet hast. Doch es gibt zu diesem Glaubenssatz eine Alternative. Das Gegenteil. So wie Jesus es formulierte, geschieht alles nach Deinem Glauben. Jesus sagte: Es ist Dein Glaube, der Dich geheilt hat. Ja, er sagte auch, dass der Glaube Berge versetzen kann. Das ist doch ein verlockendes

Angebot. Warum es nicht einmal versuchen? Ja, ob Du es versuchst oder nicht, hängt jetzt auch schon wieder von Deinem Glauben ab. Glaube mir, glaube Dir, glaube niemandem, glaube von mir aus der Kirche oder bestimmten Religionen. Glauben wirst Du immer. Doch wäre Dein Leben wesentlich leichter, wenn Du glauben könntest, dass Du, in Deiner Freiheit zu glauben was Du willst, Dir Deine eigene Realität genau so gestalten kannst, wie Du sie haben möchtest. Du brauchst es zu tun, mir ist es letztlich gleichgültig. Doch solltest Du auf allen anderen Wegen erfolglos bleiben, denk' an diese Möglichkeit, sie besteht auch in einigen Jahren noch. Das glaube ich jedenfalls. Kein Mensch und kein Gott kann Dich zwingen etwas zu glauben, was Du nicht möchtest. Gott nicht, weil er Dich in Deiner Einzigartigkeit liebt und Deine Mitmenschen nicht, weil ihnen keine Macht über Deinen Glauben gegeben ist, außer Du gibst sie ihnen freiwillig. Glaube ist keine Sache des Verstandes, sondern des Herzens. Wenn Du Dich also frei fühlst, dann bist Du frei. Fühlst Du Dich stark, so wirst Du stark sein. Fühlst Du Dich erfolgreich, so wirst Du erfolgreich sein. Und, wie fühlst Du Dich? Was glaubst Du, wer Du bist? – Und genau das wirst Du sein.

Vorsicht und Alarmbereitschaft

Vorsicht ist fehl am Platz,
außer Du bist ängstlich.

‚Sei bloß vorsichtig', – ‚Gib ja acht auf Dich', – ‚Gott möge Dich beschützen',- ‚Sei nicht leichtsinnig', – ‚Pass auf mit wem Du redest', – ‚Sprich ja nicht mit Fremden'.

Ja, ja, sei bloß vorsichtig. Diese gut gemeinten Ratschläge und Wünsche entstehen, wenn Vertrauen fehlt. Da kein Mensch sterben möchte, kannst Du sicher sein, dass er vorsichtig ist. Es mag Dir oft als waghalsiger Leichtsinn erscheinen, was andere so machen. Aber Du kannst sicher sein, sie sind vorsichtig. Es ist eine wunderbare Idee, jemandem Gottes Schutz zu wünschen. Doch beschützen – vor was? Vor dem Leben? Und, ist Gottes Schutz Dir nicht ununterbrochen gegeben? Bist Du kein Kind Gottes? Hast Du schon mal darüber nachgedacht, dass Du und auch die anderen Menschen hier sind um Erfahrungen zu machen? Willst Du, dass Dich Gott vor Deinen Wunscherfahrungen beschützt? Steckt dahinter nicht eher der Glaube an die Sterblichkeit? Ist Vorsicht nicht einfach bloß Misstrauen und Angst? Wieso solltest Du denn vorsichtig sein? Ich sage Dir weshalb: Weil Du schön angepasst und Deine Rechte nicht einfordern sollst. Bleib bescheiden, sei bloß vorsichtig, sagen die Mächtigen dieser Welt zu Dir, weil sie keine Konkurrenz mögen. Sie wissen wie machtvoll der Mensch sein kann, wenn er sich keine Grenzen setzt. Und für den Fall, dass Du es nicht bereits schon selbst getan hast, tun sie es zur Sicherheit – die Lehrer, Politiker, Eltern und die Gesellschaft. Besser vorsichtig sein, auf Nummer sicher gehen, man kann ja nie wissen…

Ja, das können sie wirklich nicht. Sie sollten tatsächlich etwas vorsichtiger werden, denn die Menschen beginnen zu erwachen. Wie wunderbar! Doch vorsicht ihr Manipulatoren und Nutznießer der Blinden, bald werdet ihr die Macht verlieren, denn der einzig wirklich mächtige Mensch auf Erden ist derjenige, der die Macht über sich selbst hat. Den Erwachten könnt ihr nicht mehr zur Masse hinzutun, er ist auch nicht mehr die Gesellschaft, er ist nicht mehr nur ein Konsument, ein Stimmberechtigter oder ein Steuerzahler. Er ist Mensch. Er ist frei und unabhängig, unkontrollierbar, unerpressbar – und oft sehr unbequem. Und auch wenn ihr die Erwachten am liebsten beseitigen würdet, so ist ihre Macht dennoch größer als die jener Machtbesessenen. Ja, sie reicht über den Tod hinaus. Sind sie erst einmal eingesperrt oder besser gesagt, ausgesperrt, werden sie zu Märtyrern. So, wie Jesus einer war. Sind sie erst einmal tot, werden sie Heilige sein, die Menschen werden sie verehren und sich für ihr Vorbild einsetzen. Sehr unbequem, sehr unbequem… Deshalb ist es weitaus besser, Mörder und Betrüger heilig zu sprechen, sie werden nie wirklich ungemütlich und außerdem haben sie ja ihre Gräueltaten für den guten Glauben getan, für den lieben Gott und seine Kirche, wie auch immer sie in den verschiedenen Ländern heißen mag. Der Erste, der der Kirche den Rücken zugedreht hat, war Gott selbst. Das bedeutet nicht, dass er jene Menschen nicht liebt, sondern dass Gott keine Freude hat an dem, was er sieht. Es mögen ja alle guten Willens sein, doch hin und wieder würde es nicht schaden, ein wenig nachzudenken. Keine Religion besitzt die Wahrheit, kein Gott verlangt durch Leid erzeugte Opfergaben, kein Gott befiehlt Kriege, es sei denn, er ist kein wirklicher Gott, sondern ein von Menschen erschaffener Interessenvertreter, der vor nichts zurückschreckt. In der Tat muss Gott ‚hart-im-Nehmen' sein. Es belegt ein weiteres Mal, dass Gottes Liebe bedingungslos und allumfassend ist. Sonst hätte er dem Ganzen schon längst ein Ende gesetzt. Aber, er verbietet Dir nicht zu denken, zu fühlen und Dich nach Deinen Gefühlen, nach Deiner inneren Stimme zu richten. Du musst Deine Kleingläubigkeit und Deine Angst vor Gott zurücklassen, wenn Du aufsteigen willst in eine kosmische oder gar universelle Gemeinschaft göttlicher Kinder. Hierfür gibt es keine Religion, keine Partei, keinen okkulten Zirkel und keine Sekte, weil es nicht eine Gemeinschaft ist, die verlangt, dass alle gleich sind oder irgendein Ziel in Aussicht stellt, welches Dir Vorteile in der Liebe Gottes verschafft.

Deshalb ist die Gemeinschaft unsichtbar, unangreifbar und frei. Es ist ein wunderbares Gefühl in dieser Gemeinschaft, in dieser Verbundenheit zu leben, und ich kann es nur jedem wünschen: Wir werden niemanden bekehren, wir sind eine Gemeinschaft von Freiwilligen.

Bleibt also 'besser' ruhig weiterhin vorsichtig, denn es ist durchaus 'gefährlich', frei zu sein. Seid ruhig weiterhin vorsichtig, träumt weiter, denn das Leben als erwachtes Wesen verlangt Courage, verlangt Mut und Selbstständigkeit. Tja, seid bloß vorsichtig. Gebt ja nicht all das Großartige auf, was ihr besitzt: Fernsehen, Hollywood, Zeitschriften, Fußball und Computerspiele. Gebt es ja nicht auf. Ihr könntet ja euren Job verlieren, eure Freunde oder eure Ehre. In Wirklichkeit aber fürchtet ihr

Euer 'Gesicht' zu verlieren, Euer 'Ansehen' und eure Vorteile. Ja, seid ihr bloß vorsichtig, lasst Euch nicht von mir täuschen. Was wollt ihr denn schon anfangen mit Freiheit? All das hergeben, aufzuhören mit den Euch offenbar Freude bereitenden Rivalitäten, Krankheiten und Schicksalsschlägen?! Wofür denn? Für eine unsichtbare Gemeinschaft, die dies nicht einmal verlangt, die dafür nichts gibt, aus der keinem ein Vorteil entsteht?! Für was denn? Nur um das Gefühl zu haben, dass man OK sei, dass Gott einen liebt? Das weiß man doch auch so, dafür braucht man sich doch nicht zu ändern! Da wird man doch nicht sein ganzes Leben riskieren! Wer garantiert denn, dass man da nicht in eine Falle tappt? Ja, ja, bleibt ruhig vorsichtig, bleibt lieber das, was ihr jetzt seid. Und werde Du bloß nicht zu dem, der Du sein könntest. Ja, ja, sei Du bloß vorsichtig…

Alarm ist die Sirene, die ertönt, wenn das Leben kommt. Über alle Zeiten wurde gelehrt, was zu tun und zu lassen ist. Dies ist gut. Weniger vorteilhaft ist das Auslegen einer Empfehlung als Gesetz. Empfehlungen sind Hinweise, Angebote und Hilfestellungen. So eine Art Wegweiser. Kein Weiser hat je einmal behauptet, dass es nur einen Weg gäbe. Denn der Weg ist die Liebe. Somit ist es also möglich, auf jeder von Dir eingeschlagenen Richtung ans Ziel zu kommen, sofern Du den Weg mit Liebe gehst. Alles, was nicht liebevoll ist, führt zur Liebe hin. Daran denke immer, wenn Deine Alarmglocken klingen. Sie ertönen nicht, damit Du in eine Starre der Angst verfällst, sondern, damit Du erkennst, dass sich Dir gerade eine besonders hilfreiche Gelegenheit bietet, der Liebe näher zu kommen. Gebote sind keine Verbote, sondern eine Möglichkeit, den Weg etwas leichter und schneller gehen zu können. Aber nicht jeder hat es eilig! Jeder hat das Geburtsrecht auf seinen eigenen Weg. Bekehrung funktioniert niemals. Menschen können fügig gemacht werden, man kann ihren Willen brechen, sie umbringen und töten, aber bekehren kann man sie nicht. Kein Mensch wird jemals unfreiwillig seinen Glauben ändern können. Glauben ist etwas sehr Freiwilliges. Keiner kann Dich zwingen etwas zu glauben oder nicht.

Darin bist Du vollkommen frei. Wenn Du jedoch aus Angst Deine Macht verleugnest, sie weglegst, dann wird sie ein anderer nehmen. Du bist es, der die anderen zu dem macht, was sie sind. Haben sie Macht über Dich? Macht, die zuvor Dir selbst gehörte…? Wer hat sie ihnen denn gegeben? Wer hat zu seiner Macht gesagt: ‚Geh, Macht!'? Damit hast Du jemand anderen mächtiger gemacht als Dich. Du musst wissen, dass Du in Deinem Leben der absolut mächtigste Mensch bist. Kein anderer hat Macht über Dich, solange Du ihm diese nicht gibst. Alarm erklingt in jenen Momenten und Situationen, wo Du Gefahr läufst, Deine Macht zu verschenken. Die Alarmglocke läutet, weil Du gerade dabei bist, den Ursprung zu verlieren: übermächtig oder ohnmächtig zu werden. Die meisten Ohnmächtigen liegen nicht bewusstlos auf den Straßen. Es sind jene, die als Opfer durch die Gassen gehen. Sie leben am Leben vorbei. Sie sind scheintot. Sie leben nicht, sie vegetieren, sie überleben. Opfer zu sein ist sehr qualvoll. Du kannst einem Verletzten helfen, einem Kranken, einem Bedürftigen, aber nicht einem Opfer. Das ist traurig. Denn ein Mensch, der in seinem Bewusstsein ‚Opfer' ist – der sich also selbst als solches sieht – zweifelt an allem. Und Zweifel ist zweifellos ein schlechter Ratgeber. Immer, wenn das wahre Leben in Deinem Alltag aufkreuzt, schrillt der Alarm. Aber eine Herausforderung ist doch keine Gefahr, es ist eine Aufgabe! Alle Menschen sehnen sich nach ihrer Lebensaufgabe, aber wenn sie mal auch nur ansatzweise auftaucht, wird sie gefürchtet und bekämpft. Doch was der Mensch bekämpft, kann er – noch – nicht lieben.

Gut und Schlecht

,Gut' und ,schlecht' sind Begriffe, die etwas beschreiben, das gar nicht existiert.

Woher weißt Du, was gut und was schlecht ist? Woher kommt Deine Sicherheit, zu meinen, dass Du weißt, was gut und was schlecht ist? Du wirst mir sagen, dass es doch ganz klar ist, dass dies oder jenes gut oder schlecht ist, das man es einfach weiß. Ja, es ist tatsächlich klar. Aber nur solange Du nicht darüber nachdenkst. Das ist nämlich gerade der ausschlaggebende Punkt. Es ist für Dich einfach klar, da braucht man doch nicht lange zu überlegen. Aber genau das – mal darüber nachzudenken – wäre angesagt. Alles, was so klar erscheint, ist für mich ein Signal, dass Du es noch nicht wirklich hinterfragt hast. Nein, Du hast es nicht hinterfragt, sondern bloß abgewogen, ob es plausibel erscheint. Und dann hast Du es gleich in die Schublade Deiner absoluten Wahrheiten abgelegt. Ab sofort scheint es nicht mehr notwendig, über diese Dinge nachzudenken oder sie gar zu hinterfragen. Diesen absoluten Wahrheiten bist Du nun auf Gedeih und Verderb ausgeliefert. Sie wurden zu einem Filter, welcher Deine gesamte Wahrnehmung trübt, verändert und verfälscht. Natürlich kann es sein, dass unter Deinen vielen Wahrheiten die eine oder andere 'richtig' ist, bloß all die anderen Scheinwahrheiten begrenzen Dein Leben und Erleben erheblich. Und Du kannst sicher sein, dass über 90% all Deiner nicht hinterfragten Wahrheiten nur bedingt wahr sind. Denn meistens sind dies keine Wahrheiten, sondern Indoktrinationen. Hat man Dir erst einmal eingeimpft, was richtig und falsch ist, bist Du kontrollierbar und ein Gefangener Deiner eigenen Vorstellungen. Eine Marionette, die sogar dankbar dafür ist, wenn man sie für ihre Fehler bestraft. Aber bei Gott gibt es keine Bestrafung, bei Gott gibt es keine Fehler. Gott nennt diese Dinge Erfahrungen. Erfahrungen bewegen Dich dazu, Dich zu verändern, das stimmt, aber nicht, um Dich angepasster zu machen. Nein, Deine Veränderungen ermöglichen Dir, das Leben aus verschiedenen Standpunkten heraus immer wieder neu zu erfahren. Es bereichert Dich. Es grenzt Deine Erfahrungen nicht ein, sondern es erweitert Dein Bewusstsein. Ein Bewusstsein, dass in Vorstellungen von Gut und Böse gefangen ist, vermeidet Erfahrungen, grenzt sich selbst aus und beginnt andere für ihren Mut und ihre Eigenständigkeit zu bestrafen. Kinder überlegen sich tagelang, wie sie es schaffen könnten, über einen Bach ans andere Ufer zu springen. Er erscheint einem Kind wie ein tiefer Abgrund, den es zu überwinden gilt und am anderem Ufer ist man gerettet. Ja, es ist ein wirkliches Abenteuer, den Sprung über diesen reißenden Strom zu wagen. Und eines Tages fasst es allen Mut zusammen, hört nicht mehr auf die gut gemeinten Ratschläge der Eltern, Lehrer oder Spielgefährten und springt. Es ist gschafft! Außer einem nassen Schuh und der von der waghalsigen Landung zerrissener Hose ist nichts passiert. Dies mag für den Erwachsenen bloß ein kleiner Schritt über ein Rinnsal sein, aus dem nichts anderes als nasse Schuhe und kaputte Hosen resultieren, aber für das Kind ist dies ein mächtiger Schritt – und einer von großer Bedeutung. Diese mutige Tat vermag der Welt mehr Gutes zu geben als alle gut gemeinten Ratschläge die doch nur der Vermeidung nasser, zerrissener Hosen dienen. Und was war dabei das größte Hindernis, welches unser kleiner Abenteurer überwunden hat? Er hat Deine Ängste überwunden, er hat Deiner Indoktrination widerstanden, hat sich über alles und jeden hinweggesetzt, der ihn begrenzen wollte mit Sprüchen wie: ‚Das kannst Du nicht.', – ‚Du bist noch zu klein.', – ‚Das ist gefährlich.', – ‚Das ist nicht erlaubt.', – ‚Wenn Du das tust, dann…', etc. Ein Kind lernt, dass es gewisse Dinge, Abenteuer, nur erleben darf, wenn Gefahr droht. Es sich Risiken und Herausforderungen nur dann stellen darf um sie zu überwinden, wenn es unumgänglich ist. Ist es darum verwunderlich, dass sich dieser Mensch sich in der Folge seines Lebens immer wieder in echte Gefahr begibt? Ist es da noch ein Wunder, wenn Erwachsene sich gefährliche Sportarten und Hobbys aussuchen? Oder durch anderes, wie

Soldat, Cowboy, Polizist oder Ganove zu sein, bevorzugen? Glaub′ mir: Es ist kein Zufall, dass diese Welt vor Gefahren nur so wimmelt, dass Religionen ständig den Teufel bekämpfen und sich jeder mit seiner Vorstellung von Gut und Böse das Recht einholt, gegen irgendjemand oder irgendetwas zu kämpfen. Ja, denke ′mal darüber nach, weshalb Kriege geführt werden. Jeder kämpft für eine 'gute Sache', für seine gute Sache. Letztendlich versucht doch jeder nur, alle in ihn indoktrinierten Ängste und Unsicherheiten zu überwinden, die er als Kind nicht spielerisch und abenteuerlich überwinden durfte. So wurde später aus dem Kind, welches erfolgreich am Sprung über diesen reißenden Fluss gehindert wurde, ein Mensch, der sich das Leben schwer tut, weil er sich tief in seinem Innern als Versager fühlt. Ja, mehr noch: Dadurch, dass er damals keine Unterstützung für sein Abenteuer fand, fühlte er sich unverstanden und ungeliebt. Nun braucht er Gut und Böse, um 'gut' sein zu können, um das Gefühl zu haben, geliebt zu sein. Alles in allem ein trauriges Schauspiel. Es gefällt mir gar nicht, denn es ist absehbar und dumm und darüber hinaus wirklich gefährlich.

Widerstand

Alles, was Du ablehnst, bleibt Dir ein Mysterium, weil Du Dich dagegen wehrst, es zu erfahren.

Der Sinn des Lebens ist das Erleben. Einerlei, um was es sich handelt: Wenn Du bereit bist, es zu erfahren, wird Dir die Tiefe und Weisheit dessen, was Ist, offenbar. Geheimnisse und Mysterien bleiben Dir nur solange verschlossen, bis Du Dich entschließt, in sie einzutauchen, sie ohne Widerstand zu erfahren und zu ergründen. Was der Mensch ablehnt, kann er nicht erfahren und was er nicht erfahren hat, kann er nicht verstehen und was er nicht versteht, bleibt ihm ein Rätsel. Die Angst etwas zu erfahren, gründet in der Angst, nicht stark genug zu sein. Widerstand entsteht aus Selbstzweifel, aus dem Bewusstsein heraus, man selbst wäre zu schwach, um den abgewehrten Erfahrungen standhalten zu können. Schwächebewusstsein führt zu Niederlagen, weil sich die abgewehrten Dinge durch ihr Verdrängen fast unbemerkt verstärken und zu gegebener Zeit durchbrechen. Nachdem das Schattendasein bestimmter Ängste eine bestimmte Intensität erreicht hat, beginnen sich diese zu manifestieren. Du erlebst es dann als Opfer und bist den Erfahrungen ausgeliefert. Dies gibt Dir ein Gefühl von Ausgeliefert-Sein. Du glaubst, dass Dein Leben hauptsächlich vom ‚Schicksal' bestimmt ist und kannst oft keine Möglichkeit erkennen, es zu ändern. Deshalb wäre es sinnvoll, an sich selbst zu arbeiten und gewissen – leidvollen – Erfahrungen in gewisser Weise 'vorzubeugen'. Die Menschen lieben das Leid mehr als die Liebe, den Schmerz mehr als die Freiheit und Probleme mehr als die Herausforderungen des Lebens.

Vielleicht ist es ja schwer zu verstehen – aber: Die Menschen fürchten sich oft ebenso auch vor Erfolg und Freiheit. Oft vermeiden sie diese, um sich sicher zu fühlen. Gesetze und Einschränkungen bieten Sicherheit und geben ihnen das Gefühl, nicht selbst verantwortlich zu sein. Sie möchten auch den Übermut und die vielen Versuchungen vermeiden, den Erfolg, Reichtum und Freiheit mit sich bringen können. Sie fürchten sich vor der Selbstverantwortung und legen sich ihrem Glücklich-Sein immer wieder selbst Steine in den Weg. Wärst Du noch mit Deiner Familie zusammen, wenn Du ein Star wärst und jeden Mann oder jede Frau haben könntest, die Du begehrst? Wäre Dein Alltag noch so geregelt, wenn Du unbegrenzte finanzielle Möglichkeiten hättest? Würdest Du noch Ratschläge annehmen können, wenn Dir diese Welt nichts mehr zu bieten hat? Würdest Du Dich noch um Gott kümmern, wenn es Dir nur gut gehen würde? Solche und ähnliche Fragen solltest Du Dir einmal stellen. Grundlos stelle ich Dir diese Fragen nicht, denn – alles würde sich verändern: Dein ganzes Leben, Deine Familie, Deine Freunde, Deine Hobbys, Deine Gefühle. Es könnte aber auch sein, dass Du in ein tiefes Loch fällst – dann, wenn Du

Dich Deinem Schatten stellst. Und vielleicht fürchtest Du auch das. Doch, wer die Finsternis fürchtet, der findet nicht das Licht. Wer das Licht finden möchte, der muss mutig genug sein, sich der Dunkelheit zu stellen. Wer das Licht finden will, muss es bereit sein, auch im Dunkeln zu finden. Wer das Licht liebt, liebt auch die Finsternis. Diesen schwerverständlichen Umstand hat Jesus mit einfachen Worten dargelegt: „Liebet eure Feinde…" Im Weiteren kannst Du darüber nachdenken, wer Deine Feinde sind. Schmerz? Menschen? Leid und Krankheit? Sündhaftigkeit? Angst? Zweifel? Reichtum oder Armut? Anderes? Spätestens hier solltest Du mit Lesen eine Pause machen und diese Fragen genauestens ergründen und so tief wie möglich in sie und somit in Dich vordringen. Es wird Dir hilfreicher und wertvoller sein als alles, was Du jemals lesen kannst, lesen wirst und gelesen hast. Es sind nicht meine oder die Worte anderer, die Dich befreien. Nein. Sie können Dich zwar beflügeln und Dir ein Ansporn sein, aber befreien und erlösen kannst Du Dich nur selbst. Je schneller und je ehrlicher Du es tust, desto rascher wird sich Dein Leben verwandeln und von unaussprechlicher Liebe, Freiheit und Freude durchdrungen Sein. Also, leg´ das Buch zur Seite, schreib´ Dir die Fragen auf, beantworte sie Dir schriftlich und ziehe Deine Schlussfolgerungen daraus.

Freude

Das Leben ist nie wirklich freudlos. Es wirkt oft bloß so, wenn wir beginnen, unsere Erfahrungen zu bewerten. Leben heißt Lebendigkeit. Das Leben als solches ist Freude.

Traurig sein ist ein Privileg des Menschen. Du wirst jetzt denken, dass auch Tiere Leid und Schmerz empfinden und es daher kein ausschließliches Recht des Menschen ist, traurig zu sein. Dann weißt Du nicht, dass Leid durch Ablehnung entsteht. Durch Ablehnung aus dem Verstand heraus. Tiere begrüßen das Leben. Dadurch, dass sie Leid und Krankheit nicht schon im Vorhinein ablehnen und sich deren Erfahrung nicht widersetzen, wird es nicht als solches erlebt. Ja, sie haben Schmerzen und sie können krank werden, aber sie leiden nicht. Schmerzen befinden sich im Körper, Leiden befindet sich im Verstand. Tiere reagieren instinktiv und aus dem Bewusstsein heraus, dass alles ist, wie es ist. Da ist keine Verneinung des Lebens oder irgendeines Aspektes ihres Daseins festzustellen. Sie haben sich noch nicht von Gott getrennt und sind eins mit dem Leben geblieben. Deshalb leben sie tierisch gut. Tiere schaffen sich auch kein Karma, weil sie stets das tun, was getan werden muss. Genau so, wie es ein Erleuchteter tut. Auch ein erleuchteter Mensch hört auf zu leiden. Er hört auf damit, weil er nicht mehr die Welt verändern möchte, sondern erkennen konnte, dass das Leben vollkommen ist. Und ich möchte betonen, dass dies kein Widerspruch ist. Es ist vielleicht nur etwas schwer verständlich. Aber eine Wahrheit bleibt auch dann wahr, wenn sie nicht alle verstehen. Und was ist wahr? Das Leben. Und was ist unwahr? Alles, was Du über das Leben denkst. Nicht, dass man die Wahrheit nicht verstandesmäßig erfassen könnte, nein. Aber leben lässt sich das Leben nicht verstandesmäßig. Deshalb ist es nicht wichtig besonders gescheit zu sein, sondern: furchtlos! Wer sich nicht vor dem Leben und seinen mannigfaltigen Erfahrungsmöglichkeiten fürchtet, hat reelle Chancen, die Vollkommenheit zu erleben. Erleben heißt das Zauberwort, lebendig sein, sich an allem zu freuen, was das Leben Dir gibt und nicht gibt. Dann eröffnet sich für Dich die Möglichkeit vom Leben genau das nehmen zu können, was Du möchtest. Und zwar nicht aus bloßem Wunsch und Widerstand zu reagieren, sondern aus dem tiefen, inneren Bedürfnis heraus, gewisse Erfahrungen des Lebens erleben zu wollen. Da jedoch die Menschen alles Leidvolle vermeiden würden, wenn sie es könnten, ist es gut, dass sie ihre Entscheidungen unbewusst fällen. So hat das Leid wenigstens einen Platz in ihrem Leben. Nach und nach erschöpfen sie sich im Kampf gegen das Leben, werden des Leides überdrüssig und ergeben sich. Das ist der Moment wo sie beginnen, das Leid anzunehmen und die Chance zur Integration des Leides nimmt von Tag zu Tag stetig zu. Jetzt bestehen reelle Chancen, dass sich der Lebenskampf in Lebensfreude verwandeln kann. Ja, es ist schon merkwürdig, dass man, um den Weg der Freude zu erkennen, soviel über Leid wissen muss… Doch ich bin zuversichtlich, dass Du auf diesem Weg schon sehr weit fortgeschritten bist und bestimmt schon ausreichend Leid erfahren hast. Und wenn Du jetzt gerade nicht gedacht hast: ‚Oh je, ja was habe ich Armer schon gelitten', dann weißt Du, dass Du bereits das Lebensglück und die Lebensfreude ansteuerst. Sentimentalität ist der Wunsch zu leiden. Zurückschauen und jammern ist Lebensverneinung und endet in folgender Lebensweisheit: ‚Das Leben ist hart und schwer!'

Religion und Wissenschaft

Jede Wissenschaft – sei sie religiöser oder anderer Natur – ist die Bestätigung eines Glaubens.

Religiöse Wissenschaftler möchten dem Glauben einen wissenschaftlichen Anstrich verpassen, indem sie den Begriff ‚Religionswissenschaften' anführen. Fast jeder Theologe besitzt einen oder mehrere akademische Titel. Was bedeutet das? Es bedeutet, dass sie nicht mehr in erster Linie Gott dienen, sondern Ansehen und Macht bevorzugen. Offenbar ist es einfacher und ertragreicher, über Gott und die Welt nachzudenken, als Gott und seinem Nächsten zu dienen. Verdienen kommt bei den kirchlichen Institutionen vor dem Dienen. Doch die Silbe ‚ver' verhilft nicht zu wahrem Verdienst, sondern zum Versagen. Nicht, dass es verboten wäre, Geld zu verdienen, aber der materielle Verdienst sollte nicht vor den spirituellen Lohn gesetzt werden. Die sogenannten Landeskirchen gehören mitunter zu den allerreichsten Geschäftsfirmen unserer Erde. Verglichen mit dem, was sie davon an Arme und Bedürftige weiterreichen, wäre das im Verhältnis etwa so, wie wenn Du einen Dollar pro Monat opfern würdest. Dies regt zum Denken an. Bitte, ich habe nichts gegen Kirchen einzuwenden, nur an ihren Anspruch, Gottes Interessen zu vertreten. Die Geschäftspraktiken und die Verhaltensweisen der Kirchen sind jedenfalls alles andere als ‚christlich'. Als rein materiell orientierte Firmen jedoch arbeiten sie zurzeit hervorragend, die Finanzen und ihre uneingeschränkte Macht fließen ausgezeichnet. Ob jedoch der Heilige Geist noch fließt – wage ich zu bezweifeln. Die katholische Kirche macht ja kein Hehl daraus und man kann ihr den Begriff ‚Heiliger Stuhl' mit gutem Gewissen zusprechen…

Wie ich dazu komme zu behaupten, dass auch alle anderen Wissenschaften auf Glauben basieren, lässt sich auf folgende Tatsache zurückführen: ‚Dir geschieht nach Deinen Glauben…' oder eben: ‚Überzeugung erschafft Realität'. Wie ich schon ausführlich erläuterte, ist alle Kreation – auch Menschen, Tiere und Planeten – durch ‚Geistes-Kraft' entstanden. Jeder Mensch hat an dieser Welt mitgebaut und sich als kleiner Schöpfer an unserer Realität beteiligt. Und nun versuchen einige zu beweisen, dass die Welt so und so zusammengesetzt ist. Bis es ihnen letztendlich gelingt, nachzuweisen, dass es tatsächlich so ist, wie sie vermuteten. Das Einzige, was sie damit jedoch wirklich beweisen, ist die alte Tatsache, dass hinter jeder materiellen Form eine ordnende, geistige, immaterielle Kraft steht oder stehen muss, die alles Erschaffene zusammenhält und koordiniert. Und genau in jenen geistigen Gefilden sind wir alle ununterbrochen am Kreieren – mit unseren Überzeugungen, unserem Glauben, der sich je nach Intensität mehr und mehr manifestiert. Und da es Menschen mit verschiedenen Überzeugungen gibt, verschiedenen Glaubenssystemen, kulturellen Hintergründen und unterschiedlicher Erziehung, ist es nicht verwunderlich, dass es für die meisten Beweise Gegenbeweise und für jede Statistik eine Gegenstatistik gibt. Und wisst Ihr was? Beide haben recht – je nach Standpunkt. Deshalb könnte ich genauso gut über die spirituellen Vorzüglichkeiten der Kirchen, allen voran der römisch-katholischen sprechen. Aber ich habe gegenwärtig einen bestimmten Standpunkt eingenommen. Jede Münze hat zwei Seiten, eine vordere und eine hintere. Wenn Du genau hinschaust, kannst Du noch weitere entdecken. Eine innere Seite zum Beispiel oder die Kantenseite oder auch die unsichtbare Seite. Und es würde mich nicht wundern, wenn Du selbst noch einige Seiten mehr an ihr entdeckst. Suche immer möglichst danach, alle Seiten einer Sache, einer Situation oder eines Menschen zu sehen, dann wirst Du nicht in ein ‚Verurteilen' abgleiten, sondern Du wirst mehr und mehr zu einem wachsamen Beobachter. Ein Beobachter, der verurteilt, ist kein Beobachter, sondern Richter und ein Christ, der schweigend Mord und Totschlag, Rassismus und Ungerechtigkeiten aller Art gutheißt, ist kein Christ, sondern ein ‚Anti-Christ'. Da ist es auch verständlich, dass jene ihre Aufmerksamkeit auf einen äußeren Antichristen richten und ihn überall bekämpfen, nur nicht dort, wo er wirklich ist und nur nicht dort, wo man ihn tatsächlich heilen könnte: in sich selbst. Jeder Spiegel ist ein Zauberspiegel… für den Zauberer. Für den Unwissenden ist ein Spiegel, selbst wenn er tatsächlich magische Kräfte besäße, bloß ein Reflektiergerät des Eigendünkels. Eine glänzende Eitelkeitsplatte mit Pickelverstärker. Aber Spaß beiseite. Wäre Selbsterkenntnis nicht das absolut Wichtigste um zur Wahrheit zu gelangen, würde ich nicht immer wieder und verschiedenartigst auf sie hinweisen. Du wirst nicht weiser, wenn ich weiser werde. Und ich werde nicht gescheiter, wenn Du zur Schule gehst. Jeder muss seinen Teil selbst dazu tun. Gemeinsam wäre es uns dann möglich, eine bessere Welt zu schaffen als jene, die wir gegenwärtig gerade zerstören. Ja, es ist bewiesen, dass die Welt, wenn wir so weiterfahren, zu Grunde geht. Doch alle Beweise hierfür gelten nur, solange wir keinen Ausweg finden. Haben wir neue Erkenntnisse und finden einen Ausweg, dann waren alle bisherigen Beweise lediglich Spekulationen. Doch verspekulieren sich Wissenschafter, dann heißt es: ‚Kunstfehler' oder: ‚…wir haben neue Erkenntnisse…'. Bei anderen redet man bei denselben Umständen jedoch gleich von ‚Fehler', von Kurpfuscher, Quacksalber und Scharlatan. So lasst uns doch entscheiden, ob wir allesamt Scharlatane oder

Menschen sind, denen ab und zu gewisse Zusammenhänge unbekannt sind. Sind wir Menschen, dann könnten wir uns gegenseitig unterstützen und dies würde erwiesenermaßen zu mehr Erfolg führen, als die gegenseitige Bedrohung mit Bomben und Raketen, die letztendlich alles zerstören.

Weltflucht

Du kannst der Welt irdisch oder himmlisch entfliehen, beides führt zum gleichen Resultat: Du verpasst das Leben.

Viele Menschen sind auf ihrer Suche nach Erfüllung vom Weg abgekommen und suchen die Fülle in der Welt der Formen und Illusionen. Es ist ein Zeichen, wenn jemand Reichtum, Erfolg und Macht als Fülle bezeichnet, dass er schon sehr weit von seinem ursprünglichen Ziel abgekommen ist. Noch weiter entfernt sind jene, die dazu übergingen, die unsichtbaren Welten und Realitäten als Illusion und Fantasien abzutun. Jene haben aufgrund ihrer erfolglosen Suche nach Gott und innerer Erfüllung einfach begonnen, die Wahrheit umzudrehen. So wurde für sie alles Unsichtbare ‚unwirklich' und jeder Sensitive zum Phantasten und Träumer: ‚Unrealistisch' seien jene medialen Menschen und Weltflüchtende, die aufgrund ihrer Schwäche und Unfähigkeit (beliebte Unterstellungen für sensible Menschen) sich dem wirklichen Leben zu stellen, in eine selbstgebastelte und aus verschiedenen Kulturen zusammengewürfelte Phantasiewelt flüchten. Sie lehnen jegliche außersinnlichen Wahrnehmungen kategorisch ab. Und in gewissem Sinne haben sie Recht. Es sind nämlich keine außer-, sondern innersinnliche Wahrnehmungen. Wer will denn schon ‚außer-Sinnen' sein, von Sinnen sein? Nein, es sind innere Welten, innere Wahrnehmungen welche nur mit den inneren, und eben nicht mit den äußeren Sinnen erfasst werden können. Dies führt zu ‚Inner-Sinnlichkeit', zu einem inneren Sinn und zu Besonnenheit. Genau genommen führt dies nicht zur Weltflucht, sondern erstmals zu echter Konfrontation mit der Welt und dem Leben. Ich bestreite nicht, dass es auch Menschen gibt, die vor dem Leben davonlaufen möchten. Hierfür eignen sich bestimmt verschiedenen esoterische und spirituelle Lebensanschauungen, aber mindestens ebenso geeignet und verführerisch sind religiöse Anschauungen. Es ist leicht, alle Weisheitslehren so zu verdrehen, dass sie den Kontakt zum Leben statt zu vertiefen, verhindern den Menschen zur Wahrheit, zum wirklichen Leben führen und ihn nicht davon entfernen.

Zu Weltflucht neigende Menschen – egal, in welche Ideologie sie sich auch flüchten – sind grundsätzlich von ihrem eigenen Leben enttäuscht. Sie erleben sich unfähig, schwierige Gegebenheiten zu ändern und leben in einer Art Opferhaltung. Sie empfinden ihr Leben nicht als schön, deshalb ergreifen sie die Flucht. Sie hoffen alsdann auf eine ‚bessere Welt', einige im Dies-, andere im Jenseits. Himmel und Hölle entstehen. Das Leben ist für sie die Hölle und alles jenseits davon Himmel und eitel Sonnenschein. Dumm nur, dass das Erreichen des himmlischen Zustandes mit so vielen Bedingungen verknüpft ist. In dem Moment, wo ein Mensch sich nicht mehr mit den irdischen Möglichkeiten zufrieden gibt und er sich nach dem Himmel sehnt, wird ihm bewusst gemacht, dass er doch nichts weiter als ein armer, kleiner Sünder ist, dessen Aussichten, durch die Himmelspforte Einlass zu erhalten, gleich Null sind. Resultat: das Leben wird noch mühseliger. Da man aber auch das nicht ändern kann – weil es ja offenbar himmlische Gesetze sind – wird das nun noch größere Leiden umgehend zur Tugend erklärt, welche dann auch gleich als Eintrittskarte zum Himmel gehandelt wird.

Und offenbar gibt es dort oben auch Logenplätze, die man sich durch besonders großes Leid erkaufen kann. Doch welch ein armseliger Gott wäre es, der nur Leidende in seinem Himmel aufnimmt?! Von welch großer Trübsinnigkeit müsste so ein Gott wohl sein, der eine so wunderbare Schöpfung schuf, nur um uns darin leiden zu sehen?! Wer kam bloß auf die Idee, dass, weil Erleuchtete wie Jesus litten, Gott nur über das Leid zu erreichen sei? Wie kommt es, dass das Leben eines einzigen Menschen – selbst wenn er erleuchtet war – gleich zum Standard der Menschheit erhoben wird? Weil die Menschen Nachahmer sind. Sie haben Angst zu versagen. Sie wollen eine Garantie für Erfolg und glauben, wenn einer damit erfolgreich war, würden sie es damit auch sein können. Wie töricht…! Stell Dir mal vor, dass, wenn Jesus gesungen hätte, heute jeder mit Singen in den Himmel kommen wollte. Wie sollte denn zum Beispiel ein Tauber singen? Oder, wenn Jesus durch seine sportlichen Leistungen oder sein dichterisches Talent zu Gott gefunden hätte? Das wäre ein trauriges Schauspiel! Stell´ Dir die Gedichte eines Analphabeten vor, Großmutter beim Marathon oder einen glücklichen, frohen Menschen, der um des Himmels willen zu leiden versucht?! Es wäre ein erfolg- und sinnloses Unterfangen. Ein trauriges Schauspiel, in welchem keiner so sein könnte, wie er ist. Einer ist eben talentiert zum Singen, der andere zum Schreiben, wieder ein anderer zum Bergsteigen, ein weiterer zum Leiden und ein anderer zum Lachen… Deshalb darf die Aussage, dass es nur einen Weg zu Gott gäbe, nicht missverstanden werden. Und, Jesus sagte es ja auch selbst: „In meines Vaters Haus sind viele Wohnungen." (Joh. 14/2). Der eine Weg, von dem die Rede ist, ist Dein Weg! Geh ihn so gut, wie Du kannst. Geh´ ihn aus Deinem Herzen – und Du wirst Erfüllung, Erleuchtung finden, oder aber: Versuche, weiterhin andere zu kopieren und bleibe unerfüllt. Wenn Du ständig dem Weg eines anderen folgst, wirst Du niemals Deinen eigenen finden.

Vertrauen I

Vertrauen (engl.: trust) kommt von Wahrheit oder Ehrlichkeit (engl.: truth). Es hat nichts mit Schweigen oder dem Bewahren von Geheimnissen zu tun, sondern mit Offenheit, Liebe, Mut und Aufrichtigkeit.

Normalerweise vertrauen Dir jene Menschen, deren Geheimnisse Du mitbewahrst. Früher oder später wird Dich das in Schwierigkeiten bringen. Normalerweise vertraust auch Du Menschen, bei denen Du Deine Geheimnisse in Sicherheit wähnst. Früher oder später wird Dich das in Schwierigkeiten bringen. Alle Geheimnisse – berufliche Schweigepflicht ausgenommen – egal ob es Deine oder jene der anderen sind, bringen Dich früher oder später in Unannehmlichkeiten. Denn, Geheimnisse schaffen Abhängigkeiten und machen unfrei. Du solltest besser jenen vertrauen, die den Mut haben, Geheimnisse abzulehnen. Sie sind Deine wahren Freunde. Sie können Dir helfen, die Ursachen zu erkennen, welche Dich zum Geheimniskrämer werden ließen und immer wieder werden lassen. Dasselbe kannst auch Du für jene tun, die Du liebst. Fürchte nicht, Deine Freunde zu verlieren. Zeige ihnen Deine Liebe und Deine Vertrauenswürdigkeit, indem Du offen und ehrlich mit ihnen bist. Sie werden Dich zu Beginn vielleicht nicht gerade mögen wegen Deiner neuen Ehrlichkeit, vielleicht werden sie Dich auch verbannen und auf den Mond wünschen, aber früher oder später, nachdem sie von allen anderen enttäuscht wurden, werden sie sich bewusst, dass Du als Einziger offen und ehrlich warst, selbst auf die Gefahr hin, die Freundschaft zu verlieren. Und sie werden sich klar darüber, dass sie auf Dich wirklich vertrauen können. Mach' also kein Geheimnis aus Deiner Vertrauenswürdigkeit und lass´ sie wissen, was sie bei Dir erwarten können: Klarheit, Offenheit und Ehrlichkeit.

Gottesfurcht?

Das ehrfürchtige Hinaufschauen zu Gott – die Gottesfurcht – ist nichts anderes, als eine weitere Form der Angst. Mit Furcht jedoch lässt sich Gott nicht erreichen.

Gott erreicht man am leichtesten durch freudige Hingabe. Ihn zu respektieren oder zu fürchten ist nicht dasselbe. Wer Gott fürchtet – und das tun die meisten Menschen, wenn auch gut versteckt unter dem Mantel ihrer Gläubigkeit oder Ungläubigkeit – erlebt die Trennung von Ihm. Wer nicht an Gott glaubt, 'schützt' sich damit vor Ihm, genauso wie jene, die sich insgeheim vor dem Teufel fürchten, seine Existenz verleugnen. Ebenso große Angst vor Gott, wie andere vor dem Teufel, haben jene Fundamentalisten und Gläubigen, die mit Nachdruck und oft auch mit Gewalt das Recht ihres Gottes in der Welt durchsetzen und andere bekehren möchten. Sie spüren genau, dass in ihrem Innern, in ihrem Verhältnis zu Gott, etwas nicht stimmt. Mit ihrem Geschrei, ihren Kriegen und Indoktrinationsversuchen bemühen sie sich bloß, ihre innere Stimme und ihre Ängste zu übertönen. Je lauter das Geschrei, desto größer die Angst. Je stärker der Kampf gegen Andersgläubige, desto größer die Angst von Gott nicht geliebt zu sein. Je intensiver die Versuche sind, seinen eigenen Glauben zu behaupten, desto unsicherer sind die Betreffenden. Jemand, der sich seines Glaubens sicher ist, fürchtet sich nicht davor auch andere Sichtweisen zu betrachten, in sie hineinzufühlen und sie zu untersuchen. Er untersucht sie jedoch nicht bloß in der Hoffnung, damit seinen eigenen Standpunkt zu bekräftigen, sondern mit dem tiefen inneren Bedürfnis, eine weitere Facette Gottes kennenlernen zu können. Er fürchtet sich auch nicht davor, etwaige Ungereimtheiten im eigenen Glauben und Denken aufzudecken. Im Gegenteil, solche Menschen empfinden dies als Bereicherung. So kommt es, dass die einen wachsen und die anderen schrumpfen, die einen ihr Bewusstsein erweitern und die anderen es begrenzen. Beide sind glücklich damit. Je näher ein Mensch der Wahrheit kommt, desto ruhiger begegnet er anderen Weltanschauungen, denn er weiß: Es ist völlig in Ordnung, dass es verschiedene Ansichten, Überzeugungen, Ideen und Konzepte über Gott und die Welt gibt. Er klammert sich an nichts und hat es nicht nötig seine Ansichten zu verteidigen oder ihnen sonst wie Nachdruck zu verleihen. Er ruht in sich und ist friedfertig. Er kann es sich leisten, friedfertig zu sein, weil er in Frieden mit Gott und sich selbst lebt. Seine Gottesfurcht hat sich längst in Liebe, Hingabe und Vertrauen gewandelt.

Du wirst in Deinem Leben so lange mit verschiedensten Meinungen konfrontiert, bis Du gelernt hast, sie alle zu akzeptieren. Bis Du erkennst, dass alle anderen Meinungen genauso 'richtig' sind wie Deine eigenen. Da führt kein Weg vorbei. Du musst in Dir eine Größe entwickeln, die nichts mehr ausschließt und die bereit ist, das Leben so zu nehmen, wie es ist. Ohne Resignation und Frust, sondern dergestalt, dass Du fühlen kannst, dass Gottes Schöpfung weitaus mehr beinhaltet als Du Dir vorstellen kannst und es Dir möglich ist, alle Menschen zu lieben, weil sie Dir einfach weitere Möglichkeiten, das Leben zu betrachten, präsentieren. Für die meisten bedeutet ja ‚akzeptieren', etwas anzunehmen, weil es doch nicht zu ändern ist, und leider nicht, weil es ihnen Freude bereitet und sie sich dadurch in ihrem Bewusstsein erweitert fühlen. Wenn Du etwas akzeptierst und Dich dabei auch nur entferntest als Opfer fühlst, dann kannst Du daran erkennen, dass Du es nicht wirklich angenommen hast. Benutze dieses Wissen und Deine Reaktionen auf die Dinge, um Dich selbst immer noch besser und noch besser kennenzulernen. Es wird Dir wertvoller sein als jedes Buch und jeder Lehrer. Eine Fähigkeit benötigst Du jedoch dazu, dass Dir dies gelingt: Ehrlichkeit mit Dir selbst. Deshalb befreie Dich zu allererst von jeglicher Form der Selbsttäuschung.

Wohlan Du aufrichtiger Sucher, geh´ hin und finde! Einen 'objektiven' Gott zu finden wird schwer sein, denn Gott ist stets Dein Spiegel. Alles, was in Deinem Gewissen, in Deiner Vorstellung an Ideen und Gefühlen vorhanden ist, wird Er auch getreu dessen verkörpern. Alles, was Du bist, denkst und fühlst spiegelt sich in Ihm wider. Gemäß Deines Gottesbildes wird Er sich verhalten, gemäß Deiner Vorstellungen wirst Du Ihm begegnen und gemäß Deines Glaubens wird Er Dich richten oder lieben, ganz wie Du willst, ganz so, wie es Dir eben entspricht. Es ist also nicht unwesentlich, welches Gottesbild Du in Dir hegst und pflegst. Je liebevoller es ist, desto liebevoller wird Gott sein, dann, wenn Du Ihm begegnest. Möchtest Du jedoch dem Einen, dem wahren Gott begegnen, kommst Du nicht umhin, selbst die schönste Vorstellung von Ihm zu verlassen. Erst wenn Du jegliche Vorstellungen von Ihm aufgelöst hast, wirst Du Ihm in seiner wahren Unbeschreiblichkeit und Unvorstellbarkeit begegnen können. Nicht, dass Du mich falsch verstehst, ich sage nicht Du sollst gottlos werden, im Gegenteil. Ich sage nur, dass Du weitaus mehr von Gott erfahren könntest, wenn Du ihm ohne Vorstellung, ohne ein Bild über Ihn zu haben, begegnest, denn Gott ist viel größer, viel mächtiger, viel liebevoller und herrlicher als Du Ihn Dir jemals vorstellen könntest.

Das verpasste Leben

So ganz nebenbei verpasst Du das Leben.
Es zurückzugewinnen hat seinen Preis:
es kostet Dich Dein Leben – Dein bisheriges zumindest.

Ja, so ganz nebenbei verpasst Du das Leben. Es gibt ein Leben! Aber es besteht nicht nur aus Deinen Sorgen, Plänen, Liebschaften und Gelüsten! Natürlich ist auch das ein Teil des Lebens, aber den weitaus größeren Teil verpasst Ihr, so ganz nebenbei. Einmal mehr könnte es so scheinen, dass ich Dir alle Freuden des Lebens verübeln möchte, aber dem ist nicht so. Im Gegenteil, ich möchte Dich zu den wahren Freuden hinführen, jenen unermesslichen Freuden, welche parallel neben her laufen und ebenso existieren wie alles andere, was Du als 'Leben' bezeichnet. Die Freuden einer weltweiten Gemeinschaft zum Beispiel. Oder die Freuden wahrer

Glückseligkeit in einer Welt, in der sich Gott an jeder Ecke offenbart. Wer wünscht sich denn nicht insgeheim, die unsichtbaren Dinge wahrnehmen zu können? Wer wünscht sich denn nicht, mit sich selbst dermaßen im Reinen zu sein, dass jegliche Kritik und Selbstkritik verschwinden? Wer würde es nicht mögen, bei allem was er tut, entspannt, gelassen und erfolgreich zu sein? Wer würde es ablehnen, wenn man ihm die ganze Welt zu Füßen legte? Nun, und wer ist bereit den Preis dafür zu bezahlen? Was kostet es, die Wirklichkeit zu erleben? Es kostet Dich Deine Sorgen und Deinen Kummer. Es kostet Dich Dein Selbstmitleid und Dein Opfergehabe. Es kostet Dich bloß alle Nebensächlichkeiten, die Dich davon abhalten, das Leben in seiner ganzen Fülle zu genießen. Es kostet Dich Deine Schuldgefühle, Deine Ängste und Unsicherheiten. Es kostet Dich Deine destruktiven und schwächenden Gedanken. Es kostet Dich Deine Faulheit und Deinen Trübsinn. Es kostet Dich Dein bisheriges Selbstbild, Deine Geheimnisse und Lügen. In diesem Sinne kostet es Dich das Leben – das bisherige zumindest. Äußere Fülle führt zu Reichtum, innere jedoch weiters auch noch zu Erfüllung.

Wenn Du bereit bist, den inneren Weg zu beschreiten, dann ergibt sich äußerer Reichtum von allein, wenn Du ihn dann noch begehrst. Reichtum, Gesundheit und Glück sind so etwas wie positive Nebenerscheinungen auf dem inneren Weg. Ansonsten kannst Du noch so verbissen sein – mehr als Reichtum wirst Du nicht erlangen können, solange Du Dich auf Nebensächliches konzentrierst.

Wenn Du beginnst Dich nur noch auf das Wesentliche zu konzentrieren, wird alles Unwesentliche, Nebensächliche aus Deinem Leben verschwinden. Automatisch stellen sich dann Wohlstand, Gesundheit und Spiritualität ein, das garantiere ich Dir. Wenn Du bereit bist, den Preis dafür zu bezahlen, dann beginne damit am besten gleich jetzt. In diesem Buch findest Du alle notwendigen Hinweise, die Dich dazu befähigen, Dein Leben wieder selbst zu gestalten. Jedem kann das gelingen, sofern er damit beginnt.Diese, die letzte aller Entscheidungen, muss ich Dir überlassen.

Kommunikation

Würde jeder sagen, was er meint und sich bemühen immer die richtigen Worte dafür zu wählen, gäbe es keine Missverständnisse mehr. Dann wären augenblicklich viele Schwierigkeiten, Kündigungen, Misserfolge, Scheidungen und Streitereien hinfällig.

Hast Du nicht auch schon unzählige Male das Gefühl gehabt, dass man Dich nicht versteht? Bist Du sicher, dass es immer die anderen sind, die sich nicht genügend bemühen, Dich zu verstehen? Könnte es nicht auch daran liegen, dass Du davon ausgehst, der andere hätte dieselben Gedankengänge wie Du? Könnte es sein, dass Du Dir noch keine Gedanken darüber gemacht hast, wie andere die Worte verstehen, die für Dich so alltäglich sind? Du sagst zum Beispiel: ‚Es scheißt mich an.'. Darauf fühlt sich der andere angegriffen und geht auch gleich zum Gegenangriff über. In Wirklichkeit wolltest Du nur sagen, dass Du Dich verletzt fühlst. Siehst Du – hättest Du gesagt, was Du meintest, wäre Dir vermutlich Verständnis und Mitgefühl entgegengekommen. Es ist also besser, eine Verletzung zuzugeben, als im Schmerz des Getroffenen zu reagieren. Sie oder er sagt: ‚Du bist ein Egoist.', meint aber, dass seine Bedürfnisse nicht ausreichend zur Kenntnis genommen werden. Vorwürfe um Vorwürfe prasseln aufeinander ein und bedeuten schließlich nichts anderes als, wir sollten besser miteinander kommunizieren. Kommunikation sollte man jedoch nicht bloß verbal betrachten. Sie kann auch auf der reinen Gefühlsebene, über Gestik und Gesichtsausdruck stattfinden. Kommunikation findet jedoch bereits auf der Ebene der Gedanken statt, beginnt somit schon lange bevor das erste Wort gesprochen oder die erste Handlung vollzogen ist. Du hast also genügend Zeit, Dir genauestens zu überlegen, was Du wie sagst und wie Du reagieren möchtest. Deshalb sollten wir uns angewöhnen zu denken und zu fühlen, bevor wir reden. Und wenn Dein Gegenüber das nicht kann, ist es an Dir, es trotzdem zu tun. Indem Du beginnst Dich klar, ehrlich, gewählt und einfühlsam auszudrücken, eröffnest Du Deinem Gegenüber die beste Möglichkeit mit Dir Schritt zu halten.

Die Botschaft des Windes

Du nimmst den Sturm selbst nicht wahr, sondern bloß seine Auswirkungen und solange Du nach außen gerichtet bist, kannst Du auch Gott nicht wahrnehmen, sondern nur seine Auswirkungen.

Woher kommt der Wind? Woher kommt die Welt? Woher kommst Du? Solche Fragen kannst Du letztlich nur mit ‚Gott', beantworten. Eine genauere Formulierung gibt es nicht. Das ist der Grund, weshalb alle Antworten unbefriedigend sind. Wenn ich sage, Du musst die Antwort finden, dann meine ich nicht, dass Du eine Formulierung finden sollst, sondern – eine Erfahrung. Eine Erfahrung besteht aus Gefühlen, aus denen eine spontane Erkenntnis der Wahrheit hervorgeht. Beschreibungen sind immer Hypothesen. Erklärungsversuche, mit denen man alles erklären kann – außer der Wahrheit. Die Wahrheit steht immer hinter den Worten, hinter den Auswirkungen. Du kannst sie nicht sagen, Du musst sie erleben. Wenn man Menschen zur Wahrheit führen will, dann muss man sie zu eigenen Erlebnissen führen. Es reicht nicht, sie mit vermeintlich ‚gesichertem', eigenem Wissen zu füttern. Echtes ‚Wissen' ist allein das, was der Mensch erfahren hat, alles andere ist Vermutung, Glaube oder wird irgendwem nachgeredet. Erfahrung allein ist Weisheit. Deshalb solltest Du Dir nicht zu schade sein, Erfahrungen zu machen. Erlaube Dir, so viele unterschiedliche Erfahrungen wie nur möglich zu sammeln. Fürchte Dich nicht vor dem Leben, denn es birgt die größten Weisheiten und höchsten Erkenntnisse, die einem Menschen möglich sind. Deshalb bist Du ja auf Erden inkarniert. Alles, auch die Entstehung des Windes lässt sich naturwissenschaftlich erklären. Doch zu glauben dies wäre der Weisheit letzter Schluss, ist völlig verfehlt. Da, wo die Wissenschaft endet, beginnt der Geist. Da, wo der Verstand an seine Grenzen stößt, beginnt die Weisheit des Herzens. Da, wo Du glaubst, es gehe nicht mehr weiter, geht es erst richtig los! So wie Du zur Welt geworden bist, kannst Du auch zum Wind werden. Anstatt Dich zu fragen, woher Du kommst, kannst Du ebenso auch selbst Ursprung sein. Anstatt über das Leben nachzudenken, könntest Du es leben. Erlebe den Wind und Du kennst seine Herkunft, erlebe die Welt und Du weißt ihre Entstehung, erlebe Dich selbst und Du wirst wissen, woher Du kommst. Sofern Du fähig bist, das zu tun, wirst Du tatsächlich die Botschaft des Windes vernehmen. Dazu musst Du jedoch über die Grenzen Deines Verstandes hinauswachsen und lernen, nicht mehr von ihm abhängig zu sein. Dein Verstand und Deine vermeintliche Intelligenz hindern Dich daran, etwas in seinem Ursprung zu erleben. Vor lauter Angst, verrückt zu werden, begrenzt Du Dich. Du denkst nicht mehr frei wie ein Meister, sondern bewegst Dich im Gefängnis des Erklärbaren. Du lebst eingekerkert in einem Kopf, welcher nicht vom Winde der Wahrheit durchdrungen werden kann. Um zu Dir gelangen zu können, muss das Leben in Dich einbrechen. Es muss Deine Zellentüre unter großen Schmerzen aufbrechen und die von Dir errichteten Mauern durch Schicksalsschläge einreißen. Doch das müsste nicht sein, denn es gibt einen Schlüssel zur Freiheit und die einzige Frage, die ich Dir beantworten kann, ist: ‚Wo finde ich diesen Schlüssel?' – in Dir!

Hier und Jetzt

Wenn Du ganz da wärst, wo Du gerade bist, dann wärst Du ganz hier, dann wären alle Trennungen zwischen Dir und der Wirklichkeit nicht existent.

Kennst Du das Gefühl, einfach nicht ganz da zu sein? Das Gefühl mangelnder Präsenz und zerstreuter Aufmerksamkeit? Hast Du in einem solchen Zustand schon mal ein Gespräch geführt oder gearbeitet? Dann kannst Du bestimmt nachvollziehen, wie es ist, wenn die Hälfte des Lebens an Dir vorbei geht. Wie es ist, wenn man nicht wahrnimmt, dass man angesprochen wird oder erst bei einer Frage bemerkt, dass man gar nicht zugehört hat. Oder Du schaust fern und bemerkst irgendwann, dass ein großer Teil des Filmes unbemerkt an Dir vorbeizog oder, dass Du beim Lesen eines Buches plötzlich nicht mehr weißt, was Du gelesen hast. Was hat das zu bedeuten? Es bedeutet, dass Du nicht ganz hier bist. Du bist in solchen Momenten gedanklich immer an Orten, die Dir entweder lukrativer, attraktiver oder wichtiger erscheinen als die Gegenwart. Doch der Augenblick ist stets der wichtigste Ort und die wertvollste Zeit, die Dir gegeben ist. Wenn Du gegenwärtig bist, kannst Du jede noch so große Anforderung meistern. Du kannst sie meistern, weil Du dann ganz bei der Sache bist und Deine ganze Aufmerksamkeit da ist, wo Du sie gerade jetzt benötigst. Antworten, Lösungen, Einfälle, Intuitionen und Erleuchtungen kommen immer in der Gegenwart. Sie zu verschieben oder auf sie zu warten hat zur Folge, dass Du unzufrieden wirst. Wenn Du nicht weißt, wie das gehen soll, dann versuch es doch gleich jetzt: sei einfach einen Moment ganz still. Jetzt höre auf an irgendetwas zu denken. Sollten dennoch Gedanken und Bilder in Dir auftauchen, beobachte sie einfach, ohne sie beeinflussen zu wollen. Lass´ sie vorbeiziehen wie die Wolken am Himmel. Entspanne Dich, Sei einfach! Tue dies mehrmals täglich einige Minuten lang und Du wirst staunen und begeistert sein, wie sich Dein Leben dadurch verändert. Du bist immer da, wo Deine Gedanken sind. Natürlich kann Dein Körper an Ort und Stelle bleiben, denn Du bist ja nicht Dein Körper und mit ‚gegenwärtig sein' meine ich Dein Bewusstsein.

Drogen und Statistiken

Statistiken sagen immer genau das aus, was man aussagen will.

Laut Statistik gilt Hanf als Einstieg zu harten Drogen. Es gibt auch Statistiken, die belegen, dass wir immer älter werden. Es gibt Statistiken, die beweisen, dass Impfungen unzählige Krankheiten verhindern können und solche, die beweisen, dass Fleisch essen gesund ist. Auf der anderen Seite gibt es Statistiken, die besagen, dass wir zwar älter werden, aber auch immer kränker, und dass gerade unmittelbar nach Impfungen. Andere sagen, dass die Erkrankungsraten erheblich ansteigen und, dass Vegetarier gesünder seien als Nicht-Vegetarier. Es gibt Statistiken, die aussagen, dass Kinder aus reichem Hause erfolgreicher im Beruf sind und wieder andere behaupten genau das Gegenteil. Einige zeigen als Resultat, dass wir zu viele Menschen auf unserem Planeten sind und deshalb viele Menschen hungern müssen und wieder andere belegen, dass wir zu viele Nahrungsmittel produzieren, sie aber schlecht verteilt werden. Einige zeigen auf, wie schädlich Zigaretten, Kaffee und Alkohol sind, andere hingegen preisen diese Dinge als Medizin. Aber zurück zum ersten Beispiel: dem Hanf. Haschisch-Konsum kann sicher zu weiteren Drogen führen. Doch was führte zum Hanfkonsum? Wann darf ein Kind zum ersten Mal Alkohol trinken? Mit 12 oder 14 Jahren? Ist ja nur ein Gläschen Wein... Oder Zigaretten? Natürlich kann man sagen und auch beweisen, dass soundso viel Prozent aller Drogensüchtigen zuvor schon einmal Haschisch konsumiert haben. Doch einige Prozent mehr, so wage ich zu behaupten, kamen vor dem Hasch mit Zigaretten in Kontakt. So könnte also mit noch größerer Wahrscheinlichkeit gesagt werden, dass Zigaretten die Einstiegsdroge sind. Da aber fast hundert Prozent aller Raucher Kaffee trinken und dies auch schon, bevor sie geraucht hatten, lässt sich also der Kaffee noch früher als Einstieg zur Drogenwelt eruieren. Aber davor kann ich mit Bestimmtheit vermuten, dass jedes Kind in irgendeiner Form Milch oder auch Zucker schätzen lernte. Also wäre es noch viel wahrscheinlicher, eines von ihnen zur Einstiegsdroge zu erklären. Ja, es wäre genauso logisch wie jede andere Erklärung und genauso glaubwürdig wie jede andere Statistik. Welch eine Schlagzeile: Muttermilch – die Einstiegsdroge Nr.1! Oder noch treffender: Die Geburt – die große Gefahr! Alle Süchtigen haben eines gemeinsam, sie wurden geboren!

Du lachst jetzt vielleicht, aber genau so läuft es, solchen Statistiken vertrauen die Menschen. Bestimmt wird man zukünftig gewisse genetische Bedingungen für alles verantwortlich machen. Und wie jedes Mal, wenn der Mensch die Ursachen in der Materie sucht, wird er damit letztlich fehlen. Materielle Ursachen, selbst bei Krankheiten wie Krebs und AIDS sind von Menschen gemacht und stets ist es das Bewusstsein des Einzelnen, welches bestimmt, wozu es sich entschließt. Entschließt sich ein HIV-positiver Mensch zu sterben, so empfehle ich ihm, die chemischen Cocktails einzunehmen. Und außerdem werden die Wissenschaftler früher oder später zugeben müssen, dass AIDS keine Infektionskrankheit ist! Möchte er jedoch leben, so empfehle ich ihm eine in jeder Hinsicht gesunde Lebensweise, die Stärkung seines naturgegebenen Abwehrsystems und die konsequente Durchleuchtung seines Bewusstseins, seines Lebens und dessen Aufarbeitung und Veränderung. Es gibt letztlich keine Krankheit, welche zu 100 % tödlich ist. Immer gab es und wird es Ausnahmen geben, und Du könntest eine davon sein. Du weißt es erst, wenn Du nicht aufgibst. Du musst Vertrauen in Dich haben, in Gott und die Weisheit der Natur und Deine Verantwortung selbst übernehmen, anstatt sie in die Hände eines weiteren Drogenkartells zu legen, welches seine Drogen unter dem Namen Medikament verkauft. Oder Du musst absoluten Glauben in die Chemie haben, dann vermag sie Dir ebenfalls zu helfen. Tue jedoch nichts, von dem Du nicht überzeugt bist. Warte, gib Dir Zeit um Deine Entscheidung zu finden, so schnell wird Dich nichts umbringen, als dass Du nicht doch etwas Zeit hättest, der Sache selbst auf den Grund zu gehen. Aber erwarte nicht, dass es ein anderer für Dich tun könnte. Jedoch können Dir weder ein Arzt noch ein spiritueller Therapeut die Bewusstseinsarbeit ersparen. Und falls Du heute noch gesund bist, nutze die Zeit, tu etwas Wesentliches, Verwandelndes für Dich. Ich gönne es Dir von ganzem Herzen. Und wenn ein Patient nicht heilbar ist, so könnte man – anstatt ihn zu Tode zu therapieren – ihn auch einfach durch diese Erfahrung hindurch begleiten.

Erziehung

Erziehen ist mehr, als einem Kind den Willen zu brechen und es zu indoktrinieren.

Eine sinnvolle Erziehung sollte nicht ein 'gefügig-machen' sein, sondern dem Kind die Möglichkeit geben, eigene Erfahrungen sammeln zu können und sich selbst auszuprobieren. Solange wir Kinder bloß pflegeleicht machen wollen, erziehen wir sie nicht zu Selbständigkeit, sondern – zu Folgsamkeit. Diese Art von Gehorsamkeit führt jedoch dazu, dass unsere Kinder zu Anpassern werden. So kann aus ihnen kein erfolgreicher, eigenständiger, selbstbewusster und eigenverantwortlicher Erwachsener werden. Wir brauchen unsere Kinder nur möglichst früh schon an das Prinzip von Lob und Tadel, von Zuckerbrot und Peitsche zu gewöhnen und später wird jeder mit ihnen machen können, was er will. Bestrafungen führen nicht zu Verständnis und Erleuchtung, sondern zu Unterdrückung. Darin sind die meisten Erwachsenen besonders gut. Durch Bestrafungen und Liebesentzug lernt das Kind sehr schnell, dass sich Liebe und

Zuneigung offenbar mit einer bestimmten Verhaltensweise erkaufen lässt. Kinder sind von Natur aus grundsätzlich ehrlich und haben kein Verständnis für den Sinn von Bestrafungen. Sie verstehen auch keinen Sarkasmus und oft auch keinen Humor. Zumindest nicht den Humor, über den wir Erwachsenen uns amüsieren. Denn solange es den Ernst des Lebens noch nicht übernommen hat, braucht es keine Witze zu verstehen. Solange es noch nicht gelernt hat, dass das Leben grausam sei, braucht es keinen Gegenpol dazu. Kinder nehmen das Leben so, wie es ist. Die Erwachsenen geben sich jedoch die größte Mühe, den Kindern diese äußerst lobenswerte Lebenseinstellung zu zerstören. Wenn Kinder angeschrien werden, hören sie bald nichts mehr und wenn Kinder geschlagen werden, sollten wir nicht vergessen, dass nicht nur die zarten Knochen, sondern die noch viel zarteren Seelen brechen könnten. Seelen brechen im Übrigen immer vor den Knochen! Ein böser, verärgerter und zorniger Blick verletzt mehr als ein Klaps auf den Hintern. Viele Probleme entstehen dadurch, dass der Erwachsene vergisst, dass ein Kind noch ein Kind ist. Er behandelt Kinder wie Erwachsene und wundert sich dann, dass sein Kind innerlich daran zugrunde geht, seine Lernfähigkeit nachlässt und sein Immunsystem schwach wird. Genauso wie Du einem Franzosen, der nur französisch spricht, auf deutsch nichts beibringen kannst und ebenso wie Du mit einem Kindergärtner noch nicht über Geometrie und Algebra reden kannst, genauso wird ein Kind Dich nicht verstehen können, wenn Du in der Erwachsenenanalogie zu ihm sprichst. Es liegt an Dir die Sprache des Kindes, des Franzosen oder des Mathematikers zu erlernen, bevor Du Hoffnung haben kannst, ihm etwas beibringen zu können. Du kannst aber auch stur sein und warten bis die anderen Deine Sprache sprechen. Dabei wirst Du aber die Erfahrung machen, dass Du es nicht schaffen wirst, im Verlaufe Deines Lebens mehr als vier bis fünf Freunde zu haben. Natürlich ist es besser, allein zu sein, als in schlechter Gesellschaft. Aber: Keine Freunde zu haben, ist ein untrügliches Zeichen dafür, dass Du nur eine Sprache sprichst, nämlich Deine eigene. Du bist stur und ich-bezogen und dies führt zu Einsamkeit. Im Gegenzug sage ich aber nicht, dass es ein gutes Zeichen ist, wenn man unzählige Freunde hat. Diese Schlussfolgerung jedenfalls wäre nicht von mir. Du kannst jedermanns Freund sein, auch dann, wenn sie Dich nicht mögen. Du kannst es doch keinem verübeln, dass er Dich nicht mag, oder? Liebe sie trotzdem. Wenn nun ein Kind einen Fehler begeht, was hindert Dich daran, es trotzdem zu lieben? Was ist es denn, was Dich so in Wut versetzt? Ist es wirklich das Kind? Oder wirft es bloß den Funken in Dein bereits gefülltes Pulverfass?

Erfahrung

Erfahrung allein ist noch kein Qualitätsnachweis.

Menschen, die sich stets auf ihre Erfahrung berufen, sind kritisch zu betrachten. Stellt sich doch die Frage, über welche Fähigkeit zur Offenheit sie heute verfügen. Menschen, die sich kein neues Wissen mehr aneignen und sich fachlich anderen unterlegen fühlen, begründen ihre Argumentationen immer mit ihren eigenen Erfahrungen. Dies ist ja zunächst einmal betrachtet, sehr treffend. Sie sind sich jedoch oft nicht bewusst, dass sich ein jeder seine eigene, individuelle Erfahrung aneignet und erheben die eigene gerne zur als normierten Richtlinie und zum Standard. Sie wird häufig als absolute Wahrheit, als einzig wahre Erfahrung – inklusive der daraus geformten Schlussfolgerungen, deren Weisheit ja wohl nicht übertroffen werden kann – dargestellt.

Diese Menschen, die sich meist in fortgeschrittenem Alter befinden, können, wenn überhaupt, höchstens von noch älteren Personen etwas für sie Neues annehmen. In den seltensten Fällen von jüngeren. Weil die Jüngeren, egal wie groß deren Wissen und Weisheit auch sein möge, doch stets über weniger Erfahrung verfügen würden. Die so hoch gelobte Erfahrungsweisheit ist jedoch meistens nicht viel mehr als Ausdruck ihrer Sturheit und

Angst. Die Angst dazuzulernen besteht, weil gedacht wird, dass – sollte man sich erweitern und sich neue Sichtweisen aneignen – man sich eingestehen müsse, dass alles was davor gedacht wurde, falsch gewesen sein müsste. Die Menschen befürchten, dass ihre so wohl geformte Lebensphilosophie in sich zusammenstürzen könnte und sie dabei entdecken würden, dass sie in ihrem Leben doch so einiges verpasst haben. Du solltest nie glauben, dass Quantität automatisch auch Qualität bedeutet. Nur weil Du 30, 40, 50 oder älter bist, bedeutet es nicht, dass Deine Erfahrungen, denen eines Jüngeren überlegen sind. Im Gegenteil, oft lernen ältere Menschen bedeutend weniger aus ihren Erfahrungen als jüngere. Denn, um aus Erfahrung zu lernen, benötigt der Mensch Offenheit, Forschergeist und jugendliche Entdeckerfreude. Je kleiner die Unvoreingenommenheit, desto größer ist die Möglichkeit, aus Erfahrungen zu lernen. Leider nimmt offenbar die Voreingenommenheit proportional zum Alter zu. Dies deshalb, da sich der Mensch lebenslang laufend Umstände kreiert, die seine Einstellung bestätigen. Dabei tut er ganz naiv so, als hätte er selbst rein gar nichts mit dem Zustandekommen seiner Erfahrungen zu tun und lebt im Glauben, dass sein Leben der neutrale und einzig objektive Beweis für die Richtigkeit seiner Überzeugungen sei. Einmal mehr macht sich der Mensch also etwas vor. Deshalb sieht er in Menschen, die sich und anderen nichts vormachen, eine Gefahr. Sie bedrohen nämlich durch ihre Offenheit, die Geheimnisse und Illusionen der anderen zu entlarven. Dies ist mit ein Grund, weshalb ehrliche Menschen nicht immer und nicht überall willkommen sind. Und selbst da, wo sie willkommen sind, werden sie oft nicht verstanden. Erfahrung ist letztlich natürlich Wahrheit. Jedoch eine individuelle. Und dies bedeutet keineswegs eine Geringschätzung individueller Wahrheiten, da letztlich alle Wahrheiten individuell sind. Erfahrung, hängt von der Art und Weise des Erlebens eines jeden Einzelnen ab. Und so kann dieselbe Wahrheit verschieden erfahren werden. Doch nur die Wahrheit, welche nicht bereits im Voraus festgelegt wurde – weder bewusst noch unbewusst – kommt der Wirklichkeit nahe. Wenn Deine Wahrheit einer anderen Wahrheit nacheifert, ist sie nicht Deine Wahrheit und wenn Deine Erfahrungen bloß die Erfahrungen anderer bestätigen, so sind sie eben oft auch nicht wirklich Deine Erfahrungen, sondern Produkte Deiner Kreativität, welche sich als Dein Leben ausgeben. Wirkliche Erfahrung beruht in der Unmittelbarkeit und Unvorhersehbarkeit des ‚Jetzt', des Lebens. Erfahrungen werden in dem Moment wertvoll, wo es Deine eigenen, Deine wirklich eigenen sind. Und bevor Du jetzt selbstverständlicherweise und automatisch davon ausgehst, dass Deine Erfahrungen ‚echt' sind, gehe hin und erforsche den wirklichen Sachverhalt Deines Erlebens. Dann erst weißt Du, wovon ich rede. Ich rate Dir immer wieder, hinter die Kulissen Deines Verhaltens zu schauen. Ja, Dich selbst immer und immer wieder zu durchleuchten, solange bis Deine Sichtweise zu einer Innenschau geworden ist, die absolut klar und hell ist. Dann weißt Du auch, was ich unter echtem, wahrem und nützlichem Hellsehen verstehe.

Der Frust mit der Lust

Alles was Freude macht, ist entweder verboten oder macht dick.

Es scheint ein Phänomen zu sein, dass alles, was schön ist oder andere grundlegende menschliche Bedürfnisse befriedigt, verboten ist. Oft scheint es so, als ob das Leben an und für sich des Teufels wäre. Maßgeblich an der Verteufelung des Lebens beteiligt waren nicht nur die Kirchen aller Konfessionen, sondern auch all die unzähligen esoterisch-spirituellen Glaubensrichtungen, welche dem polaren Aberglauben von Gut und Böse verfallen sind. Systematisch und mit dem größten Druckmittel – der ‚Liebe Gottes', wurden und werden die Menschen massiv indoktriniert.

Einerlei, ob Du lieber ins Kino gehst oder Zigaretten rauchst, ob Du Dich gerne sexuellen Aktivitäten oder dem Spiel hingibst. Oder vielleicht gehörst Du zu jenen, denen die kulinarischen Genüsse näher sind oder Du frönst technologischen Neuerungen wie Computer oder Du liebst die Musik oder Reisen oder Sport oder Schokolade oder, oder oder… Irgendetwas findest Du toll und ich bin sicher, dass es Dir irgendjemand versucht zu verbieten. Deswegen umgibt sich der Mensch lieber mit Seinesgleichen, weil er sich dort akzeptiert fühlt. Er ist mit seinen Wünschen nicht allein. In diesem Umfeld fällt es selbst veränderungswilligen Menschen schwer, sich zu lösen. Denn jeder der sich löst, zeigt seinen Mitverhafteten ihre Unfreiheit auf und gilt fortan als potenzieller Feind, als Abtrünniger. Bestimmt hast Du dies schon am eigenen Leib erfahren. Vielleicht hast Du Dich entschieden, Deine Nahrung auf eine sinnvoll vegetarische Ernährung umzustellen und erlebt, wie viele Normalköstler sich nun durch Dich geradezu angegriffen fühlen. Du brauchst kein Wort zu sagen und alle glauben, dass Du ihnen für ihr Fleischessen Vorwürfe machst. Oder Du hast aufgehört zu rauchen und plötzlich entschuldigen sich alle rauchenden Freunde mit den Worten: ‚…weißt Du, ich rauche eh nicht mehr viel…'. Oder sie hören nicht damit auf, Dir ständig Zigaretten anzubieten. Solche Phänomene sagen aus, dass sich die Menschen grundlegend, bei allem, was sie tun, irgendwie schuldig fühlen. Und wie früher schon erwähnt, eignet sich ein solches Schuldbewusstsein hervorragend, um eine konsumorientierte Gesellschaft zu erzeugen. Die Techniken zur Abhängigmachung sind heutzutage schon dermaßen ausgefeilt, dass die Bindungen teilweise über mehrere Inkarnationen aufrecht erhalten bleiben. Und obwohl ich bestimmt nicht dafür bin, dass die Menschen sich mit allerlei Dingen selbst zugrunde richten, plädiere ich für einen anderen Weg. Ich nenne ihn den ‚Integrationsweg'. Der Integrationsweg schließt nichts aus und lehnt nichts ab, nicht einmal das Ablehnen. Voraussetzung dafür, diesen Weg zu gehen, ist das große ‚JA!' Das Ja zum Leben und allen seinen Erfahrungsmöglichkeiten, ohne Bewertung und ohne Verurteilung. Vorher hast Du keine Chance das wirkliche Leben zu erfahren.

Integration und Desintegration

Integrieren bedeutet,
das Leben so zu lieben wie es ist.

Ohne wenn und aber. Integration ist der eigentliche Sinn des Lebens für all jene, die in höhere Daseinsformen aufsteigen möchten. Obwohl selbst das irdische Leben – wenn widerstandslos gelebt – zur Verwirklichung der höchsten Daseinsform führt. Widerstandslosigkeit ist die Bedingung, um schon auf Erden die höchsten Daseinsformen erleben zu können. Wenn Du Dich nach einer anderen Welt sehnst, was in spirituellen Kreisen üblich ist, bist Du voller Widerstände gegen das Leben. Doch wie schon gesagt: Was Du ablehnst, das kannst Du nicht integrieren, nicht verinnerlichen. Es findet keinen Zugang zu Dir und Du findest keinen Zugang zu den von Dir abgelehnten Lebenserfahrungen.

Deshalb ist es von größter Wichtigkeit, dass Du Dir nichts verbietest und nichts verbieten lässt. Es bedeutet jedoch nicht, dass Du keine klaren Entscheidungen für Dein Leben treffen darfst und auch sollst, sondern dass Du diese Entscheidungen aus freien Stücken heraus treffen sollst – und auch darfst. Wenn Du etwas entscheidest, nur um gewisse Sanktionen zu vermeiden, dann wirst Du früher oder später die abgelehnte Entscheidung dennoch treffen. Tust Du es nicht selbst irgendwann, so wirst Du Dir bewusst oder unbewusst, jemanden kreieren, der diese Entscheidung für Dich fällen wird. So geschehen die Dinge im Leben, von denen alle sagen: ‚Das hätte ich mir bestimmt nicht selbst gewählt. Das muss also Schicksal sein.' Dennoch, die Wahrheit sieht anders aus…

Du wolltest es ganz insgeheim erfahren, aber Du hattest nicht den Mut dazu, es Dir selbst und anderen einzugestehen. Dieser Dinge wegen solltest Du Dich also nicht gleich als Opfer fühlen. Fühle Dich dabei eher wie ein Beschenkter des Himmels, auch wenn die jeweiligen Erfahrungen unangenehm oder gar schmerzhaft sind, denn sie helfen Dir, Deine Widerstände zu integrieren. Die Dinge werden umso schwieriger zu integrieren sein, je mehr Du Dich dagegen wehrst. Du kannst sie zeitlich vielleicht etwas hinausschieben, doch früher oder später wirst Du ihnen begegnen. Aber unfreiwillig und das macht die Sache nicht gerade einfacher. Es ist daher notwendig, dass Du Dich selbst ganz genau unter die Lupe nimmst und Deine unbewussten Wünsche und Ängste kennen lernst. Dann hast Du die Möglichkeit ihre Lektionen schon zu lernen, bevor sie mit einer schmerzhaften Realität verbunden sind. Du kannst so Deine Zukunft genau bestimmen, weil Du ihr immer einen Schritt voraus bist. Wenn Du Dir diese Mühe nicht ‚antun willst', wird alles nur noch mühsamer. Genau so wie fast alle Menschen Leid vermeiden wollen und sich dadurch unweigerlich Leid erzeugen. So vorzugehen jedenfalls gibt Dir die Garantie, dass Du immer genau das erfahren wirst, was Du eigentlich nicht möchtest, Krankheit, Schmerz, Leid, Verzweiflung, Tod. Ja, etwas nicht erleben zu wollen, ist Dein Todesurteil! Deshalb führt Entsagung, Kasteiung und Entbehrung zum Verlust des Lebens, außer – und das ist unabdingbar – Du handelst weder aus Widerstand noch aus dem Wunsch heraus, sondern einfach aus der Intuition heraus, dass das, was Du gerade tust, einfach getan werden will, getan werden soll. Aus innen heraus, nicht mit einer Begründung, sondern aus Berufung, aus dem Impuls Deines Höheren Selbst. Eine solche Einstellung gegenüber allem, was Du tust, kannst Du nicht vortäuschen. Doch wenn es Dir gelingt – und es gelingt Dir (wahrscheinlich) erst dann, wenn Du es nicht mehr ‚willst' – dann hast Du auch den Weg gefunden, wie es möglich ist, zu leben, ohne neues Karma zu erschaffen. Dies ist möglich, weil Du nichts mehr willst und nichts mehr nicht-willst und Du Dich dadurch im Zustand des Seins befindest. Welch eine Erlösung! Nun, wie sieht das im Praktischen aus? Lass uns ´mal das Beispiel Zigaretten nehmen. Bewusst oder unbewusst ist sich jeder Raucher im Klaren, dass Rauchen ein Blödsinn ist. Bei jedem Zug verstärkt sich sein Bewusstsein, dass er etwas tut, was er eigentlich nicht tun möchte.

Seine Ablehnung wird also mit jedem Zug größer und somit auch seine Sucht. Denselben Mechanismus kannst Du bei allem feststellen, was Dir Freude macht, was Du liebst oder was Du nicht los wirst. Das große ‚JA' würde nun bedeuten, dass Du lernen sollst, wenigstens eine Zigarette, eine Schokolade oder was auch immer Dir Schwierigkeiten bereitet, so wirklich zu genießen! Jawohl, der Integrationsweg verlangt von Dir gewissermaßen genau das Gegenteil von dem, was Du bisher an Ratschlägen zur Bekämpfung Deines Problems bekommen hast. Und, es ist bedeutend schwieriger! Deshalb konnte sich dieser Weg nur bei den wenigsten Menschen durchsetzen. Es ist in der Tat viel leichter, etwas zu unterdrücken und sich das, wonach einem gelüstet, nicht zu gönnen. Doch dieser, als ‚Enthaltsamkeit' hoch gepriesene Weg, führt in die Selbstverdammnis. Ich sage ja nicht, Du sollst alles übertreiben, weder auf die eine noch auf die andere Seite. Und so ist es gut zu wissen, dass auch Unterdrückung eine Übertreibung ist und wie jede Übertreibung in einer Sackgasse endet. Es gilt nach wie vor, die Mitte zu finden. Denn nur in der Mitte kannst Du wirklich entscheiden, etwas zu tun oder nicht zu tun. Das ist Freiheit, das nenne ich Integration. Es vermag Dich von allem zu befreien, ohne Dir jene Gewohnheiten, von denen Du Dich noch nicht lösen möchtest oder kannst, zu vergraulen und mit einem schlechten Gewissen zu vergiften. Dies allein schafft in Dir zukünftig die Möglichkeit, auch diese Dinge noch zu integrieren. Es gäbe keine Sexshops und keine Sportarenen, keine Alkoholikerkneipen und keine Kirchen, keine esoterischen Orden und keine Sekten, keine Übergriffe und Missbräuche und auch keine Kriege, wenn der Mensch laufend integrieren würde. So erkenne also, dass alle diese Auswüchse, Geschenke an die Menschen sind, damit sie diese Dinge integrieren können. Wer von Anfang an ein natürliches Verhältnis zu diesen Dingen hat, wird automatisch in die jeweilig richtige Form diese Dinge zu leben, hineinwachsen. Die Ausschweifungen entstehen erst, wenn Nachholbedarf besteht. Natürlich ist es zu Beginn unangenehm, zuzugeben, dass Du dies oder jenes Laster pflegst. Doch wenn die eigene Bewertung dessen, was Du tust, wegfällt, dann fällt es Dir nicht mehr schwer, zu Dir zu stehen und die Dinge zu integrieren. Und etwas kann ich Dir versichern: Jene die Dich allenfalls wegen einer Deiner wunden Punkte kritisieren, stehen noch einen Schritt hinter Dir. Über jene brauchst Du Dir also keine allzu großen Gedanken zu machen. Es gibt jedoch noch eine andere, schwerwiegende Situation, in der Du Dich vielleicht befindest. Vielleicht bist Du Anhänger eines bestimmten Lehrers, Gurus oder religiösen Führers, welcher Dir rät, dies oder jenes zu unterlassen und Du fühlst Dich ihm gegenüber schlecht, weil Du es nicht kannst. Aber ich kann Dich beruhigen, wenn Dein Lehrer wirklich einer ist, werden seine Hinweise bestenfalls Ratschläge sein – keine Verbote. Und auch wenn Du seine Ratschläge nicht beherzigst, wird er Dir dies nicht vorhalten. Er wird im Gegenteil Verständnis für Dein Verhalten zeigen, gerade eben, weil er meisterlich genug ist, zu erkennen, wo der einzelne Schüler steht, selbst wenn es tausende sind. Weder Gott noch ein Meister oder eine Meisterin werden Dir jemals die Liebe deswegen entziehen. Ein Erleuchteter kann sich zwar so geben, als würde er Dich ablehnen, aber er wird damit nur Deine Unterstützung im Auge haben. Hinter allem was er tut, steht Liebe, selbst dann, wenn es auf Anhieb nicht sichtbar ist. Er kennt den Integrationsweg! Er verhilft seinen Schülern deshalb ungeachtet seines eigenen Rufes, zu möglichst vielen Integrationsmöglichkeiten. Dies soll Dir ein weiterer Hinweis dafür sein, wie oft und leicht der Mensch sich ärgert – anstatt dankbar zu sein. Also: Sei dankbar für alles, was Dir in Deinem Leben begegnet. Und was meinen die Menschen, wenn sie davon sprechen, dass man zum Beispiel die Integration der Ausländer fördern sollte? Es bedeutet, dass man sie mehr in die Gemeinschaft integrieren sollte, dass sie teilhaben sollten am täglichen Leben der Gemeinschaft. Und sobald sie sich voll integriert haben, gehören sie dazu, sie werden akzeptiert und geliebt wie jeder andere. Sie sind dann kein 'Problem' mehr, sondern ein Teil des Ganzen. Sie müssen nicht mehr bekämpft werden und gelten von nun an nicht mehr als Gefahr. Genauso solltest

Du Deine eigenen abgewehrten Erfahrungen (Ausländer) – jene Dinge also, die Du in Deinem Leben vielleicht lieber nicht haben möchtest – in die Gemeinschaft Deiner Erfahrungen aufnehmen und integrieren.

Das bedeutet umwandeln. Dann wirst Du erkennen können, welch´ wichtigen Beitrag sie zu Deinem Leben, Wohlbefinden und Glücklichsein beitragen. Dann schmeckt Dir plötzlich das Essen beim Italiener! Du bist dann ja nicht gezwungen, bei ihm zu speisen, aber Du hast auch keinen generellen Widerstand mehr gegen ihn. Ja, vielleicht wirst Du sogar mit Deinen besten Freunden bei ihm einkehren wollen, um ein Fest zu feiern. Und auch ein bisschen Fremdsprachenkenntnis kann Dir bestimmt nicht schaden, vor allem dann, wenn Du zum Beispiel Deinen Urlaub genießen willst oder sonst ein Abenteuer in fernen Ländern erleben möchtest. Integration kann Dir also nur dienlich sein. Möchtest Du aber unglücklich sein in Deiner Haut (Welt), möchtest Du, dass Dein Leben hart und schwer ist und von vielen ‚ausländischen' Gefahren bedroht sein, dann kannst Du auch ohne Integration Deiner Schattenseiten leben. Nur solltest Du dann keine falschen Erwartungen an das Leben stellen. Ausländer gehören nun mal dazu. Pass dann bloß auf, dass nicht Du selbst plötzlich in Deinem eigenen Land, in Deiner eigenen Welt, zum Ausländer wirst. Es würde Dir nämlich nicht sehr viel Freude bringen. Und solltest Du einem ‚Ausländer' der Deine Sprache nur gebrochen spricht begegnen, bedenke, dass er noch mindestens eine andere beherrscht und diese höchstwahrscheinlich um einiges besser als Du. Also erlerne Du seine Sprache, damit Du ihn verstehen und er Dein Leben bereichern kann. Das heißt Integration.

Desintegrieren bedeutet, das Leben nicht so zu Lieben wie es ist. Überall ist ein Wenn und Aber. So, wie die meisten Menschen leben, bewegen sie sich auf dem Desintegrationsweg. Auf diesem Weg lebt keiner nach dem Motto: ‚Der Weg ist das Ziel'. Auf diese Art zu leben, erfordert viel Aufwand, denn es ist sehr mühsam, immer allem auszuweichen. Die einzigen Herausforderungen, die sie annehmen, sind die unumgänglichen. In diesen Lebenssituationen fühlen sich jedoch die meisten Menschen überfordert. Und Überforderung endet in Stress und dieser führt fast unweigerlich zu Krankheit, Frustration und Depression. Selbst spirituell orientierte Menschen, die behaupten ihr Leben anzunehmen, so wie es ist, nehmen es nicht wirklich an. Denn irgendwo in ihnen versteckt sich die Überzeugung, dass sie es ja annehmen müssen, um weiter zu kommen. Doch das ‚Müssen' führt nicht zur Integration, genauso wenig wie das ‚Ich will es, weil es geht ja sowieso nicht anders…' In dem Moment, wo Du bemerkst, dass Du eine Situation gerne anders haben möchtest, als sie ist, läufst Du Gefahr, diese nicht zu integrieren, sondern abzulehnen. Dies geschieht immer dann, wenn Du nicht bereit bist, jene Situationen und alles, was diese an Gefühlen mit sich bringen, wirklich zu fühlen. Wenn da Dinge sind, die Du nicht erleben möchtest, lassen sie sich nicht annehmen. Und diese Ablehnung – einerlei ob sie nun bewusst oder unbewusst geschieht – führt dazu, dass Du früher oder später eben genau das erfährst, was Du vermeiden wolltest. Genau wie wenn Du sagst: ‚Ich möchte niemals so werden wie mein Vater oder meine Mutter!'. Du kannst Dir ja vorstellen, welches der ewige Vorwurf sein wird, den Du zu hören bekommst und auf den Du dann ziemlich allergisch reagierst?! – ‚Du bist genau wie Dein Vater / Deine Mutter!' Kennst Du das? Alle Wege, die Dir vorgeben, wie Du zu sein hast, sind Desintegrationswege. Alle Lehren, die gegen etwas kämpfen sind Desintegrationswege. Alle Wege, die es sich nicht zum höchsten Ziel gemacht haben, dass Du ‚Dich-selbst' sein kannst, führen nicht zur Integration, nicht zur Erleuchtung, sondern in die Selbstverleugnung. Dies wiederum führt zu Anspannung, innerer Verkrampftheit, Sturheit, Unzufriedenheit, Stress, Krankheit und Depression. Also, nicht sehr empfehlenswert außer, Du bevorzugst ein schwieriges Leben. Ein schwieriges Leben macht Dich offen für die banalsten und irrationalsten Wünsche. Du beginnst, äußere Befriedigungen zu suchen und Du findest sie auch. In der Welt des Scheins und des Konsums. Deine Jagd nach Dingen, Geld, Macht, Ruhm und Ehre beginnt. Und obwohl Deine Sehnsucht nach dem wirklichen Glück zunimmt, gibst Du Dich mit Kleinigkeiten, mit Bedeutungslosem zufrieden. Dein Glück liegt jetzt darin, zu entdecken, dass all dies nicht die Kraft besitzt, Dich wirklich glücklich zu machen. Ja, Dein Glück liegt darin, zu erleben, dass Du, hättest Du auch alle Macht, alles Geld und alle Güter dieser Welt, Du dadurch nicht wirklich glücklicher geworden bist. Du gehst den Weg der Erfahrung. Du nimmst Deine Sehnsucht nur noch deutlicher wahr und bist jetzt – im besten Falle – mutig genug, die wahren Werte anzustreben: Ehrlichkeit, Mitgefühl, Vertrauen, Verbundenheit mit allem was ist, Einswerdung, Erleuchtung. Es ist der Moment, in dem Du erkennst, dass Dein einzig wahres Glück in der Verwirklichung Deines göttlichen Selbst zu finden ist. Du kehrst um und gehst den Weg zurück. Zurück bis zum Ursprung, zurück bis zu jenem unbegrenzten, erfüllten und wunschlosen Gewahrsein, welches sich weder definieren, beschreiben, noch wiegen oder messen lässt. Zurück zu jenem Ausgangspunkt, den ich mangels treffender Worte einfach ′mal ‚Gott' benenne. Doch es ist nicht jener Gott, an den Du glaubst, es ist nicht der Gott, wie Du ihn Dir vorstellst. Denn alle Vorstellungen von dem was wir Gott nennen, sind eben Vorstellungen. Das jedoch, was Gott wirklich Ist, findet in keiner, auch nicht in den größten und schönsten Vorstellungen Platz. ‚Gott' ist – unvorstellbar… Oder kannst Du Dir etwas Unvorstellbares vorstellen? Nein, ich spreche von jenem Gott, der jenseits aller Vorstellungen, Ideen und Konzepten zu finden ist. Du kannst diesen Gott, diesen Zustand sofort erleben. In dem Augenblick nämlich, in welchem es Dir gelingt, alle Deine Vorstellungen über ihn beiseite zu lassen. Es benötigt keine andere Tugend dazu. Die so viel propagierten Tugenden wie Selbstlosigkeit, Bescheidenheit, All-Liebe, Mitgefühl, Vertrauen, Mut, Aufrichtigkeit stellen sich dabei automatisch ein. Es sind also nicht Deine Tugenden, die Dich zur Gotteserfahrung bringen, sondern es ist die Begegnung mit dem Göttlichen, die all diese Eigenschaften in Dir weckt – also, vermutlich ziemlich das Gegenteil von dem, was Dir gelehrt wurde. Lehren, welche Bedingungen an Deine

Erleuchtungsmöglichkeit stellen, sind nicht wirklich daran interessiert, dass Du eins wirst mit dem (großen) Sein und somit untauglich dafür, Dir den Weg dahin zu weisen.

Identitäten

Der Mensch definiert sich nicht mehr mit seiner Ursprünglichkeit, sondern mit seinen Identitäten. Er identifiziert sich mit dem, was er tut und mit dem, was er hat, anstatt mit dem, was er ist.

Dadurch, dass in der Welt nicht das zählt, was Du bist, sondern das, was Du hast oder nicht hast, möchtest oder nicht möchtest, definiert der Mensch sich mehr und mehr mit Dingen, die nicht dem entsprechen, was er ist, sondern dem, was er sein möchte. Er identifiziert sich so nach und nach immer mehr mit der Welt des Scheins und verliert damit das Sein aus den Augen. Jede Identität, die sich jemand zulegt, ist eine Maske. Eine Maske, die das verhüllt, was er wirklich ist. So kommt diese Welt einer Maskerade gleich. Der Fasching, in dem sich die Menschen bewusst verkleiden, zeigt sehr deutlich, wie viel Spaß es den Menschen offenbar bereitet, sich zu verstellen. An diesen Festen scheint es mir, dass die Menschen einfach für einen Moment ihre Identitätsmasken ablegen und zeigen, wer sie wirklich sind oder zumindest, wie sie eigentlich sein möchten. Bezeichnenderweise bevorzugen die meisten das Narrenkostüm. Denn Lachen und Fröhlich-Sein liegen in der Natur des Menschen. Leider verliert sich der Spaß am Leben oft schon in den frühen Kinderjahren. Wird uns doch schon frühzeitig von allen Seiten gelehrt, wie ernst das Leben ist. Die Menschen würden gut daran tun, solche Weisheiten zu hinterfragen. Denn die meisten Erwachsenenratschläge können einer sorgfältigen Überprüfung nicht standhalten. Doch das stete Hinterfragen solcher angelernter Wahrheiten erfordert Mut. Mut, sein eigenes Leben zu leben und Mut, seine eigenen Wahrheiten zu finden. Es erfordert Stärke, Mut und Ausdauer, sich gegen den steten Strom unkritischer, mutloser Menschenmassen zu behaupten. Inmitten all dieser Massenmenschen, mit dem Strom des ewigen Lebens zu fließen, erfordert von jedem von uns Selbstbewusstsein, nicht Anpassertum. Bestimmt wäre es einfacher, sich selbst auch eine Maske überzustreifen, eine Tarnkappe sozusagen, doch das wollen eigenständige und gottverbundene Menschen nicht tun. Sie lieben die Wahrheit und sie lieben vor allem den steten Wandel, die steten Veränderungen des Lebens. Für sie sind alle jene Menschen, die sich unbewusst im Gefängnis der Identitätenspiele verstrickt haben, wertvolle 'Studienobjekte'. Ja, sie studieren die Menschen und sie studieren sich selbst. Denn nur so sind sie wieder zu dem geworden, was sie ursprünglich sind, durch Selbsterkenntnis. Du weißt ja: ‚Das Gesicht, das man verlieren kann, ist nie das eigene.'

Ich würde niemals irgendeine Identität verurteilen oder beurteilen. Dies liegt nicht in meiner Zuständigkeit. Ob nun jemand die Identität eines Doktors, eines Pfarrers, eines Lehrers, einer Hausfrau oder eines Filmstars spielt, ist mir einerlei. Niemand ist mehr oder weniger als jemand anderer. Selbst dann nicht, wenn er die Rolle des Täters, des Verbrechers oder des 'schwarzen Schafes' übernommen hat. Jeder und jede ist frei, im Fasching jene Rolle zu spielen, die er oder sie bevorzugt. Es liegt an jedem selbst, zu erkennen, dass das Leben in einem gewissen Sinne nichts weiter als Fasching ist. Es ist ein Spiel der Verkleidungen. Denn dann, wenn jeder sich all seiner Masken und Verkleidungen entledigt hat, kommt etwas Wundersames zum Vorschein. Und dieses so wundervolle, göttliche Sein erwacht gleichsam bei jedem einzelnen Geschöpf und kommt dann zum Vorschein, wenn alle Verkleidungen abgelegt sind. Auch der Körper ist in diesem Sinne eine Verkleidung! Die allermeisten Menschen sind solchermaßen mit ihrem Körperkleid identifiziert, dass sie felsenfest davon überzeugt sind, Mensch – womit sie den Körper meinen – zu sein. Mensch-Sein ist jedoch nicht an den fleischlichen Körper gebunden. Aber, lieber Spiritualist, das Mensch-Sein ist auch nicht an den geistigen Körper gebunden. Menschsein ist lediglich ein Bewusstseinszustand, welcher sich in verschiedensten Verkleidungen auszudrücken vermag. Mensch heißt ‚Geist' (lat.: mens), das ist etwas, was wir immer sind, doch mit der Bezeichnung Mensch verweist Gott auf die Menschlichkeit. Den Menschen mangelt es an Menschlichkeit, nicht an Geist. Geist ist allgegenwärtig, belebt und durchdringt jeden und jede von uns ununterbrochen. Doch Menschlichkeit fordert viel. Sie fordert alles. Sie fordert von Dir, dass Du Deine Ängste, Deine Fehler und Sünden willkommen heißt. Menschlichkeit fordert Dich auf, Dich allen so zu zeigen, wie Du bist. Und dies erfordert unendlich viel Mut, Selbstbewusstsein und Demut. Doch es erfordert noch viel mehr, nämlich, dass Du bereit bist, jeden Menschen so zu nehmen, wie er ist. Mit allem, was ihn ausmacht, auch mit seinen ‚Schatten'. Du solltest wissen, dass Du zu dem wirst, womit Du Dich identifizierst oder zu dem, womit Du Dich keinesfalls identifizieren möchtest. Menschliche, begrenzte Identifikationen lassen sich überwinden, wenn Du wieder beginnst, Dich mit Deinem göttlichen Ursprung zu identifizieren. Dann kannst Du, wann immer Du es wünscht, Dich mit jeder Maske verkleiden, ohne jedoch mit ihr verstrickt und in ihr gefangen zu sein. Dann bist Du frei, dann spielst Du wieder bewusst das wunderbarste Spiel aller Spiele: das Leben als Bewusstsein. Und genau das ist es. Du kannst als dies oder jenes leben, Dich so oder anders nennen und es wahrhaftig genießen, in einem menschlichen Körper zu sein. Aber Du darfst nicht glauben, dass Du das wirklich bist. Du bist ganz anders. Anders als alles, was Du auf Erden sein kannst. Du bist so anders, dass Du es Dir nicht einmal vorstellen kannst. Du kannst es nur einfach sein. Andere werden dieser Erscheinung, die Du dann bist, Namen geben. Für einige bist Du erleuchtet, für die anderen ein Narr. Doch es soll Dich nicht kümmern, denn in dem Moment, wo Du es bezeichnest, bist Du es nicht mehr. Identifiziere Dich bloß nicht damit, wie andere Dich sehen und damit, was andere von Dir glauben, und schon gar nicht damit, wie Du Dich siehst, sonst ist es aus mit Deiner Freiheit. Sei einfach!

Vertrauen II

Vertrauen kann nur der Vertrauenswürdige.

Hast Du Dein Vertrauen verloren? Als Kind hast Du Deinen Eltern vertraut. Doch durch die mannigfaltigen bewussten oder unbewussten Übergriffe bist Du Dir des Vertrauens zu ihnen nicht mehr so sicher wie damals. Du sagst Dir vielleicht, sie haben ihr Bestes gegeben oder sie hätten es halt nicht anders gewusst. Aber irgendwie ist Dein Vertrauen in sie vermindert. Ich höre von Enttäuschungen in Lebenspartner, Freunde, Lehrer oder Politiker. Ja selbst das Vertrauen in Gott ist, trotz der Brutalität, die in der Welt herrscht, erschüttert. Doch niemals denkst Du darüber nach, wie vertrauenswürdig Du selbst bist. Es ist nicht unverständlich, dass viele Menschen Tieren mehr vertrauen als ihren Mitmenschen. Tiere können Dich deshalb nicht enttäuschen, weil Du ihnen keine bewussten Absichten unterstellen kannst. Durch Deine hohen Anforderungen anderen Menschen gegenüber, lässt Du ihnen letztlich gar keine Chance, vertrauenswürdig zu bleiben. So kommt es, dass die Welt Dich enttäuscht und Du auf dieses Weise Dein Vertrauen in sie verloren hast. Nein, keiner, der diese Zeilen liest, vertraut bedingungslos. Auch Du nicht! Du kannst es nicht, weil Du selbst noch nicht wirklich vertrauenswürdig bist, jedenfalls nicht bis ins Letzte. Du solltest meine Aussage nun nicht als Angriff betrachten, sondern den Tatsachen, die ich Dir aufzeige, mutig begegnen. Je größer Deine Abwehr gegen solche Behauptungen von mir ist, desto mehr beweist es, dass ich richtig liege. Du kannst mir glauben, mir wäre es lieber, wenn ich unrecht hätte. Doch: Es ist ja nicht so schlimm sich einzugestehen, dass man nicht vertrauenswürdig ist. Im Gegenteil, es bietet sich Dir hier eine Chance an, die Dinge zu verändern. Denn, was Du nicht siehst – oder besser: nicht einsiehst – das kannst Du nicht ändern. Bist Du jedoch bereit den Tatsachen – gerade den unangenehmen Tatsachen – ins Auge zu schauen, bietet sich Dir eine reelle Chance zu grundlegender Veränderung Deines Lebensstils. Lebensstil ist keine Frage von Manieren, sondern von Charakter. Und gerade eben in dem Moment, wo Du bereit bist, Dich mit Dir selbst zu konfrontieren, wirst Du vertrauenswürdig. Denn nur, wer sich selbst vertraut und sich selbst nichts vormacht, kann darauf vertrauen, dass ihm kein anderer etwas vormachen kann. Wer sich selbst belügt, bezichtigt stets die anderen des Lügens, ein Dieb denkt, dass jeder ihn bestehlen möchte, ein Verkäufer glaubt, jedermann will ihm etwas verkaufen und ein Egoist glaubt, dass alle von ihm profitieren wollen. Wer wahrhaftig ist, begegnet ehrlichen Menschen, wer vertrauenswürdig ist, trifft auf vertrauensvolle Menschen und wer nicht stiehlt, wird nicht von Dieben heimgesucht. Du musst nicht unbedingt andere belügen und bestehlen, damit Vertrauensbrüche in Deinem Leben auftauchen. Es genügt, wenn Du Dich selber bestiehlst. Ja, wer gegen sich selbst vertrauensunwürdig ist, der entwendet seine eigene Integrität. Er beraubt sich seiner selbst. Er beraubt sich seines geistigen Potenzials, indem er sich verleugnet, indem er anders lebt und denkt, als es seinem wahren Innersten entspricht. Er ist sozusagen Opfer und Täter zugleich. Er kämpft solange mit sich selbst, bis er sein Selbstvertrauen und seine Selbstachtung vollends verloren hat. Dann steht er ganz alleine da. Keiner ist mehr da, um ihn zu lieben, weil er sich selbst hasst. Er ist nunmehr allem und jedem gegenüber misstrauisch und lebt fortan in Furcht und Angst, es könnte ihm etwas genommen werden. Ja, er bemerkt es nicht einmal, dass er längstens nichts mehr besitzt, was sich lohnen würde ihm zu nehmen. Endstation: Verbitterung, Einsamkeit, Depression. Sie alle sind lange schon, bevor sie gestorben sind, tot. Und wie hat das alles begonnen? Damit, dass Du, anstatt selbst vertrauenswürdig zu bleiben, angefangen hast, Ansprüche an die Vertrauenswürdigkeit anderer zu stellen. Indem Du die Erfüllung Deiner Wünsche von anderen abhängig gemacht und begonnen hast, das Glück im Außen, anstatt im Innern zu suchen.

Arbeit und Therapie

Sinn und Unsinn der Arbeit liegt in Deiner Freude sie zu tun oder zu lassen.

Weshalb arbeitest Du? Weil es Dir Freude bereitet oder weil Du Geld zum Leben benötigst? Bei der Beantwortung dieser Frage solltest Du sehr ehrlich sein – mit Dir selbst. Weshalb arbeitest Du so viel? Weil es Dir Freude bereitet oder weil Du Angst hast, Deinen Job zu verlieren? Weshalb arbeitest Du gerade in dem Beruf, den Du gerade ausübst? Weil es Dir Freude bereitet oder aus irgendeinem anderen Grund? Und, wenn Du schon so mühevoll arbeitest, weshalb reicht Dein Lohn nicht aus, Dir Deine Wünsche zu erfüllen? Sind Deine Wünsche so exotisch oder stimmt das Aufwand-Ertrags- Verhältnis nicht?

Lies diese Fragen noch einmal durch und beantworte sie Dir ganz, ganz ehrlich. Es sind einfache, aber wichtige Fragen, die Dir die Hintergründe Deines Stresses aufdecken. Und selbst wenn Du Dich nicht gestresst fühlst, sie können Dir behilflich sein und Dir aufzeigen, was es noch zu ändern gilt in Deinem Leben. Du weißt, dass ich dieses äußerst wirksame und effiziente Bewusstseins- Training ‚Free Spirit®' anbiete. Du weißt, dass ich vertrauenswürdig bin. Du weißt, es würde Dein Leben verändern. Du weißt, dass solche geistigen Werkzeuge und Fähigkeiten eine Investition in Deine Zukunft sind und Dich Dein ganzes Leben, und darüber hinaus, begleiten und unterstützen werden. Du möchtest diese Techniken erlernen, um Dir und der Welt zu mehr Erleuchtung zu verhelfen und um Deine ganz persönlichen Ziele endlich erreichen zu können. Aber, Du bringst die Kursgebühr und die 7 – 9 Tage Freizeit, die Du brauchst, um den Kurs zu besuchen nicht zusammen. Da stimmt doch etwas nicht!? Oder Du bist es Dir einfach nicht wert, in Dich selbst zu investieren? Und wenn Du jetzt glaubst, dass ich hiermit nur Werbung betreibe, dann hast Du leider noch nicht ganz verstanden, dass meine Motivation eine tiefere ist. Denke über mich, was Du willst…

übergehe aber bitte nicht die durch mich ausgelösten Regungen und Gedanken in Dir. Sie sind für Dich wichtig. Übrigens, warum das ganze Geld bis ins hohe Alter sparen? Sparst Du, weil es Dir Freude macht oder aus Angst vor der Zukunft? Arbeitest Du für die Zukunft oder für die Gegenwart? Diejenigen, die für die Zukunft arbeiten und sparen, werden auch in Zukunft für die Zukunft arbeiten und sparen. Die Erben oder der Staat werden es ihnen danken! Vielleicht wäre es interessant für Dich zu wissen, wie viel Geld der Durchschnittsschweizer beim Hinüberscheiden in die Geistige Welt auf Erden hinterlässt? Ungefähr 80.000 €. Doch was stimmt denn da nicht, dass sich die meisten Menschen ihre Wünsche nicht erfüllen? Weshalb findet man tausende von Begründungen, etwas nicht zu tun, wenn man es genauso gut auch tun könnte? Weshalb bevorzugen die meisten Menschen ein mühevolles Leben mit viel Arbeit und wenig Lohn? Wir leben im Überfluss an Überflüssigem, so intensiv, dass für das Wesentliche oft keine Zeit und kein Geld mehr übrig bleibt. Würden die Menschen – anstatt dem Überflüssigen zu huldigen – sich mit ihrem Überfluss das wirklich Wesentliche erfüllen, hätte bald jeder ein erfülltes Dasein. Und jene, die sich in ein solch opferhaftes Mangel- Bewusstsein hineinmanövriert haben, dass sie sich wirklich nichts mehr leisten können, haben all ihre Leistung und Kraft vergeudet. Sie haben ihr Potenzial oft an Probleme und Sorgen verschwendet. Sie drehen sich im Kreis und verausgaben sich mehr und mehr, bis Krankheit als einziger Ausweg in eine Ruhepause erscheint. Dann jedoch – als Kranker – beginnt der gleiche Kreislauf von vorn. Jetzt sehen sie ihr Opfersein faktisch als bewiesen. Ja, nun ist es wissenschaftlich erwiesen, dass es mir schlecht geht, dass ich ein Opfer bin. Und wieder investieren sie all ihre Kraft, ihr ganzes Potenzial und schließlich auch ihr gesamtes Vermögen in eine rein äußerliche Heilung, die außerdem so möglicherweise nie zustande kommt.

Doch lass Dir gesagt sein, dass es eine Lösung gibt. Du hast die Möglichkeit jetzt zu entscheiden, Deine unerschöpfliche Kraft, Deine Talente und Dein Potenzial für Dich zu investieren. Du kannst erfolgreich sein! Und mit jedem erfolgreichen und glücklichen Menschen wird diese Welt ein Stückweit glücklicher. Deshalb ist es mir ein Anliegen, dass Du glücklich bist. Dies ist meine wahre Motivation. Mit dieser Absicht biete ich Dir das Free Spirit®-Training an. Nimm es oder lass es, aber mache niemanden, außer Dich selbst, für Dein Leben verantwortlich. Denn in dem Moment, wo jemand oder etwas anderes für Dein Leben verantwortlich ist, hast Du Deine Macht über Dich an die Welt abgegeben und Dein Erfolg, Dein Glück, Deine Gesundheit und Deine Freiheit werden sich dementsprechend in Grenzen halten. Es liegt an Dir. Ich kann und will Dir ein Leben und Arbeiten im Schweiße Deines Angesichts nicht verbieten, aber ich kann Dir anbieten und Dir Möglichkeiten aufzeigen, die dieser harten Realität ein Ende bereiten könnten. Du entscheidest, ob Du jener einzige Überlebende bei einem Flugzeugabsturz bist oder ausgerechnet jener Einzige, dem der Ball im Fußballstadion unter 30.000 Zuschauern, an den Kopf prallt. Auch Du könntest zu jenen gehören, denen alles ‚in-den-Schoß-fällt', zu jenen, denen alles was sie anfassen gelingt, zu jenen, die sich im Leben einfach als ‚Glückspilze' fühlen. Genauso kannst Du aber auch bleiben, wie Du bist. Wenn Du aber so bleibst, wie Du bist, so frage Dich ganz ehrlich: Lebst Du so, weil es Dir Spaß macht oder weil Du keine Veränderungsmöglichkeiten siehst? Bist Du so, wie Du bist, weil Du erst dann etwas veränderst, wenn Dir jemand eine Erfolgsgarantie geben kann? Oder nimmst Du die Gegebenheiten einfach so hin, weil Du an ein unabänderliches Schicksal glaubst? Es kommen gleichzeitig Menschen zu mir, die seit Jahren keine neue Arbeit mehr finden und andere, die in den letzten 12 Monaten schon drei neue Jobs – einer besser als der andere – angetreten haben. Was bewirkt denn diesen Unterschied? Was meinst Du? Anhand Deiner Antwort kannst Du Dein Schicksal ablesen, wenn Du willst. Lass mich an dieser Stelle noch einmal auf folgende Worte Jesu hinweisen: „Dir geschieht nach Deinem Glauben."

Arbeiten befreit fixierte Aufmerksamkeit. Der Grund, weshalb sich so viele Menschen in ihre Arbeit hineinsteigern und sich in Stress begeben, ist Folgender: Sie fühlen intuitiv, dass, so sie ihre Aufmerksamkeit vollkommen auf etwas anderes lenken, sie nicht mehr mit ihren familiären und anderen Problemen identifiziert sind. Ihre alltäglichen Probleme treten also für eine bestimmte Zeit in den Hintergrund. Je größer jedoch diese Probleme werden – und sie werden größer weil sie nicht gelöst werden, weil man sich ja entschlossen hat, sie durch Arbeit zu ersetzen – desto mehr stürzt man sich in die Arbeit und manövriert sich in umso größere berufliche Schwierigkeiten hinein. Bloß damit die privaten Sorgen kleiner erscheinen und man sie weiterhin im Hintergrund belassen kann, sie nicht bearbeiten muss. Dies führt jedoch – nach anfänglicher 'Befreiung' – zu noch mehr Schwierigkeiten. So beginnt der Kreislauf und die Probleme, ich nenne sie mal etwas neutraler ‚Herausforderungen', werden allseitig immer größer. Nun entfaltet sich ein immer größer werdender Kreislauf von Sorgen, Arbeit, Herausforderungen und Stress, bis man unter totaler Überforderung zusammenbricht. Nun liegt es also auf der Hand, dass der Betreffende sich einen weiteren Bereich mit noch größeren Herausforderungen kreiert, der ihm wiederum zu vermeintlicher Erleichterung verhilft. Nun, was könnten denn noch größere Probleme sein? Genau: Verlust der Arbeitsstelle, Ehebruch, Scheidung, Konkurs, Krieg, Tod oder etwaige Situationen, die sich jeglicher Kontrolle zu entziehen scheinen.

Und wenn das Leben auf diese Weise mal seinen Lauf genommen hat, dann gibt sich der Mensch sehr schnell mit sehr wenig zufrieden. Dann ergreift er mit größter Freude jenen Segen, den Werbung verspricht. Dann werden Lebensgefühle wie Freiheit, Abenteuer, Liebe und Erfolg ersatzweise mittels Zigaretten, schnellen Autos, Schokoladepudding und Videogames gelebt. Oder, Achtung: mit Meditation, Yoga, Fasten, Astralreisen oder anderen spirituellen Praktiken. Nicht, dass ich diese Übungen nicht als hilfreich empfände. Wenn sie jedoch als Ersatz für entgehende Freude am alltäglichen Leben dienen, können sie ebenfalls nicht zum gewünschten Erfolg verhelfen. Nicht, wenn sie als Fluchtmittel vor dem eigenen Leben benutzt werden. Arbeit kann dann befreiend sein und langfristig als Heilmittel wirken, wenn das gearbeitet wird, was man gerne arbeitet. Dann kann es sein, dass die Arbeit zur abenteuerlichen Herausforderung wird, dass es Freiheit vermittelt, seine Berufung zu erfüllen. Wer seine Arbeit mit Liebe verrichten kann, wird gezwungenermaßen erfolgreich sein und kann durchaus auch seine spirituelle Verwirklichung in ihr finden.

Stärke

Irgendwann… musst Du Dich auch zu Deiner Stärke bekennen.

In jedem Augenblick, in dem Du Deine Schwäche betonst, verleugnest Du Deine Stärke und verankerst mehr und mehr das Schwachsein in Dir. Du hast sehr wohl die Möglichkeit, schwach zu sein und die Erfahrung der Schwäche, des Opferseins zu erleben, aber Du bist nicht dafür gedacht schwach zu bleiben. Du bist im Grunde genommen, ein starkes, mutiges und äußerst erfolgreiches Wesen. Du darfst auch erfolgreich sein durch Versagen, aber es zwingt Dich keiner dazu. Du bist nicht dazu verpflichtet, Deine Schwäche beizubehalten. Du darfst tatsächlich Schwäche genießen, doch wenn Du Dich ihrer nicht mehr erfreuen kannst und sie beginnt Dein Leben zu zerstören, dann bist Du angehalten, es zu ändern. Dann sollst Du nicht im Schwachsein versinken, sondern aus diesem Zustand, der ja nichts weiter ist als ein frei gewählter Bewusstseinszustand, heraustreten und in den Urzustand Deines wahren Seins eintreten. Du bist stark, Du bist unbezwingbar, unverletzbar und mächtig in allem, was Du tust, keiner kann Dich aufhalten, wenn Du Deinem innersten Wesen treu bist. Deine innere Stärke ist viel größer als Du sie Dir jemals vorstellen könntest. Du bist um einiges wunderbarer, als Du es zu glauben vermagst.

Du bist größer und erleuchteter, als es die Sonne jemals sein könnte. Du bist aus Licht geboren und somit bist Du das Licht, außer Du entscheidest Dich dafür, schwach und hilflos zu sein. Doch ich bin zuversichtlich, denn Du hast Hilflosigkeit erlernen können, somit kannst Du auch wieder lernen, groß und stark zu sein. Du hast gelernt, Dich zu verstellen und Dein wahres Sein zu verbergen, so kannst Du auch lernen, Dein wahres Gesicht, welches strahlender als tausend Sonnen ist, zu zeigen. Ja, ich rufe Dich auf, Dich zu zeigen! Sei stolz darauf, Du selbst zu sein! Freue Dich an Deinem Sein und genieße das Leben! Du bist Mitschöpfer dieser Welt, sie ist Deine Kreation, solange Du Dich dagegen wehrst, trittst Du auf der Stelle. Wer die Welt nicht liebt, kommt in seiner Entwicklung nur mühsam voran. Und die wirklich großen Dinge geschehen erst dann, wenn Du den Zustand freudigen Seins erreicht hast. Dies ist aber nicht das Ziel Deiner Entwicklung, sondern der eigentliche Startpunkt! Danach kannst Du Dich wieder entscheiden armselig zu leben, aber es wird Dich nicht mehr bedrücken, sondern beglücken! Warum? Weil es jetzt von Dir ein freiwillig und bewusst gewählter Entschluss war und Du voller Bereitschaft bist, die Wunder der Armseligkeit zu erleben. Jetzt bist Du wieder am Erforschen und nicht mehr am Erleiden der Zustände. Du wirst, selbst wenn Du bis zum Hals im Dreck steckst, wie ein Archäologe freudig Deine kleine Schaufel und den Staubpinsel hervor nehmen und gespannt darauf sein, was bei dieser Ausgrabung zum Vorschein kommt. Es kümmert Dich nicht, wie lange es dauern wird, denn Du erfreust Dich an jedem Spatenstich, an jedem noch so kleinen Artefakt. Alles ist Dir wertvoll. Der Archäologe gräbt, genau genommen ja nicht um den Fund freizulegen, sondern um des Entdeckens willen. Nein, er ist nicht vollkommen zufrieden, wenn er den Schatz ausgegraben hat, deshalb sucht er sich gleich den nächsten Ausgrabungsort.

Es geht ihm letztlich genauso wenig darum, ans Ziel zu kommen wie Dir. Es geht ihm viel mehr darum, zu graben, zu finden, zu entdecken und die konstante Freude seines Tuns zu genießen. Was, Du glaubst, dass es Dir sehr wohl darum geht, ein Ziel zu erreichen? Nun gut, hast Du schon ´mal einen Wunsch gehabt? Und hast Du Dir diesen Wunsch auch erfüllt, das Ziel erreicht? O.k. und war es nicht so, dass Du Dir umgehend ein neues Ziel vorgenommen hast? Natürlich, denn es liegt in Deiner Natur niemals aufzugeben, bevor Du Dich selbst und Gott in Dir gefunden hast. Dann wechseln sich Deine Ziele und Wünsche nicht mehr ab. Dann bist Du am Ziel aller Ziele angelangt, dann fühlst Du Dich so stark und göttlich, dass es Dir vollkommen bewusst ist, alles erreichen zu können, was Du möchtest, dass dieser Drang nach Neuem verblasst. Jetzt beginnst Du zu leben, jetzt beginnst Du im Hier und Jetzt zu sein, jetzt lebst Du nicht mehr für ein Ziel, sondern für den Weg. Der Weg ist Dein Ziel geworden und Du wirst die Tiefe der Worte: ‚…der Weg ist das Ziel' verstehen, ja mehr noch, erleben. Deine Stärke liegt ebenso wenig im Erreichen irgendeines Zieles, wie im Bekämpfen irgendeines Feindes. Sie liegt in der Erkenntnis, dass Du als Ebenbild Gottes erschaffen wurdest und demnach mit wunderbaren Schöpferkräften ausgestattet bist. Du brauchst sie nicht zu benutzen, es zwingt Dich keiner Deine Größe anzunehmen und das Leben zu genießen, aber ich möchte, dass Du weißt, dass Du es könntest. Und ich will, dass Du weißt, wie machtvoll und stark Du bist. Ich bin mir sehr bewusst, dass ich oft in harten, klaren Worten zu Dir spreche und ich bin mir ebenfalls bewusst, dass es nicht leicht ist, meine Worte anzunehmen. Was gibt mir den Mut, so zu Dir zu sprechen? Was gibt mir die Kraft, in meinen Worten keine Rücksicht zu nehmen? Weshalb kümmere ich mich nicht um gesellschaftliche Normen und eine diplomatisch formulierte Sprache? Ja, wieso gehe ich das Risiko ein, von vielen deswegen abgelehnt zu werden? Was bringt mich dazu, keine Rücksicht auf die Verkaufszahlen meines Buches zu nehmen? Was ist mein verstecktes Vorhaben?!

Gerne will ich Dir diese Fragen beantworten. Mein erklärtes Ziel ist, die Menschen – Dich – zu stärken. Ich möchte, dass Du wieder in Deine Kraft kommst. Die Kraft, die mich beflügelt, heißt Liebe. Ich liebe Dich zu sehr, als dass ich nicht alles dafür tun würde, um Dich in Deinem Innersten zu unterstützen. Dich im Äußeren, mit hochtrabenden und salbungsvollen Worten zu stärken, das ist nicht mein Ziel. Ich möchte mit Dir gemeinsam Deine innere Stärke schulen und Dir die Möglichkeit bieten, über Dich selbst hinauszuwachsen…, zu dem zu werden, was Du wirklich bist: ein kraft-, macht- und liebevolles Wesen Gottes. Jeder ist frei, dies von mir anzunehmen oder nicht. Es kann auf jeden Fall nicht schaden, wieder zu lernen sein eigenes Leben zu gestalten und kraftvoll, mit beiden Füßen auf dem Boden zu stehen. Den Kopf jedoch sollten wir hoch erhoben in den Himmeln tragen. Nicht um hochmütig, sondern um stets in Verbindung mit Gott zu sein, dem Urquell des Lebens.

Erschaffen der Realität

Die Welt ist nicht das, was sie zu sein scheint.

Immer noch grassiert der Aberglaube, dass die Welt, in der wir leben, eine gegebene Tatsache sei. Wenn dem so wäre, dann wäre das Leben nicht viel mehr als das Ablaufen eines vorgefertigten Lebensfilms, auf den man keinerlei Einfluss hätte. Wo aber bliebe da der freie Wille? Wozu bräuchte der Mensch dann schöpferische Fähigkeiten, wenn doch schon alles vorprogrammiert wäre? Wofür wären denn dann Entscheidungen nützlich? Wo bliebe die Kreativität und die Expansion des Lebens? Hier gibt es also nur zwei Möglichkeiten. Erstens, das Leben ist vorprogrammiert und wir sind nichts als Marionetten. Oder zweitens: Die Grundprinzipien sind vorgegeben und der Mensch ist ein wahrhaft lebendiges Geschöpf mit freiem Gestaltungsrecht. Welche Variante bevorzugst Du? Erstaunlicherweise bevorzugen alle Variante zwei – theoretisch zumindest. Wenn es jedoch darum geht, die Idee in die Tat umzusetzen, bleiben weit über 90% aller Menschen der Variante eins verhaftet. Warum? Weil es einfach bequemer ist, nichts zu tun und sich zu beschweren, als sich aufzumachen und über die eigenen Begrenzungen hinauszugehen. Denn sofort, wenn der Mensch eine neuartige Idee, in Angriff nehmen will, stellen sich ihm die ersten Zweifel in den Weg. Diese, Deine eigenen Zweifel, können in verschiedenster Art und Weise auftreten. Sei es als 'gut-gemeinte' Ratschläge Deiner Eltern oder Freunde, als 'gutgemeinte' Tipps von Kollegen oder als Gedanken wie zum Beispiel: ‚Woher soll ich denn das Geld dafür nehmen?', ‚Ich kenne zu wenig Leute.', oder: ‚Dafür fehlt mir doch die Zeit.'

Und noch mehr. Vielleicht sagst Du Dir: ‚Ich kann doch meine Kinder nicht allein lassen!', oder den kranken Vater oder: ‚Das kann ich nicht, weil ich keinen Urlaub habe zu dem Zeitpunkt.', oder: Du bemerkst, dass Du die dafür notwendigen Fremdsprachen nicht beherrscht oder dass die Wirtschaftslage für so ein Unterfangen im Moment nicht geeignet wäre – oder Du glaubst einfach nicht, dass Du es schaffen könntest. Wie wunderbar!

Bei genauerem Hinsehen kannst Du nämlich erkennen, dass diese Zweifel – ich nenne sie: ‚Antagonistic Believes' (‚ABs' = gegensätzliche Glaubensmuster), welche einer ‚Prefered Reality' (‚PR' = ‚das Bevorzugte') entgegen stehen – nicht einfach bloß Hindernisse darstellen, sondern bereits auch schon die Lösung für Dein Problem beinhalten. Schau mal, wenn Dir in den Sinn kommt, dass Du, um Dein Ziel zu erreichen, zu wenige Leute kennst, dann kannst Du Dir doch gerade überlegen und nach Möglichkeiten Ausschau halten, wo Du mit vielen Menschen in Kontakt kommen kannst. Wenn Dir das Geld fehlt, um Deine Träume zu verwirklichen, kannst Du Dich zum Beispiel nach neuen Verdienstmöglichkeiten umsehen oder wenn Dir auffällt, dass Du hierfür die englische Sprache benötigst, so könntest Du Dich doch sogleich darum bemühen, Englisch zu lernen. Oder wenn Dir Deine Mitmenschen den Mut mit ihren ‚gut-meinenden' Ratschlägen nehmen, könntest Du doch versuchen, mit Menschen in Kontakt zu kommen, die es trotzdem geschafft haben und Dich mit ihnen unterhalten. Sie werden Dir bestimmt Mut machen. Also merke: Alles, was wie ein Problem aussieht, könnte bereits eine versteckte Lösungsmöglichkeit sein. Und in der Tat – so ist es auch! Welch wunderbare Möglichkeiten sich da plötzlich auftun!

Bequem ist es jedoch nicht. Viel einfacher wäre es, die anderen oder die Welt zu beschuldigen und sie dafür verantwortlich zu machen, dass Du Deine Ziele nicht erreichst, nicht erreichen könnest… Doch es hilft Dir nicht. Wer nichts tut oder sich schon durch die ersten Schwierigkeiten geschlagen gibt, der möge sich nicht beklagen. Denn auch dies gibt uns einen äußerst wichtigen Hinweis auf etwas. Es zeigt, dass das gewählte Ziel, nicht ein Herzensziel war. Denn ein Herzensziel verleiht immer genügend Motivation, um über sich selbst hinauswachsen zu können. Ein Mensch, der von einem Herzensziel motiviert ist, den kann niemand und nichts aufhalten. Selbst wenn er tausendmal hinfällt, er wird immer wieder aufstehen und nicht eher ruhen, als bis er sein Ziel verwirklicht hat. Er gibt nicht auf. Ja, er kann gar nicht aufgeben, denn sein Herz ist sein Motor und seine Herzenswünsche sind die Benzinkanister, deren Inhalt den Motor stets am Laufen hält. Diese Welt ist so wunderbar, dass Dir alles, aber auch wirklich alles, entweder als Hilfe oder als Hindernis dienen kann. Du allein kannst bestimmen, ob Du überall Hilfe oder überall Hindernisse sehen willst. Du entscheidest, ob Du überall Problemen oder Lösungen begegnest und Du allein entscheidest darüber, ob Du Deine zahlreichen Chancen nützten willst, nützt oder nicht.

Weinen oder Lachen, beides gründet auf einer Entscheidung von welchem Standpunkt und mit welchen Bewertungen Du etwas betrachtest oder an die Dinge herangehst. Beides kann schön und erfüllend sein, Weinen und Lachen, je nachdem, ob Du bereit bist, die augenblickliche Erfahrung anzunehmen oder abzulehnen. Je nachdem, ob Du ‚ja' oder ‚nein' zu den Dingen und Begebenheiten Deines Lebens sagst. So einfach ist das. Und dennoch, wenn Du es versuchst, und ‚ja' sagst, wirst Du bemerken, dass es gar nicht so leicht ist, wirklich ‚ja' zu sagen. Vor allem dann, wenn es weh tut. Wirklich ja-sagen bedeutet, dass Du auch ja fühlst! Und dies bedeutet unter Umständen, dass Du Deine Ansichten über etwas grundlegend ändern musst, ansonsten sagt nur Dein Kopf ‚ja', Dein Gefühl jedoch ‚nein'. Doch eines kann ich Dir versichern, man kann seinen Standpunkt immer so verändern, dass man zu allem ‚ja' oder ‚nein' sagen kann. Solange Du das nicht kannst, bist Du stur. Solange Du nur in eine Richtung blicken kannst, entgeht Dir das halbe Leben. Solange Du nur in eine bestimmte Richtung blicken kannst, ist Deine Wahrnehmung dermaßen eingeschränkt, dass Du niemals wirkliches Mitgefühl für Menschen empfinden kannst, die nicht annähernd Deine Ansichten vertreten. Dann ist es Dir noch nicht möglich, Deine Feinde zu lieben. Und gerade dies solltest Du lernen, damit Du überall die mannigfaltigen Chancen, die Dir das Leben bietet, ergreifen und zu Deiner eigenen Transformation verwenden kannst. Denn wenn Du Dich beginnst zu transformieren, zu verwandeln, dann verwandelt sich die Welt, dann hast Du wirklich etwas für die Welt getan. Dann bist Du wieder ein bewusstes Mitglied der Lichtbruderschaft, die auch eine Schwesternschaft ist und nur deshalb als geheim und verborgen gilt, weil sie ihre Arbeit im Inneren vollbringt. Kein normaler Mensch würde die großen positiven Veränderungen, die in der Welt und im Universum passieren, jemals mit diesem stillen inneren Wirken jener Menschen in Verbindung bringen, die wahrhaftig an sich arbeiten. Ich jedoch tue es! Meine Seele verneigt sich vor jedem, der sich selbst ‚bekehrt', vor jedem, der bereit ist seinen Standpunkt zu verändern, vor jedem, dessen Liebe größer ist, als die Angst zu kurz zu kommen und vor jedem, der bereit ist, sich selbst zu erforschen und zu meistern. Aus solchen Menschen werden Meister und Meisterinnen und um jene zu unterstützen, bin ich gekommen und gleichzeitig auch meiner eigenen Transformation wegen.

Zeit

***Ich kann es nicht erklären,
aber Zeit existiert nicht.***

Alles in dieser Welt scheint an bestimmte Zeiträume gebunden zu sein. Ich möchte jetzt hier keine wissenschaftliche Abhandlung über Zeit verfassen. Ich bin mir auch bewusst, dass ich es nicht plausibel vermitteln kann, dass es keine Zeit gibt und dennoch ist es mir wichtig, über die Relativität der Zeit zu berichten. Vielleicht hast Du schon einmal folgende Situation erlebt: Die Uhr in Deiner Küche zeigt fünf nach zwei, jene am Kirchturm gegenüber zeigt zwei, Deine Armbanduhr hat gerade zwei Minuten vor zwei und Dein Wecker steht auf zehn vor zwei. In solchen Situationen bemerkst Du, dass es eigentlich keinen großen Unterschied macht, ob es nun fünf vor oder fünf nach ist. Du spürst intuitiv, dass die Zeit eigentlich egal ist und irgendwie willkürlich festgelegt wurde. Natürlich ist Dein Eindruck sehr subjektiv und alles andere als wissenschaftlich, aber so ganz falsch ist er trotzdem nicht. Genau genommen erlebst Du die Relativität der Zeit täglich, Du weißt zum Beispiel, dass fünf Minuten nicht immer fünf Minuten sind. Etwa dann, wenn Du am Telefon warten musst oder Deine große Liebe am Bahnhof verabschiedest. Oder beim Zahnarzt, da sind wahrscheinlich die fünf Minuten bedeutend länger, erst recht, wenn Du auf dieses Watteröllchen beißen musst, bis die Füllung gehärtet ist, als etwa dann, wenn Dir gerade jemand wohltuend den Nacken massiert. Du erlebst also ganz hochinteressante Zeitphänomene, ohne sie richtig zu beachten. Für mich als Wissenschaftler wäre die Erforschung solcher Begebenheiten weitaus interessanter als Versuche, die belegen wollen, weshalb beim Eingießen des Tees, immer ein Tropfen am Ausguss hängen bleibt.

Natürlich kann auch das Erforschen banaler Dinge Freude bereiten, doch die Welt verändern werden solche ‚wissenschaftliche Erkenntnisse' nicht. Unzählige archäologische Funde müssten eigentlich schon lange die Darwinsche Evolutionstheorie revolutioniert haben, aber wer interessiert sich schon ernsthaft für etwas, was das bisherige, eigene Glaubenssystem über den Haufen wirft? Stell´ Dir einmal vor, Vergangenheit, Gegenwart und Zukunft existierten gleichzeitig. Wie würdest Du es dann begründen, dass die Vergangenheit Dich beeinflusst? Wie wäre es denn mit dem Karmagesetz oder mit Deinen vorherigen oder zukünftigen Inkarnationen? Kannst Du Dir vorstellen, wie relativ plötzlich auch ein Begriff wie Räumlichkeit wäre? Hast Du schon einmal geträumt im Mittelalter zu leben? Hast Du dort vielleicht sogar gekämpft oder musstest Du in einem anderen Traum schon einmal vor etwas oder jemandem fliehen, hast um Dein Leben gekämpft, mit Menschen gesprochen, sie berührt und gehört, Häuser betreten und Arbeiten verrichtet, hast Du vielleicht schon jemanden geliebt in Deinen Träumen? Und, waren diese Erfahrungen nicht genauso realistisch wie diejenigen Deines irdischen Alltags? Wer vermag hier zu sagen, was Wirklichkeit ist und was nicht? Was, wenn beides Wirklichkeit ist und beide Realitäten gleichbedeutend wären? Was, wenn Du für die Handlungen in Deinem Träumen ebenso verantwortlich wärest wie für jene in Deinem sogenannten ‚täglichen Leben'?

Hast Du Dich schon einmal gefragt, weshalb die meisten Wissenschaftler mit ihren Forschungen ihre eigenen Ansichten oder vorherigen Ergebnisse bestätigen und beweisen? Weshalb sind es immer andere Forscher, welche die Resultate bestehender Forschungen anderer Wissenschaftler widerlegen? Lässt sich gar am Ende alles beweisen, was ich beweisen möchte oder an was ich glaube? Solche und ähnliche Fragen relativieren selbst die sichersten Ergebnisse wissenschaftlicher Arbeiten. Plötzlich ist es gar nicht mehr so sicher, ob es eine Wahrheit gibt. Denn wenn das als Wahrheit gilt, was sich beweisen lässt, dann ist früher oder später alles Wahrheit – oder nichts. Es stellt sich ernsthaft die Frage, weshalb es so wichtig ist, die Wahrheit zu finden? Es stellt sich auch die Frage, ob es Sinn macht, dass sich die Menschen aufgrund ihrer verschiedenen ‚Wahrheiten' bekämpfen und töten? Und spätestens hier stellt sich die Frage nach dem Sinn des Lebens. Diese Gedanken sollen Dich zu eigenen Forschungen anregen. Aber Du möchtest bestimmt meine Meinung dazu wissen, stimmt's? Also: Ich glaube, dass es weder Zeit noch Raum gibt und alle Realitäten gleichzeitig existieren. Beweise dafür habe ich keine, was aber nicht schon im Vorhinein beweist, dass es so nicht sein kann. Und außerdem sind schon genügend Experimente durchgeführt worden, diese werden zwar noch geheim gehalten, die beweisen, dass Zeitreisen möglich sind. Wenn das Gros der Menschheit darüber informiert wäre, was alles möglich ist und wie weit die eigentlichen Techniken bereits fortgeschritten sind, dann würden sie sich bestimmt mehr als nur wundern. Wer in naher Zukunft nicht allzu sehr überrascht werden möchte, tut gut daran, schon heute seine Vorstellungen vom Machbaren bis an die Grenzen des Vorstellbaren und darüber hinaus auszudehnen. Die irdische Zukunft ist um einiges phantastischer als sie in den meisten Science-Fiction Filmen und Büchern beschrieben ist. Grundsätzlich kannst Du es Dir so vorstellen: Alles, was Du Dir nur je einmal ausdenken kannst, ist möglich! Je mehr Menschen ihre Gedanken in bestimmte Richtungen lenken, desto schneller werden diese Dinge wahr. Deshalb rate ich Dir, die Gedanken auf jene Dinge gerichtet zu halten, die Du erleben möchtest. Du solltest die Kraft Deiner Gedanken nicht unterschätzen! Du gestaltest mit ihnen Deine eigene und die Zukunft der gesamten Menschheit mit.

Es mag sein, dass die meisten Deiner Mitmenschen nicht sehen können, was Du denkst und Du magst glauben, dass Deine Gedanken geheim wären und Du Dich deswegen nicht sonderlich bemühen musst, sie zu lenken. Früher oder später werden Deine Gedanken zu Deiner Realität und jeder wird sie sehen können.

Eine Realität zu verändern, die schon da ist, dauert länger und ist immer mit mehr Aufwand verbunden, als sie zu bearbeiten, solange sie sich noch im Feinstofflichen befindet. Ich überlasse es Dir, zu entscheiden, wie Du vorgehen willst. Und wie auch immer Du vorgehen wirst, es ist in Ordnung, solange Du den Eingebungen Deines Herzens, Deiner Seele, folgst. Denn das Wichtigste auf jedem Weg ist, ihn mit ganzem Herzen zu gehen! Wie sagten die Eingeborenen zu den Europäern?! „Ihr habt die Uhren, wir aber haben die Zeit!" Wenn Du es eilig hast, dann nimm Dir Zeit. Den Weg des Herzens kann man ganz ruhig, gemächlich und ohne Stress gehen und dennoch kommt man schneller ans Ziel, denn es ist der allerkürzeste Weg, den es gibt. Hier noch etwas zum Nachdenken:

Die Zeit ist kein Fluss der vorüber zieht, sie ist immer ‚Jetzt', immer Augenblick. Du wanderst durch die Zeit hindurch! Dies lässt den scheinbaren Zeitfluss entstehen. Eigentlich aber steht die Zeit still, nur Du bewegst Dich durch den Augenblick hindurch – die perfekte Illusion.

Die Heiligkeit des Lebens

Alles Leben ist grundsätzlich heilig, einerlei, wie es sich zeigt.

Wir vergessen nur allzu oft, dass Leben heilig ist. Wir haben uns daran gewöhnt nur jenes Leben als heilig zu bezeichnen, welches sich sozusagen als 'gut-artig' erweist. Dies jedoch ist ein Trugschluss sondergleichen, denn alles was existiert, ist gleichermaßen heilig und sollte mit großer Wertschätzung und Bewunderung betrachtet werden. Ich werde jetzt nicht noch einmal auf die Bewertungen im Einzelnen eingehen, aber es ist wichtig zu verstehen, dass Gott nichts Minderwertiges erschaffen hat. Genauso wundervoll und vollkommen wie Gott selbst, sind seine Schöpfungen. Du solltest nicht vergessen, dass auch Du ein Geschöpf Gottes bist. Für mich bist Du heilig, für mich ist die Essenz, die Dich letztlich ausmacht, heilig. Du hast alle Qualitäten und alle Möglichkeiten hier auf Erden Deine Heiligkeit unter Beweis zu stellen. In all Deinen alltäglichen

Herausforderungen kannst Du Deine Heiligkeit beweisen. Bei allem, was Du tust und ich meine bei allem, wenn ich das so sage – wirkst Du mit der heiligen Kraft Gottes. Nichts geschieht und nichts existiert außerhalb göttlicher Wirkungsbereiche. Jeder Wirkungsbereich, sei er materiell oder immateriell, befindet sich in der Domäne Gottes. Auch Du. Deshalb kann ich Dir mit absoluter Sicherheit sagen, dass nichts schiefgehen kann, außer es wäre nützlich für Dich, womit es also doch nicht mehr als 'schief' bezeichnet werden kann. Das Leben besteht aus lauter Schritten und jeder Schritt ist der gerade wichtigste. Es gibt keinen Schritt, der in ein endgültiges Ziel führt, denn mit jedem erreichten Ziel wird Dir bewusst, dass es noch etwas Umfassenderes gibt. Diesen Weg der Erkenntnis wirst Du solange gehen, bis Du entdeckst, dass Du selbst das Ziel bist, nach welchem Du so lange schon gesucht hast. Und Du brauchst weder heilig (immer gut), noch perfekt (fehlerlos) zu sein, um Dir zu begegnen. Du musst lediglich offen sein. Offen dafür, was auch immer zum Vorschein kommt, wenn Du Dir selbst begegnest. Nicht Gott ist Dein Richter, sondern – Du bist es. Nicht Gott ist es, der so viele Dinge von Dir verlangt, sondern Du selbst bist es. Nicht Gott ist es, der all diese Erwartungen hat, sondern Du. Du erledigst nicht dieselben Aufgaben wie ein Meister, aber Du kannst Deine Aufgaben meisterlich vollbringen. Das macht Dich zum Meister, das macht Dich heilig, Dein Potenzial. Ich weiß, um mich zu verstehen, musst Du althergebrachte Vorstellungen und Wortdefinitionen, die zum Teil über Jahrtausende hinweg überliefert wurden, ganz neu fassen. Um mich zu verstehen, musst Du umdenken. Ich bringe eine neue Sicht der Dinge. Ich verändere die Dinge nicht, ich biete nur einen anderen Betrachtungskontext an. Jeder kann sich an die alten Definitionen halten, doch wirst Du bald erkennen, dass das Resultat eine tiefe innere Unzufriedenheit ist. Denn es wird Dir nicht gelingen, so gut zu sein, wie Du glaubst, dass Du sein müsstest um heilig und von Gott geliebt zu sein. Alles Leben ist heilig, alles Leben ist wunderbar und alles, was lebt, fließt. Du kannst dieses Fließen jedoch behindern, indem Du glaubst, nicht gut genug zu sein. Dann gerät

Dein Lebensfluss ins Stocken und Du fühlst Dich unzufrieden. Zu glauben, nicht gut genug zu sein, bedeutet: Gottes Essenz in Dir zu verleugnen, bedeutet, Gott in Dir nicht zu vertrauen, bedeutet, dass Du glaubst, Dein Lebensfluss münde nicht ins Meer der allgöttlichen Liebe. Doch es gibt da ein Gesetz und das lautet: ‚Du bist Ursprung!' Es besagt, dass alles, was je einmal von Gott ausging, zu ihm zurückkehrt. Gott ist die Quelle und Du bist der Strom, Du bist die Welle und er ist das Meer, ja: Er ist die Sonne und Du bist sein Licht! Nun frage ich Dich: Ist so eine Weltanschauungnicht wunderbar erlösend? Spürst Du, wie glücklich Du Dich gerade fühlst? Kannst Du Dir vorstellen, wie Dein Leben sein könnte, hättest Du diese Gewissheit so, wie ich sie habe? Ich sage ja nicht, Du dürftest diesbezüglich nicht hin und wieder auch Zweifel haben. Wenn aber diese Einstellung Dein Grundton ist, wird auch die Symphonie Deines Lebens eine wunderbare sein. Und Du wirst mit Deinem Sein alle um Dich herum stärken und beglücken. Alle werden es mögen, in Deiner Nähe zu weilen und Du wirst die Heiligkeit in allen erwecken, allein durch Deine Gegenwart.

Schamanismus

Schamane oder Schamanin sein bedeutet,
in Verbindung sein mit dem Höheren Selbst.

Der unbewusste Schamane

Schamane wird man nicht, Schamane ist man. Dazu braucht es keine Verkleidung, kein indianisches Aussehen und keinen exotischen Schmuck. Schamanen aller Nationen zeichnen sich durch eine grenzen-lose Liebe zu Mensch, Tier und Natur aus. Sie dienen dem Ganzen als Brücke zu geistigen Welten. Sie holen die Vision ihrer Gemeinschaft auf die irdische Ebene und heilen jegliche Art von Beziehung. Sei es die Beziehung zu einem Partner, zur Natur, zwischen Mensch und Tier, nationalen und internationalen Gemeinschaften oder aber auch intergalaktischen Bruderschaften und Menschheiten. Schamanen und Schamaninnen sind also nicht, wie es oft missverstanden wird, einfach nur Medizinmänner oder Medizinfrauen, obwohl sie natürlich auch in der Lage sind Krankheiten zu heilen, sondern sie sind Bindeglied zwischen hier und dort. Sie haben auch die Aufgabe, die Verbindung zwischen Deinem äußeren und Deinem inneren Wesen wieder herzustellen. Sie sind Helfer zur Ganzheit. Ihre liebevolle Verbundenheit mit der Natur lässt sie auch mit den Naturgeistwesen in Kontakt treten. Schamanen sind das, was man heutzutage als Medien und Heiler bezeichnet. Was leider oft zu wenig betont wird, ist, dass jeder in sich einen Schamanen, einen Heiler trägt. Denn der größte aller Schamanen ist Gott. Und Gott hat auch in Dir einen Teil seines Schamanen-Seins verankert. Jeder, der irgendwo in seinem Leben, sei es zu Hause, am Arbeitsplatz oder in seiner Freizeit zu helfen, zu heilen und zu verbinden versucht, arbeitet schamanistisch. Es ist möglich auch ohne die bestimmten Rituale zu kennen, Schamane zu sein. Es ist möglich, dass Du schon lange Deine eigenen kleinen, alltäglichen Rituale gefunden hast, die Dir helfen, Dich mit Deinem Inneren in Übereinstimmung zu bringen. Ein Schamane liebt den Himmel und die Erde, das Niedere und das Höhere, das Kranke und Gesunde, Freund und Feind, deshalb ist es ihm möglich, als Verbindung zu fungieren.

Der bewusste Schamane

Gegenüber dem unbewussten Schamanen steht der bewusste. Er wurde von einem langjährigen, ebenfalls initiierten Schamanen in die Kunst eingeweiht. Er verfügt bewusst und gezielt über seine Fähigkeit, Kontakt mit anderen Dimensionen und Seinsebenen herzustellen. Er tut dies jedoch ausschließlich zum Zweck der Wiederherstellung der Ganzheit eines Einzelnen oder einer

Gemeinschaft. Er ist grundsätzlich nicht käuflich und er ist Schamane aus Berufung. Das Meiste seiner Arbeit verrichtet er im Stillen und in der Abgeschiedenheit. Bewusste Schamanen sind Mystiker, denen das Wohl des gesamten Universums am Herzen liegt. Letztendlich aber ist jeder Mensch – seinem Ursprung nach – Schamane. Unser Leben, mit all seinen Herausforderungen, dient dazu, sich wieder seiner Wurzeln bewusst zu werden. Wir alle sind wie die Blätter eines riesengroßen Baumes. Wir hängen an vielen verschiedenen Zweigen, die wiederum an verschiedenen Ästen gewachsen sind, doch alle führen zu ein-und-demselben Stamm und alle Wurzeln halten sich an derselben Urheimat des Baumes fest. Alle münden wir wieder dorthin zurück, von wo wir ausgingen. Die Vielheit, die Individualität und das, was wir heute als Realität betrachten, lösen sich dann auf und der Mensch wird eins mit Gott. Alle Menschen kehren in dieses undefinierte, formlose Gewahrsein zurück. Ich nenne es ‚Einheit-mit-allem-was-ist' – Gott. Und das höchste Gesetz eines Schamanen, einer Schamanin, ist die Liebe. Ist dies auch Dein höchstes Gesetz, dann verwandelst Du Dich selbst auch bereits zum Schamanen, dann erwacht der Schamane in Dir und ich heiße ihn herzlich willkommen!

Heutzutage gilt der Schamanismus jedoch mehr als esoterische Modeerscheinung. Man will offenbar auch als Esoteriker ‚in' sein und viele folgen jedem Trend. Heute ist man Schamane, weil es cool ist, weil man einfach anders als die anderen sein möchte. Es gibt einem die Berechtigung sich anders zu verhalten, sich anders zu kleiden und anders zu reden. Aber es ist letztendlich nichts weiter als ein neues Egospiel, welches die Menschen dazu benutzen, um sich zu unterhalten oder ihrem Leben einen Sinn zu geben und nicht zuletzt, einfach um Geld zu verdienen. Menschen, die auf der Suche nach sich selbst solchen Trends folgen, widerspiegeln dann nicht das, was sie wirklich sind, sondern das, was sie sein möchten. Doch wirklich erfolgreich und glücklich wirst Du nur, wenn Du Dich selbst widerspiegelst, das was Du bist und nicht irgendetwas was Du gerne sein möchtest. Es kann aber sein, dass genau dieses Vorgeben, etwas zu sein, zur Erkenntnis führt, was man wirklich ist. Und somit war sogar auch dieses ‚einem-Trend-Folgen' letztlich ein wichtiger Schritt in die richtige Richtung. Die echten Schamanen wollen nicht, dass Du sie kopierst, sondern dass Du Dich selber entdeckst und Du wieder zu Dir findest. Denn sie wissen: Wenn Du zu Dir gefunden hast, dann findest Du zu allen und wenn Du in Harmonie mit Dir selbst bist, wirst Du auch in Harmonie mit Mutter Erde leben. Es führt also kein Weg an Dir, an der Selbsterkenntnis und Selbstverwirklichung vorbei. Alles was Du je einmal an spirituellen Techniken gelernt hast, dient dazu, Dich zum Ursprung dessen, was Du Bist, zurückzuführen. Spirituelle Talente können nicht einfach kopiert werden und Rituale, welche 'nachritualisiert' werden, haben nur eine minimale Wirkung. Denn die Essenz eines Rituals ist die Liebe. Die Essenz – ja das Ritual selbst – musst Du sein, wenn es wirksam sein soll! Du musst zu dem werden, was immer Du tust – dann stimmen Körper, Seele und Geist überein. Dann sind Deine gesamten Energien ausgerichtet und in Übereinstimmung mit Deiner göttlichen Berufung. Gute – wahre – Schamanen, Heiler, Medien, spirituelle Lehrer und Meister sind Energiearbeiter im echten Sinne des Wortes. Das, was die Menschen als Reaktionen sehen, ist nicht das Wesentliche, sondern die Auswirkung des Wesentlichen. Denn das Wesentliche geschieht stets unoffenbar. Das Offenbare, das Sichtbare, Anschaubare, ist immer nur ein schwacher Abglanz dessen, was wirklich geschehen ist. Eine Beschreibung oder besser Symbolisierung dessen, was auf inneren Ebenen vollzogen wurde. Die sichtbaren Reaktionen wie Heilungen und Wunder müssen nicht gezwungenermaßen augenblicklich erscheinen. Oft zieht ein wahrhaft Weiser es vor, so zu arbeiten, dass die Reaktionen viel später eintreten, als es üblicherweise von den Menschen erwünscht ist. Denn er will sowenig Aufmerksamkeit wie nur möglich auf sich selbst, sondern zu Gott, dem großen Geist, dem Gewahrsein hinlenken. Und bei allem, was Du hören, lesen und erfahren wirst oder bereits hast, bedenke eines: Du selbst bist tatsächlich viel tiefer, viel breiter, viel heller als jegliche Vorstellung, die Du von Dir haben könntest! Du magst noch nicht voll erwacht sein, Du vermagst vielleicht noch keine sichtbaren Wunder zu vollbringen und dennoch bist Du heilig. Du hast recht gelesen, ich stelle fest, dass Du heilig bist. Denn heilig ist man nicht deshalb, weil man etwas tut oder etwas Außergewöhnliches geleistet hat, sondern weil man Ist.

Das Sein allein ist heilig. Nicht Tun und Haben ist wesentlich, sondern Sein. Wenn Du den Schritt vom Haben-Wollenden zum Seienden vollzogen hast, dann wird Dir augenblicklich bewusst, wie vollkommen Du bist, warst und immer sein wirst. Jetzt betrachtest Du Dich aus einer viel zu engen Perspektive. Diese lässt Dich hauptsächlich Deine Fehler und Unebenheiten erkennen. Dann aber, wenn Du das gesamte Schöpfungsbild wahrzunehmen vermagst, wirst Du sehen, wie töricht es von Dir war, jemals zu glauben, Du seiest nicht gut genug oder die Schöpfung wäre nicht vollkommen.

Du warst und bist Dein eigener Schamane, Deine eigene Schamanin. Das Leben selbst war und ist Dein bester Lehrer und der größte Meister, welcher die größten Wunder als Alltäglichkeiten ununterbrochen vor unseren allen Augen entstehen lässt. Wenn die Menschen dies begreifen würden, dann wäre kein Hass mehr möglich auf dieser Erde. Alles wäre erfüllt von Wertschätzung, Liebe und Bewunderung. Das Leben auf der Erde würde ganz neue Formen annehmen, alle Gesellschaftsstrukturen würden sich verändern, Religionen, Sekten, spirituelle Zirkel, Armeen, Soldaten, Polizei und Räubertum wären hinfällig und würden verschwinden. Und so wird es auch geschehen, wenn die Menschheit einstmals soweit ist, sich selbst zu erkennen. Dann wird keiner den Stein gegen einen anderen heben und alles wird friedlich sein. Ich möchte damit nicht anspornen das vermeintlich ‚Böse' zu bekämpfen, denn es hört von alleine auf zu existieren, wenn es keinen Gegenpol mehr hat. Und der Gegenpol äußert sich so: ‚Ich bin nicht in Ordnung.' Nun versteht Ihr vielleicht, weshalb all die Religionen, Sekten und beinahe die gesamte Gesellschaft die Menschheit lieber unzufrieden sehen.

Zufriedene Menschen sind der Untergang des bestehenden Systems. Je unzufriedener Du also wirst, desto mehr freuen sie sich! Ja, sie werden vorgeben, Dir helfen zu wollen. Einen Weg zu kennen, der Dich glücklicher mache, der Dir ermögliche Dinge zu haben, die Du begehrst und in Wirklichkeit bist Du ein Geschäft für sie. Auch jene Glaubensgemeinschaften, die kein Geld von Dir wollen, sind nicht gezwungenermaßen besser. Oft werden in solchen Gemeinschaften so viele Ängste geschürt und Verbote aufgestellt, dass es unmöglich wird, sich einfach stimmig, ‚gut' zu fühlen, so wie man ist. Die Regeln einer Gemeinschaft lassen immer treffende Schlüsse auf deren Leitperson zu. Darauf, was sie verdrängen, denn genau das, was sie nicht sein wollen, wird am deutlichsten sichtbar sein. Es geschieht tatsächlich alles von allein, wenn man nur vertraut. Mein Vater hat früher immer gesagt: ‚Sei Dein eigener Guru.' Und ich fand es anmaßend. Ich warf ihm vor, nicht lernwillig zu sein und arrogant. Und bestimmt hat er es nicht in der Tiefe gemeint, wie ich es heute verstehe, aber wie Recht er hatte, wurde mir erst nach und nach bewusst. Es bedeutet ja keineswegs, dass Du – wenn Du Dein eigener Meister geworden bist – nicht mehr von anderen lernst. Im Gegenteil! Aber von nun an wird Dir jeder Meister sein können und davor vielleicht bloß einer oder zwei. Jetzt hast Du die Möglichkeit in kürzester Zeit unglaublich viel zu lernen. Aber verwechsle ‚lernen' nicht mit ‚Wissen anhäufen', lernen heißt erfahren, heißt erleben und fühlen. Dann wird nicht intellektuelles Erkennen, sondern Erleuchtung die Folge sein. Und ist es im Grunde genommen nicht genau das, wonach Du suchst, Erleuchtung? Auch wenn die wenigsten Schamanen, Heiler, Medien und Gurus erleuchtet sind, so können sie Dir dennoch zur eigenen Erleuchtung verhelfen. Das ist dann jener kritische Punkt, an dem der Schüler seinen Lehrer überholt. Und in dessen Reaktion erkennst Du, wie erleuchtet Dein Lehrer wirklich ist. Sollte er sich nicht freuen – war jener ein ‚Trendsetter' und kein Meister. Dann war's eben eine 'Modeerscheinung', die dazu beitrug, die Dir geholfen hat, Deinen eigenen ‚Stil' zu finden. Dennoch war er für

Dich offensichtlich ein Lehrer von unschätzbarem Wert und Du solltest ihn herzlich lieben. Meister, Lehrer und Schamanen, die vergöttert werden wollen, sind zu bemitleiden. Denn die meisten von ihnen stecken im Sumpf des eigenen Egos, der eigenen Ängste und Wünsche. Jetzt brauchen sie Deine Hilfe in Form von Verständnis und Liebe. Wenn Du also selbst Schamane bist ‚wohin müsste also Deine nächste Reise gehen? Zu den Indianern in Amerika, nach Peru in die Anden, nach Bolivien, zum Amazonas oder zu den Mönchen im Himalaja?

Ein Mann sagte einen Jungen: „Ich gebe Dir einen Gulden, wenn Du mir sagst, wo Gott wohnt?" Und der Junge antwortete: „Ich gebe Dir zwei Gulden, wenn Du mir sagen kannst, wo er nicht wohnt."

Psychologie

Psychologie hat nicht so sehr mit Denken zu tun, als mit dem seelischen Verhalten des Menschen.

Psychologie kann niemals vollständig beziehungsweise wahrhaft erfolgreich sein, solange die Seele, Reinkarnation und andere ganzheitliche Aspekte außer Acht gelassen werden. Denn dort, wo die Psychologen jene Dinge, die sie nicht verstehen, ausklammern, öffnet sich das große Feld der Pseudo-Psychologie, die vom Verstandesdenken beherrscht wird. Wenn alle Probleme mit gängigen Theorien begründet werden und selbst da noch ‚Erklärungen' gesucht werden, wo menschliche Logik versagt, wenn also jemand etwas zu erklären versucht, was er im Grunde genommen gar nicht versteht, dann kommt es mir so vor, als ginge es vielen Psychologen im Wesentlichen vornehmlich darum, die Dinge ‚zu erklären' und nicht darum, die Probleme der Menschen zu lösen. Noch selten wurden jene Psychologen zitiert, die bei ihren Patienten erfolgreich sind, umso mehr aber jene, die primär ein interessantes Gedankenkonstrukt präsentieren können. Ob dies im konkreten Fall, in der Praxis auch wirklich greift, scheint jedoch weit weniger zu interessieren. Und ich wage es auch zu bezweifeln, dass jene alles verkomplizierenden Theorien, den Kern der Sache treffen.

Selbstverständlich sind die Forschungen jener Psychologen, die nicht an Vor- oder Nachleben glauben, durch Geburt und Tod begrenzt. Ihre Begründung, ein Leben nach dem Tod sei unwahrscheinlich, widerspricht jedoch nicht nur einem vernunftgemäßen Denken, sondern den Gesetzen der Natur. In der Natur geht nichts verloren, nichts ist einfach weg, das können moderne Wissenschaftler die sich beispielsweise mit Quantenphysik beschäftigen, längst nachweisen. Alles bleibt bestehen, das Einzige was sich ändert ist die Erscheinungsform. Was tatsächlich stattfindet ist nicht ‚Tod', sondern ‚Transformation'. Und zu behaupten, dass hier nun ausgerechnet ‚der Mensch' als einziger Bestandteil der Natur eine Ausnahme bildet, ist doch 'eher unwahrscheinlich'. Wie oft habe ich schon erlebt, dass die unerklärlichen Ängste der Menschen, auf Erfahrungen in anderen Leben zurückzuführen waren. Gewisse Zweifel sind da bestimmt erlaubt und auch verständlich, doch wenn man die Resultate betrachtet und vergleicht, sollte man auch als alteingesesse(r) Psychologin oder Psychologe, die Offenheit besitzen, dazuzulernen. Genau diese Bereitschaft wird doch auch von Patienten erwartet. Und warum sollten gerade wir ‚Meister unseres Faches' sie nicht auch haben? Ich frage mich immer wieder, weshalb zum Beispiel eine Psychotherapie sich oft über mehrere Jahre erstreckt. Geht es hier vielleicht um die Einkünfte des Therapeuten? Oder werden die Patienten in einer Abhängigkeit gehalten? Oder gibt es im psychologischen System einfach keine wirksamen Werkzeuge, welche den Menschen mitgegeben werden können, damit sie selbständig mit ihren Themen umgehen können? Oder gibt man sich halt damit zufrieden, den Patienten zu betreuen, ihm Verständnis und Mitgefühl zu zollen und hofft, dass dies zur Besserung führt?

Natürlich können auch nicht-ganzheitliche Praktiker Erfolge verzeichnen, aber die Zahl der Geheilten ist verschwindend gering. Mich würde eine solch´ niedrige Erfolgsquote nicht befriedigen. Was ich sehe ist, dass viel zu viel Aufmerksamkeit auf die Probleme gelenkt wird; viel zu vieles wird auf Vater und Mutter abgewälzt. Und oft gänzlich vergessen wird die Frage, wer sich denn die entsprechenden Umstände geschaffen hat. Solange wir noch der Meinung sind, dass andere Menschen oder bestimmte Umstände, welche mir nur zufälligerweise begegnet sind, für unsere Probleme verantwortlich sind, sind wir Opfer und unsere Probleme damit schier unlösbar. Die Macht über unser Leben obliegt dann nämlich nicht mehr uns, sondern den jeweils gegenwärtigen oder vergangenen Umständen. Auf dieser Basis müssten wir dann die gesamte Welt verändern, damit es uns besser gehe, oder zumindest lernen, uns mit allem so zu arrangieren, um einigermaßen überleben zu können. Die Lebensqualität könnte sich vielleicht somit verbessern. Aber ein Genuss wird unser Leben dadurch noch lange nicht. Irgendwann landet man dann doch bei der 'Einsicht' und Ansicht, dass das Leben eben nicht so leicht und spielerisch sei, wie wir noch als Kinder glaubten, sondern eben leider brutal und schwierig. Eine wenig erstrebenswerte 'Aufgabe', die es da zu 'bewältigen' gilt. Und: Ein Leben, das aus 'Bewältigung' besteht, ist stets ein Kampf. Es ist deshalb maßgeblich und meinem Erachten nach unumgänglich, diesen sogenannten 'Lebenskampf' aufzugeben. Wer aufhört zu kämpfen, hat die Möglichkeit sich jenen Ängsten zu stellen, welchen er oft schon seit Jahren zu widerstehen versucht. Allerdings: ohne sie zu bekämpfen, sondern sich mit ihnen ‚anzufreunden'! Dann erst ist Integration möglich. Dies nicht etwa dasselbe, wie: zu 'resignieren'. Aufgeben in diesem Sinne bedeutet, zu glauben, ich hätte keine Kontrolle über mein Leben. Gebe ich mich aus Resignation dem Leben hin und beende so meinen Kampf, wird es mich überrollen. Sicherlich ist auch dies eine, wenn auch unangenehme, Möglichkeit zu gesunden, sofern sie überlebt wird. Wir sollten unseren Psychiatern, Psychologen und Ärzten nicht die Frage stellen: ‚Wo haben Sie promoviert und wie lange praktizieren Sie schon?', sondern: ‚Wie viele Patienten haben Sie schon geheilt?'. Dies würde ein völlig anderes Licht auf die sogenannte ‚psychologische Wissenschaftlichkeit' im Bereich des Gesundheitswesens werfen. Es mag hier so aussehen, als hätte ich persönlich etwas gegen den Durchschnittstherapeuten. Aber dieser Anschein trügt. Ich finde es sinnvoll, dass es viele Menschen gibt, die den Wunsch haben, anderen zu helfen. Ich bemängle bloß den Umstand, dass viele ihr Glaubenssystem bereits so abgeschottet haben, dass keine neuen Ideen mehr durchdringen können. Weder von innen noch von außen. Und so gibt es sehr wenige, die sich mit etwas Neuem zu konfrontieren bereit sind, mit etwas, was die eigene Theorie in Frage stellen könnte. Aber warum nicht? Ist nicht gerade das eine unglaubliche Chance das eigene Bewusstsein und den eigenen Erfolg zu erweitern? Wieso ist gerade bei Ärzten und Psychiatern die Zahl der Drogen-, Medikamente- und Alkoholabhängigen so überdurchschnittlich hoch? Hier besteht doch offenbar wichtiger Handlungsbedarf.

Wie könnte Psychotherapie wirksam gemacht werden? Eine Psychotherapie könnte weitaus wirksamer sein, wüsste man um die geistigen Zusammenhänge. Würden Psychologen die Werkzeuge kennen, mit denen sich bestehende Traumata auflösen und gewünschte Realitäten erschaffen lassen, dann könnte wirkliche Veränderung geschehen und Heilung wäre möglich. Ja, nicht nur Heilung würde eintreten, sondern es würden auch neue Perspektiven auftauchen. Man müsste den Menschen beibringen, wie sie jene Dinge, welche sie weiterhin nicht mehr erleben wollen, integrieren können und ebenso, wie sie sich ein Leben nach ihren Wünschen erschaffen können. Möglich ist es allemal, wie die Praxis des Free Spirit®-Bewusstseinstrainings beweist. Da sich alles Sichtbare wie auch Feinstoffliche nach einer geistigen Vorlage reproduziert, kann wirksame Hilfe meist auch nur durch die Auflösung der unsichtbaren Matrize, welche kontinuierlich die jeweilige Erfahrung wiedererschafft – die man aber vermeiden will – erreicht werden. Es ist auch wichtig zu wissen, dass es unsere Gedanken und Gefühle sind, die psychische Probleme erschaffen. So ist das 'eigentliche Problem' nicht die

Situation selbst, sondern es sind stets die dahinter stehenden Gefühle von ‚Wunsch' beziehungsweise ‚Widerstand'.

Alle Menschen, die ich kenne, tragen bewusst oder unbewusst, ein oder mehrere der folgenden Gefühle und / oder Überzeugungen in sich:

- Ich bin nicht gut genug.
- Ich bin nicht gut, so wie ich bin.
- Ich bin es nicht wert, geliebt zu werden.
- Ich werde nicht geliebt.
- Ich bin nicht schön genug.
- Ich schaffe es nicht.
- Ich bin unvollkommen.
- Es gibt einfach Dinge im Leben, die man nicht ändern kann.
- Dies (…) ist gut und jenes (…) ist schlecht.
- Ich muss immer alles selber machen usw.

Solange dieses oder ähnliches im Menschen fortbesteht, wird es sich auch auswirken. Wenn Du herausfinden möchtest, lieber Leser, ob das eine oder andere auf Dich zutrifft, kannst Du einfach Dein Leben betrachten und Dich fragen, welche der oben genannten Aussagen könnte zu jener Erfahrung, die Du erlebst oder erlebt hast, passen? Und da auch Gefühle und Gedanken eine ätherische Form haben, gilt es diese, zunächst feinstoffliche Kreation, aufzulösen beziehungsweise zu integrieren. Somit werden sie sich auch nicht mehr selbständig als Realitäten wiedererschaffen und Du hast Raum um neue Realitäten zu verankern. Erfahrungen bleiben im Leben so lange weiter erhalten, beziehungsweise erschaffen sich weiterhin, bis sie ohne jeglichen Widerstand erfahren und gefühlt werden. Um das Selbe danach wieder erleben zu können, muss es dann erst wieder neu erschaffen werden, solltest Du es irgendwann nochmals erleben wollen. Du besitzt wieder die Vollmacht über Dein Leben und kannst mehr und mehr bewusst entscheiden, was Du fühlen und erleben möchtest. Außer Deinen eigenen selbstbegrenzenden Ideen sind Dir keine Grenzen gesetzt. Du bestimmst. Voraussetzung für das Gelingen einer solchen Arbeit, die nun mehr tiefenpsychologisch als psychologisch ist, ist die Schulung der Aufmerksamkeit, des Willens und des ‚nicht-reaktiven-Fühlens', sowie das Erlernen eines Zustandes des ‚Nicht-Reagierens'. Denn jegliches ‚nicht-gut-Fühlen' resultiert aus Bewertungen und Reaktionen auf bestimmte Erlebnisse. Gefühle werden dann nicht bewusst, sondern unbewusst durch äußere Begebenheiten, erzeugt. Die Menschen fühlen dann ihre Vorstellungen und Widerstände und nicht das, was wirklich da ist. Für sie ist es fast unmöglich dem depressiven Kreislauf zu entfliehen, weil es ihnen scheint, dass alles von irgendetwas Äußerem abhängt und sie sich dadurch genau davon auch abhängig machen. So erleben sie es, so scheint es ihnen. Überall werden 'Schuldige' gesucht und, wenn keiner gefunden wird, beschuldigen sie sich selber. Sie leben fortwährend unter Druck und Anspannung. Und wenn diese nicht nachlassen, dann endet es darin, dass diese Menschen ihre Verantwortung und Macht abgeben – vornehmlich an Ärzte, Psychologen, Psychiater, Heiler, Medien und Therapeuten. Womit natürlich das Geschäft zu blühen beginnt. Die Verantwortung, jene Menschen wieder zu einem selbst bestimmten, freien, unabhängigen Leben zu führen und zu befähigen liegt somit klar bei dieser Berufsgruppe – bei uns. Wir sollten die Fachleute sein, welche mit solchen Situationen umzugehen wissen. Voraussetzung dafür ist wieder einmal mehr, dass wir alle bei uns selbst beginnen. Denn jeder kann die anderen nur soweit in die Freiheit führen als er sie auch selbst erworben hat, sie selbst besitzt. Deshalb gilt mein Aufruf nicht vornehmlich den ‚Problemen', sondern den ‚Lösungen' und nicht nur den Hilfesuchenden, sondern – und vor allem – den Helfern.

Die Relativität der Schöpfung

Das Einzige, was Gott nicht direkt erschaffen hat, ist Deine Reaktion auf das Göttliche.

Es gibt gar viele Dinge von denen die Menschen glauben, dass es ‚nichtgöttliche', ‚nicht-christliche', ‚antichristliche' Schöpfungen wären. Unter ‚christlich' sei jetzt einmal nichts Kirchlich-Religiöses verstanden, sondern einfach ‚das-von-Gott- Erschaffene'.

So ist es beispielsweise nicht die Sexualität, welche unmoralisch und des Teufels ist, sondern das, was die Menschen daraus machen. So ist es auch nicht die Macht, welche gefährlich ist, sondern deren Missbrauch. Macht ist Kraft und somit neutral, ein Gottesgeschenk, ein Segen. Alles von Gott Erschaffene ist neutral. Es ist wie mit einem Messer, entscheidend ist, wozu Du es benützt, ob Du damit das Brot für Deine Brüder zerteilst oder jemanden damit verletzt. Nicht das Messer entscheidet und nicht Gott hat entschieden, wofür Du es verwendest und es ist auch nicht seine Schärfe, welche entscheidet. Du allein hast die Freiheit zu bestimmen, welchem Zweck Dein Messer dienen soll. Und damit bestimmst Du gleichzeitig, welchen Zweck jene Messer haben, die Dir auf Deinem Weg begegnen. Das, was Du befürwortest selbst zu tun, erlaubst Du unbewusst auch den anderen, mit Dir zu tun. Deshalb wäre es wirklich weise, dem anderen nichts zu tun, was Du nicht möchtest, dass Dir getan wird. Denk′ daran: nicht Gott tut es, sondern Du. Es ist nicht die Strafe Gottes, die Dich trifft, sondern es sind Deine eigenen Handlungen, die zu Dir zurückkehren. Gott kennt keine Strafe und er benötigt sie auch nicht, er hat es weise so eingerichtet, dass sich alle Taten, Gedanken und Gefühle von selbst ausgleichen. Du kannst diesem natürlichen Gesetz jedoch zuvorkommen, indem Du den Ausgleich für die von Dir verursachten Verletzungen und Übergriffe schon jetzt, freiwillig und ungezwungen vornimmst. Missbrauch und Übergriff ist alles, was

Du gegen Dich oder andere verwendest. So kann also alles, auch Liebe und Sanftheit, zur Waffe werden, wenn sie nicht wirklich unterstützend, sondern manipulierend eingesetzt wird. Sobald etwas gegen die inneren Bedürfnisse eingesetzt wird, kommt es dem Schwerte gleich welches verletzt und tötet. Was die verschiedenen Religionen, Konfessionen, Kirchen und andere Glaubensgemeinschaften als ‚Teufelswerk' verdammen, sind in Wirklichkeit die eigenen, missbräuchlichen Reaktionen auf irgendeinen Teil der göttlichen Schöpfung. Wenn wir das Ganze etwas zurückverfolgen, können wir unschwer erkennen, dass ursprünglich all jene Dinge verteufelt wurden, bei denen man Gott vergaß. Und anstatt ihn wieder mit einzubeziehen, hat man geglaubt, Gott wäre in diesen Dingen nicht gegenwärtig. Also musste dafür ein anderer Gott, sozusagen ein 'Gegengott', verantwortlich sein. So haben die Menschen dann dem Teufel, dem Gegengott, die Macht über alles was sie selbst, ganz persönlich, als gottlos betrachteten, weil sie selbst Gott davon ausschlossen, zugewiesen. Und somit natürlich auch die gesamte Verantwortung. Die Verantwortungslosigkeit der Menschen hat darin ihren Anfang genommen und befindet sich bis heute auf großem Siegeszug. Die Lösung ist einfach. Es bräuchte sich nur jeder wieder seiner Eigenverantwortlichkeit bewusst zu werden, sie anzunehmen und Gott bei allem, was er / sie tut und nicht tut, wieder mit einzubeziehen. Die fragwürdigsten Auswüchse in sexueller Hinsicht, in Bezug auf Macht und Gewalt, Betrug und Glauben entstanden in dem Moment, wo man glaubte, Gott ausschließen zu müssen. Und dies hat man getan, weil man die Handlungen, die man ausführte nicht mit dem eigenen, inneren Gewissen vereinbaren konnte. So handelte man also gegen sich selbst. Womit wir also wieder einmal mehr bei dem Punkt angelangt sind, dass eben doch alles bei Dir beginnt. Und wenn die Menschen tatsächlich diese Auswüchse verändern wollen, werden sie bei sich selbst beginnen, um auch wirklich erfolgreich damit zu sein. Dann hat die Welt bald ein anderes Gesicht. Liebe und Wertschätzung werden regieren, Wohlstand und Überfluss für alle die Folge. Der 'Teufel' kehrt heim zu Gott und es gäbe nichts mehr zu bekämpfen. Es gäbe keine Auswüchse mehr und keine Schuldgefühle und niemand braucht mehr einen 'Gegengott' zu erschaffen, der die Verantwortung für eigenes gewissenloses Tun übernehmen müsste. Dies wäre die Eine Welt mit der Einen Religion und dem Einen Gott für alle.

Du kannst, wenn Dir dieses Ziel gefällt, gleich heute mit seiner Verwirklichung beginnen. Mach Du den ersten Schritt, indem Du erkennst, dass Gott überall gerne dabei wäre, wo Du Ihn einlässt! Es wäre doch schön, dass die Worte: „...klopfet an, so wird euch aufgetan..." auch für Gott gelten, oder? Erkenne, dass Gott schon lange an Deiner Türe klopft, genau an jener, wovor Du ihn ausgeklammert hast. Und öffne Ihm. Gott wird Dich nicht verurteilen oder bestrafen, er wird Dir dankbar sein, dass Du Ihm Einlass gewährst und zum Dank dafür geschieht Umwandlung, Transformation. Du wirst Deiner eigenen Göttlichkeit wieder ein Stück mehr bewusst sein und es wird Dir immer leichter fallen, alle Deine ‚Auswüchse' zu transformieren.

Es ist nicht ganz sicher, ob die Schöpfung in der Form existiert, wie Du sie wahrnimmst. Ein schwieriges Thema ist die Relativität der Schöpfung. Wer kann schon glauben, dass das, was er sieht, so nicht existiert? Bestimmt hast Du Dich schon gefragt, als Du etwas wahrgenommen hast, was andere vielleicht nicht gesehen haben, ob es wirklich da war? Genau diese Frage sollten wir uns auch stellen, wenn alle dasselbe wahrnehmen. Warum auch nicht? Ist es denn eine Garantie, wenn viele dasselbe sehen, dass es dann auch wirklich existiert? Weshalb machen wir unsere Wahrnehmung von der Quantität jener abhängig, die dasselbe sehen und erleben wie wir? Könnte es sein, dass wir nicht mutig genug sind, unserer eigenen Wahrnehmung zu vertrauen? Haben wir vielleicht Angst davor, unseren eigenen Weg zu gehen? Fürchten wir uns davor, im Irrenhaus zu landen? Nun, so gesehen ist die Erde schon längst das Irrenhaus des Universums. Nicht, weil die Menschen abnormal wären, sondern weil sie sich irren. Und was die Natur der Dinge angeht, irren sie sich gewaltig! Ich weiß, dass dieses Thema für die meisten reine

Theorie ist. Doch es lohnt sich und macht Spaß, etwas genauer darüber nachzudenken. Was wäre, wenn der Sessel auf dem Du sitzt, nicht existiert? Hast Du Angst zu fallen? Was, wenn Dein Dach über dem Kopf gar nicht wirklich da wäre? Hast Du Angst zu frieren? Was, wenn es die Nahrung, die Du zu Dir nimmst, gar nicht gibt? Hast Du Angst zu verhungern? Was, wenn es in Wirklichkeit Deinen Körper gar nicht gibt? Hast Du Angst Dich zu verlieren? Was, wenn doch die ganze materielle Geschichte Illusion ist? Hast Du Angst vor dem Sinn des Lebens? Was wäre denn der Sinn des Lebens, wenn alles bloß eine perfekte Vorstellung unseres Bewusstseins wäre? Lässt das Wort ‚Vorstellung' nicht allein schon auf ein ‚Theater', ein kosmisches Bühnenstück schließen? Und was, wenn diese Vorstellung gar nicht so ernst gemeint ist, sondern eher ko(s)misch, humorvoll? Was also, wenn das Leben tatsächlich ein Spiel ist? Was wäre dann? Dann würdest Du Dich bestimmt darüber ärgern, dass Du immer alles so ernst genommen hast. Du würdest Dich darüber ärgern, dass Du Dich so abgerackert hast, so gelitten hast und so gekämpft, obwohl es keinen ‚Sinn' machte. Du würdest Dich wahrscheinlich ärgern darüber, dass Du etliche Krankheiten und viele schmerzhafte Stunden durchgestanden hast, ohne dass es wirklich nötig gewesen wäre. Und Du würdest verzweifeln bei dem Gedanken, dass es keinen Gott gibt, so wie Du ihn Dir vorgestellt hast. Es würde Dich betroffen machen, zu sehen, wie oft Du Ideen, Situationen und scheinbare Tatsachen verteidigt hast, die vielleicht gar nicht wichtig waren. Mit anderen Worten: Wenn Du glauben würdest, dass die Welt eine Vorstellung ist und nicht eine absolute Realität, so könnte es ja auch sein, dass es selbst Dich gar nicht gibt. Zumindest nicht in der Form, wie Du sie gerade jetzt erlebst, oder? Plötzlich würde Dir klar werden, dass kein Handlungsbedarf besteht und dass es möglich wäre, der Vorstellung auch als Zuschauer beizuwohnen. Handlungsbedarf besteht nur für die Schauspieler, welche sich im Stück involvieren. Doch was tust Du, wenn es plötzlich nichts mehr zu lernen, zu ändern oder zu verbessern gibt in der Welt? Kannst Du jetzt kurz spüren, wie Du Dich dann fühlen würdest? Wie gelassen Du der Welt begegnen könntest und wie viel Zeit Dir bliebe, um Gottes Gegenwart in Dir zu erleben, anstatt von einem Tag zum anderen zu hetzen? Dies könnte Dein alltäglicher Zustand sein, wenn Du nur erkennen könntest, dass die Welt Maya, Illusion ist. Dann bräuchtest Du Dich auch nicht mehr davor zu fürchten, in Deiner eigenen Welt zu leben und könntest Deiner Wahrnehmung voll vertrauen. Du brauchst ja nicht gleich mit jedem darüber zu reden. Und je näher Du der Essenz des Lebens kommst, desto eher wird Dein Dasein ein Genuss und von ständiger Glückseligkeit begleitet sein. Alles, was Du dann tun oder nicht tun würdest, würdest Du aus wirklich freien Stücken tun. Du würdest nie mehr Zwang verspüren und hättest stets die freie Wahl, selbst mitzuspielen. Du könntest die Vorstellung ‚Erde' zu Deinem Besten geben. Du könntest Dich entscheiden, alles zu vergessen und so zu tun, als ob es nur diese eine irdische Wirklichkeit gäbe, Du könntest schuften, leiden, fürs Gute streiten und kämpfen, Dich aufopfern, aber auch egoistisch sein, eingebildet, stur und überheblich, Du könntest liebevoll oder brutal sein, großzügig oder geizig, spirituell oder materiell, normal oder abnormal, gescheit oder dumm oder weise oder durchschnittlich oder, oder, oder…

Jetzt wird die Vielfältigkeit des Lebens offenbar. Und genau davor fürchten sich die Menschen. Sie haben Angst davor etwas nicht ‚richtig' machen zu können – und genau deshalb machen sie dann auch meist alles verkehrt und stehen ihr Leben lang unter enormem Leistungsdruck. Einerlei was sie gerade tun, sie wollen es 'richtig' tun. Und je mehr sie über ihre Taten nachdenken, desto eher finden sie doch etwas, was sie 'falsch' getan haben. Kein Wunder, hören die Menschen auf zu denken und schwimmen lieber an der Oberfläche, denn dort ist das Leben nicht ganz so gefährlich – scheinbar. Doch je länger man an der Oberfläche bleibt, desto schwieriger wird es, in die Tiefen des wahren Lebens abzutauchen und ungewisses Terrain zu betreten. Die vermeintliche Sicherheit eines 'Lebens-auf-der-Luftmatratze' lässt uns die Schönheit der Anderswelt entbehren, vermissen. Deshalb benötigt es oft einen kleinen Sturm, welcher unsere Rettungsinsel zum Kentern bringt, damit wir uns wieder in die Tiefe des Lebens hineinbegeben und uns in jene Gebiete vorwagen, die uns bis anhin verschlossen geblieben sind. Erst dann, wenn es in der Welt der Vorstellungen nicht mehr weiter geht, öffnen sich unsere Sinne für die Realitäten jenseits von Sicherheit und Schmerz. Erst dann sind wir bereit, das Gewohnte zu verlassen und uns auf das ‚Abenteuer Leben' wieder einzulassen. Wir werden dann auch erleben, dass unser bisheriger Lebenskampf die Sauerstoffreserven, die es braucht, um tief zu tauchen, aufgefüllt hat und deshalb auch nicht einfach wertlos war. So hatte letztlich doch alles seinen Sinn. Und auch wenn alles Illusion war, so war es dennoch nicht wertlos. Alles hat seinen Wert. So werden wir also auch die Gleichwertigkeit aller möglichen Erfahrungen erkennen und nicht verzweifelt über unsere vorangegangenen Anstrengungen sein, sondern glücklich darüber, diesen Weg beschritten zu haben, welcher uns den Übergang in eine völlig neue Welt erst ermöglicht.

Antworten

Der Grund zu fragen ist meist nicht Interesse, sondern die bloße Sucht nach Antworten.

Jeder kennt die Spiele im Fernsehen, wo es darum geht, Fragen richtig zu beantworten und Millionen zu gewinnen. Dies zeigt, dass der Mensch, wenn er Fragen hat, vor allem eines sucht: die richtige Antwort. Wer die richtige Antwort weiß, der ist ein Sieger, alle anderen sind Verlierer und Versager. Auch viele Kinderspiele sind darauf ausgerichtet, einen Sieger hervorzubringen. Es gibt tatsächlich kaum ein Spiel, in welchem es nicht darum geht, zu gewinnen. Zunächst scheint dies harmlos zu sein, doch bei näherer Betrachtung ist schnell zu bemerken, dass es nur eine Möglichkeit gibt, um zu gewinnen. Indem man die Mitspieler bezwingt. Genau wie im Krieg. Um siegen zu können musst Du schneller, stärker, schlauer und rücksichtsloser als alle anderen sein. Genau genommen ist diese Art zu gewinnen, ein moralisches Verlieren. Zurück zur richtigen Antwort. Da es offenbar nur eine richtige Antwort geben kann, wie solche Fragespiele uns lehren, fällt es schwer, sich irgendwann wirklich als Sieger fühlen zu können. Weil jeder Sieger sein möchte, haben die Menschen Wissenschaften und scheinbar objektiv messbare Resultate geschaffen. So können sie immer und ganz einfach das Gefühl erzeugen, Sieger zu sein. Sie haben sich schnell und gut daran gewöhnt, dass immer nur einer Recht haben kann und immer nur eine Antwort, ein Standpunkt, der richtige ist. Jeder kann diesen Weg gehen, wenn es ihm gelingt, sich davon zu überzeugen, dass das, was als bewiesen gilt, auch tatsächlich stimmt. Allzu selbständiges Denken und Forschen ist da jedoch nicht unbedingt gefragt. Im Gegenteil. Was wäre denn bloß, wenn bei eigenen Forschungen plötzlich etwas anderes, eine andere Wahrheit herauskommen würde? Es hätte vermutlich dieselben Konsequenzen wie im Spiel. Ab sofort wärst Du ein Feind, ein Ungläubiger, Abtrünniger oder Wahnsinniger, den es zu heilen, zu bekehren oder zu 'beseitigen' gilt. Wie im Krieg eben. Natürlich erscheint Dir mein Vergleich etwas weit hergeholt und vielleicht stimmt das ja auch. Aber eines ist sicher, das Muster, nach dem diese Dinge ablaufen, ist stets dasselbe. Sei besser als andere und Du bist Sieger. Und ein Sieger hat immer Vorteile und Sonderrechte gegenüber dem Verlierer. Genau genommen haben aber auch Verlierer Sonderrechte. Jeder holt sich also auf seine Art und Weise seinen Vorteil. Und das ist es eben gerade, was uns immer wieder gelehrt wird: Egal was Du tust, Hauptsache, Du profitierst. Bloß nicht leer ausgehen! Nun aber zurück zum Thema Fragen und Antworten.

Wesentlich ist nicht, was die Menschen fragen, sondern weshalb sie gerade diese Frage stellen. Ich kann Deine Fragen immer so beantworten, dass die Antwort in 'richtig' und 'falsch' gemessen werden kann – oder auch nicht. Nur: Jene Antworten, die ein schematisches ‚Richtig-Falsch'-Raster zulassen, sind Antworten vom Verstand und – für den Verstand. Möchte ich aber die Fragen auf einer tieferen Ebene beantworten, ist es nicht mehr möglich, die Antworten in ein so einfaches und plattes ‚Ja-Nein'-Muster hineinzuzwängen. Solche Antworten können ebenso immer auch ein ‚Sowohl-als-auch' beinhalten. Sie sind immer auf den einzelnen Menschen abgestimmt und stellen deshalb auch oftmals mehr Gegenfragen als Antworten dar. Und doch sind sie die besten Antworten eines spirituellen Lehrers, weil so das eigenverantwortliche Denken, Forschen und Fühlen des Einzelnen gefordert und somit gleichzeitig auch gefördert wird. Dies erzeugt im Fragenden – im Schüler – die ihm selbst innewohnenden Antworten und erst diese lassen ihn selbst erkennen, was seine eigentliche Frage ist. Denn solange Fragen da sind, arbeitet unser Verstand auf Hochtouren. Die Fragerei nimmt kein Ende dadurch, dass geantwortet wird, im Gegenteil. Es scheint ihn geradezu anzuspornen und löst eine Unmenge weiterer, scheinbar interessanter und wichtiger Fragen aus. Eine Gegenfrage jedoch, welche den Schüler oder Fragenden dazu bewegt nach innen zu horchen und anstatt zu denken, in sich hineinzufühlen, beruhigt den Verstand und öffnet das Herz. Er wird die Antwort jetzt fühlen und seine Reaktion wird entweder ein erstauntes ‚Aha' sein, oder Tränen der Erkenntnis. Dann gibt es für den Augenblick keine weiteren Fragen. Es wird still und er / sie wird tiefer in sich hineintauchen können als je zuvor und wird zukünftig weniger Fragen, dafür aber die Antwort, oder Gegenfrage gründlicher wirken lassen. Je 'gescheiter' eine Frage ist, die gestellt wird, desto weiter entfernt davon ist meine Antwort. Denn Menschen, die in spiritueller Hinsicht darauf bedacht sind, 'gescheite' Fragen zu stellen, sind weit davon entfernt auch nur annähernd, eine wesentliche Frage zu finden. Herz und Verstand sind da oft meilenweit voneinander entfernt… Anstatt sich 'gute' Fragen auszudenken, würden sie besser daran tun, die Antworten anzunehmen. Sie könnten davon weitaus mehr profitieren, als sie sich zunächst vorstellen können. Bald nämlich würden sie entdecken, dass die wesentlichen Antworten immer von innen kommen – niemals von außen. Und wenn sie dann später lernen, die entscheidenden, wesentlichen Fragen zu erkennen, können sie sich diese selbst beantworten. Dann wird jede Antwort die richtige sein. Vorher ist es nur Fragerei, nichts Wesentliches, nichts von großer Wichtigkeit, lediglich ein gut getarnter Zeitvertreib, der die Köpfe zum Rauchen bringt, ein Frage-und-Antwort-Spiel, bei dem es nur geringe Preise zu gewinnen gibt. Damit schaffst Du es vielleicht zum Gelehrten oder zum Millionär, aber nicht zur Weisheit. Dem Weisen jedoch steht beides offen, innerer und äußerer Reichtum. Was würdest Du mich fragen, jetzt gerade, wenn Du könntest? Und weshalb fragst Du mich genau das? Und wenn Du Dir gedacht hast, dass Du nichts fragen würdest, weshalb würdest Du eben gerade keine Frage stellen?

Die wesentliche Frage liefert die wesentliche Antwort meistens gleich mit. Und Du wirst sie hören, wenn Du bereit bist, Deinem Inneren zu vertrauen. Es ist weit besser, Du vertraust Dir selbst, als Du setzt diesbezüglich auf mich und vertraust mir. Denn früher oder später wirst Du meine Antworten hinterfragen, an ihnen zweifeln und mich vielleicht verlassen, dann hast Du nichts verloren. Aber wenn Du ständig an Dir selbst zweifelst, dann hast Du den wichtigsten Mensch verloren, den es gibt: Dich selbst. Es ist nicht meine Aufgabe, Dich zu mir zu führen, sondern zu Dir. Ich möchte keine Anhänger, sondern selbstbewusste und liebende Freunde, die an meiner Seite getrost und mit meinem ganzen Einverständnis ihren eigenen Weg finden und gehen mögen. Frage Dich, wie ernst Du es mit Deiner Ehrlichkeit und Deiner Bereitschaft zu einem verantwortungsvolleren Leben meinst. Horche in Dein Innerstes und fühle, ob es Deine Chance sein könnte. Achte darauf, welche Fragen in Dir hochkommen und frage Dich selbst, was für eine Angst es sein könnte, die solche Fragen und Bedenken hat. Denk daran, dass Du die einzige Person bist, welche bestimmt, wie Deine Zukunft wird. Entscheide deshalb weise, aus der Tiefe Deines Herzens und nicht aus der Oberflächlichkeit eines Verstandes heraus, der nicht einmal zwischen wichtigen und unwichtigen Fragen unterscheiden kann. Also, wie war noch mal Deine Frage?

Geld

Geld sollte man weder verteufeln noch vergöttern, sondern zum Wohle aller nutzen. Es verdirbt nicht den Charakter, sondern macht den bereits vorhandenen bloß sichtbar.

Geld ist tatsächlich eine Gefahr, jedoch nur für Menschen mit einem schlechten Charakter. Geld macht ihn nicht schlechter, sondern hebt den bereits vorhandenen nur hervor, und dies in aller Deutlichkeit. Genau genommen verstärkt er die innere Gesinnung des Menschen. Ist diese gutmütig, kann der betreffende Mensch viel Gutes damit bewirken. Für schlechte Menschen ist Geld wie eine Droge, ein äußerst verderbliches Gift mit tödlichen Geistesfolgen. Doch möchte ich endlich mit dem althergebrachten, spirituellen Aberglauben brechen, der besagt, dass Spiritualität und Armut zusammengehören. Denn arm ist nicht der, der nichts besitzt, sondern derjenige, der sich an seinen Besitz klammert. Arm ist nicht wer wenig Geld, sondern wer viele Wünsche hat. Arm ist nicht der Genügsame, sondern der Unersättliche. Und reich ist nicht unbedingt der, der viel Geld und Gut besitzt. Reich ist der, der seinen Reichtum, sein Potenzial und seine Kraft für das Wohl der Gemeinschaft verwendet oder für eine Idee, welche vielen zu gute kommt. Einmal mehr ist es auch bei diesem Thema nicht möglich, einen allgemeingültigen Standard festzulegen. Deshalb möchte ich hiermit klar und verständlich folgende, vor allem in spirituellen Kreisen vorherrschende, Richtlinien als unrichtig erklären:

1. Ein Reicher kann nicht erleuchtet werden.

Wenn Erleuchtung von der Menge Geld abhängt, die jemand nicht hat, ließe sich Erleuchtung quasi mit Armut erkaufen. Ein sehr gesch.ftstüchtiger und eigennütziger Gedanke, der angesichts der vielen Millionen spirituell ausgerichteter, armer Menschen jeglichen Beweises entbehrt. Klingt jedoch edel und macht Eindruck. So fühlen sich arme Esoteriker besser, ohne zugeben zu müssen, dass sie in weltlicher Hinsicht oft versagen. Gott macht keinen Unterschied zwischen Reich und Arm!

2. Ein Armer ist Gott näher.

Höre die Gebete armer Spiritualisten: ‚Bitte lieber Gott, hilf mir…, gib mir…, mach bitte, dass…' etc. Es sind die Gebete eines Bettlers, nicht eines bescheidenen, dankbaren Kindes. Gott lässt sich weder durch Armut noch durch Deine Tränen erweichen. Er drückt kein Auge zu, weil er Dir alle Macht gab schöpferisch tätig zu sein. Und wie schon gesagt, Gott macht immer noch keine Unterschiede zwischen Reich und Arm!

3. Spirituell tätige Menschen dürfen für ihre Arbeit kein Geld verlangen.

Aber alle dürfen von ihnen kostenlose Hilfe verlangen. Wir leben nicht im Jerusalem von vor 2000 Jahren, sondern im 21. Jahrhundert! Auch Geistheiler bezahlen ihren Lebensunterhalt nicht mit Gebeten und guten Wünschen, sondern mit Geld. Doch im Gegensatz zu jenen, die überall und alles am liebsten gratis haben wollen, bezahlen sie ihre Rechnungen gerne und danken Gott dafür, dass es ihnen so einfach möglich ist, all das bezahlen zu können, dessen sie bedürfen, um ihre Aufgabe zu erfüllen.

4. Wer für seine spirituelle Arbeit Geld verlangt, ist vom Weg abgekommen.

Was sollten sie denn verlangen? Muscheln, Hühner oder Kopfsalat? Ein wahrhaft spiritueller Mensch hat keine Mühe damit, kostenlos zu arbeiten, sondern eher damit, etwas zu verlangen. Es wird Zeit, dass er es lernt und den Mut dafür aufbringt, zu sagen, was er glaubt, wert zu sein. Scharlatane, die den Menschen das Geld aus der Tasche ziehen, gibt es überall, aber das Beruhigende daran ist, dass dies immer jenen Menschen geschieht, die es in gewisser Hinsicht auch selbst so halten mit ihren Mitmenschen. Wenn sich also zwei ‚Diebe' bestehlen, wäre Lachen angesagt. Selbst dann, wenn es auch uns selbst erwischt. Gott jedoch liebt glücklicherweise auch die Diebe!

5. Man darf nichts verkaufen, was von Gott geschenkt ist.
Und woher kommt all das andere, womit Geschäfte gemacht werden? Alles kommt von Gott, da gibt es keine Ausnahme. Die ganze Geschichte mit dem Geld sollten wir nicht allzu ernst nehmen, sie ist bloß ein Spiel, eine Geschichte, ein Märchen, unwichtig. Am besten bist Du weder 'dafür' noch 'dagegen'.

6. Bescheidenheit äußert sich in finanziellem Mangel.
Wenn Bescheidenheit so einfach wäre, dann wäre 99% der Menschheit bescheiden! Bescheidenheit äußert sich nicht in finanziellem Mangel, sondern in Nicht-Anhaftung.

7. Geld ist schmutzig.
Ja, wenn es in 'schmutzige' Hände kommt!

8. Geld ist nicht von Gott.
Ja, vielleicht ist es einfach aus dem Nichts erschienen? (...) Gott ist ‚Allesinallem'.

9. Wer den spirituellen Weg geht, muss dem ‚Mammon' (Geld) entsagen.
Und wem soll er es geben? Dir? Nein, natürlich den Bedürftigen. Warum gibst Du es Ihnen nicht? Angenommen er gibt alles den Bedürftigen und er wird selber bedürftig dadurch, wird er dadurch nicht jemandem zur Last fallen, der jetzt für ihn aufkommen muss? Ist das weise? Es gibt eine Geschichte von einem unendlich reichen Mann in Indien, der, um seinem Meister zu huldigen, zweihundert Wohnungen bauen ließ und sie an Obdachlose verschenkte. Bereits wenige Monate später, wohnte keine einzige Obdachlosenfamilie mehr in diesen Wohnungen. Alle haben sie verkauft oder vermietet und sind auf die Straße zurückgekehrt! Man denke darüber nach. Dem ‚Mammon-Entsagen' bedeutet, sein eigenes Glücklich-Sein nicht von ihm

abhängig zu machen. 'Entsager' jedoch entsagen meist, um etwas zu erreichen. Also, nur eine weitere Form der verdeckten Geschäftemacherei. Offene und ehrliche Geschäfte sind mir da weitaus lieber. Und außerdem ist Selbstbetrug dann ausgeklammert.

10. Man muss bescheiden sein und verzichten lernen.
Warum? Wer reinen Herzens ist, braucht weder Armut noch Reichtum zu fürchten! Wer verzichtet, der verwehrt sich etwas, was er möchte. Man sollte sich selbst nicht so schlecht behandeln. Ein bescheidener Mensch kann gar nicht auf etwas verzichten, weil er alles hat, was er sich wünscht und einen unbescheidenen Menschen kann man mit Verzicht nicht heilen. Genauso wenig wie es möglich ist, gewalttätige Menschen mit Gewalt zu liebevollen Mitbürgern zu machen.

11. Alles Weltliche hindert auf dem Weg zu Gott.
Wenn das so wäre, dann sollten wir am besten nie geboren worden sein. Der Weg in den Himmel führt über die Erde, das Einzige, was Dich hindert Gott zu erreichen ist: wenn Du stehen bleibst.

12. Geben ist seliger denn Nehmen.
Entscheidend ist nicht, dass Du gibst oder nimmst, sondern mit welcher Motivation Du es tust! Denk 'mal an Weihnachten. Was macht Dir mehr Freude, ein Geschenk zu bekommen, oder eines zu geben? Zu geben? Genau! Und wie bitte könntest Du dieses wunderschöne Gefühl erleben, wenn da keiner wäre der Dein Geschenk in Empfang nehmen würde? Oft beschert der Nehmer dem Geber das größte Geschenk! Immer nur zugeben, könnte also bei etwas genauerem Betrachten äußerst egoistisch sein. In Wahrheit nämlich sind Geben und Nehmen eins.

Wenn Du es mit Deiner Spiritualität ernst meinst, musst Du den Mut aufbringen, alle Dinge, die Dich beschäftigen, selbst zu erforschen und Dir Deine eigene Meinung darüber bilden. Und darüber hinaus solltest Du Dir die Möglichkeit einer Standpunktänderung immer offen halten. Denn je weiter Du wächst, desto schärfer werden Deine geistigen Augen, desto weit-, tief- und hellsichtiger wirst Du werden. Und wer weiß, ob Deine heutige Wahrheit morgen noch Gültigkeit hat? Bau Dir keine allgemeingültigen Schemata auf, denn einmal ist es besser zu bezahlen, ein anderes Mal zu verlangen. Ein nächstes Mal wäre es besser, kostenlos zu arbeiten und wiederum ein anderes Mal wäre es angebracht, das Doppelte zu verlangen. Manchmal ist es notwendig zu helfen, wobei es in anderen Fällen wiederum gescheiter wäre keine Hilfe zu gewähren. Sei für jede einzelne Situation einfach offen und vermeide es, andere deswegen zu verurteilen, wie sie mit den Dingen umgehen. Du kannst sicher sein, dass jeder seine Gründe hat so zu handeln, wie er es gerade tut. Erledige die Geschäfte Deines Tages so, dass Du des Nachts ruhig schlafen kannst, dann ist alles in Ordnung. Kümmere Dich nicht darum, was andere tun, es zeigt Dir nur, dass Du mit Deiner gegenwärtigen finanziellen Situation nicht zufrieden bist. Egal, ob Du zu wenig oder zu viel hast. Und das Beste, was Du tun kannst, ist, es zu verändern. Vielleicht hast Du zu viel Geld? O.k. dann bitte ich Dich, Deinen Überschuss dem Fonds für unser Kinderhilfsprojekt zukommen zu lassen. Informationen dazu erhältst Du gerne über unser Sekretariat. Oder – und das wäre mir am liebsten – besuche einen meiner Kurse und lerne mich und meine Arbeit persönlich kennen. Vielleicht hast Du zu wenig Geld? Dann möchte ich Dich bitten, im Anhang des Buches die aufgeführten Geschäftsideen durchzulesen und Deine Chancen zu erkennen. Ich kann nicht mehr tun, als Dir Möglichkeiten bieten. Ergreifen musst Du sie jedoch selbst. Etwas dafür tun wirst Du auch müssen, aber die Verdienstmöglichkeiten sind unvergleichbar höher, als der Aufwand. So ist gewährleistet, dass Dir auch noch Zeit bleibt um zu leben, das Leben zu genießen, Beziehungen zu pflegen und erst noch genügend Mittel zu haben, um andere zu unterstützen. Wenn Du ein bisschen motiviert bist, dann bieten sich Dir einige neben- oder vollberufliche Tätigkeiten, die Dich Deinen

Zielen näherbringen. Alles, was wir selbst tun oder anbieten, dient dem Wohl aller und nicht nur einem einzelnen. Wir sind sehr erfolgreich und Du kannst mit uns am selben Strick ziehen, Du kannst Dich gerne unserem Erfolg anschließen, wie laden Dich herzlich dazu ein.

Solange das Thema Geld tabu ist und in Dir einen schlechten Beigeschmack auslöst, solltest Du Dir über Dein Verhältnis zum Geld ernsthaft Gedanken machen. Denn es ist etwas, das Dir immer wieder, in der einen oder anderen Art und Weise begegnen wird. Wenn Du es 'loswerden' möchtest, brauchst Du nur Klarheit in Dir zu schaffen.

Gönne Dir soviel wie Du es für angebracht findest und dann vergiss es. Dann verwende Deine Zeit für das Wesentliche. Auf einen letzten Punkt möchte ich noch hinweisen: Wenn Du der festen Überzeugung bist, dass Du immer soviel Geld hast, wie Du benötigst, wird Dein Leben vom Geld beherrscht, es wird zum Überleben. Du bist dann immer mehr oder weniger knapp und musst Dich tausendmal mehr ums Geld kümmern, als wenn Du mehr als genug hättest. Erschaff Dir Fülle und Du wirst Fülle weitergeben können. Was kann jener weitergeben, der im Mangel steckt?

Also, entscheide Dich erstmals ganz bewusst – und ohne schlechtes Gewissen – was Du willst.

Unterdrückte Gefühle

Ein Gefühl vermeiden zu wollen,
führt zu dessen Unterdrückung und erschafft
eben diese unerwünschten Gefühle.

Du denkst, Eifersucht sei schlecht, Du denkst, Angst sei schlecht, Du denkst, Wut sei schlecht, Du denkst, Unsicherheit sei schlecht, Du denkst Einsamkeit und das Gefühl ein Versager zu sein, sei schlecht. Am liebsten möchtest Du alle diese

Gefühle nie erleben. Du möchtest sie weg haben. Was Du aber tatsächlich tust, anstatt sie zu transformieren, ist, sie zu kontrollieren. Diese Kontrolle endet in Unterdrückung. So kannst Du diese Gefühle nicht loswerden. Im Gegenteil, durch Deinen Widerstand werden sie sich eher noch verstärken und je intensiver sie dann werden, desto größer wird Dein Wunsch, diese loszuwerden. Ein endloser Kreislauf beginnt. Um diese Gefühle loszuwerden, musst Du durch sie hindurchgehen, so wie man durch den Nebel hindurchgeht. Wie schon gesagt, ohne dass Du diese Gefühle und Zustände widerstandslos erlebt hast, ist Transformation nicht möglich. Das eigentliche Problem, weshalb es überhaupt Gefühle gibt, die man nicht haben möchte, ist, dass Du sie bewertest. Es gibt für Dich 'gute' und 'schlechte' Gefühle. Diese Ansicht führt jedoch zur Trennung der Lebenserfahrungen der Vergangenheit, Gegenwart und der Zukunft. Auch Dich selber bist Du gewohnt zu beurteilen und mit anderen zu vergleichen. Auf diese Weise trennst Du Dich von allem mehr und mehr ab. Deine Gefühle beginnen zu erstarren und zurück bleibt Frustration. Jetzt werden Dich Deine unerwünschten Gefühle noch enger begleiten und bald denkst Du vielleicht, dass Du eben so seiest. Aber Du bist nicht so! Du hast Dich so gemacht, weil Dir niemand beigebracht hat, wie man wirklich mit Gefühlen umgeht. Ich empfehle Dir Folgendes. Werde zum Beobachter aller Gefühle, die Du empfindest. Beobachte sie, fühle sie und zwar, ohne sie gleich zu beurteilen und zu bewerten. Dabei wirst Du entdecken, dass die Dinge äußerst spannend und interessant sind. Du würdest sie plötzlich nicht mehr bekämpfen wollen, sondern sie bereitwillig erleben und durch sie hindurchgehen. Eben genauso, wie man im Herbst durch den Nebel geht. Jetzt beginnen sie sich von allein zu transformieren, die Zustände integrieren sich, Du wirst wieder ganz und eine tiefe innere Ruhe stellt sich ein. Solange Kinder zum Beispiel nicht wissen, dass Angst schlecht ist, Wut und Ärger als normal empfinden, solange sie nicht beurteilen, was sie erleben, erleben sie die Dinge voll und ganz. Und so lange sie auf diese Art und Weise leben, entsteht für sie kein belastendes ‚Karma'. Alle Erfahrungen integrieren sich laufend, nichts wird verdrängt, alles wird bereitwillig erlebt und durch das Erleben selbst laufend wieder aufgelöst und in freie Energie transformiert. Was die Erwachsenen als Schicksal betrachten, ist für Kinder nichts weiter als ein Abenteuer. Situationen, in denen sich Erwachsene als Opfer sehen, sind für Kinder einfach Kreationen. Und weil sie eben alles so authentisch annehmen, unterdrücken sie nichts. Wir sollten ihnen also nicht erst beibringen, ihre Gefühle zu unterdrücken, nur damit sie später in irgendeiner Therapie oder in unseren Kursen es neu erlernen müssen, den Durchblick zu haben. Vielleicht haben Kinder den besseren Durchblick als die Erwachsenen. Nicht intellektuell, aber bestimmt gefühlsmässig. In diesem Sinne: ‚Werdet wie die Kinder'. Genießt das Abenteuer Leben und nehmt nicht alles, was schmerzt, so unendlich wichtig. Wer auch sein Leid genießen kann, ist es bereits los!

Lebenseinstellungen

Gemäß Deiner Lebenseinstellung,
stellt sich Dein Leben ein.

Das Leben ist ein Spiegel Deines Bewusstseins und stellt sich immer, entsprechendder vorhandenen Lebenseinstellung ein. Leben ist nicht absolut. Leben ist nichts Konstantes, sondern nur bezüglich seiner Energie. Denn das Leben fließt und seine herausragendste Eigenschaft ist seine Anpassungsfähigkeit, seine Bereitschaft zur Veränderung. Diese jedoch ist äußerst konstant. Es ist nicht maßgeblich, wo Du lebst, in welchen Umständen Du aufgewachsen bist, noch welche Ausbildung Du genossen hast. Es ist nicht wichtig, unter welchen gesellschaftlichen, religiösen oder finanziellen Begebenheiten Du groß geworden bist. Entscheidend ist allein, was Du daraus machst und bis dato daraus gemacht hast. Immer wenn Du oder jemand anderer sagt, er hätte dies oder jenes nicht erreicht, sind es die angeführten Begründungen und Ausreden. Denn es gibt immer mindestens so viele Begründungen dafür, wie es auch dagegen gibt. Es liegt an Deiner Einstellung. Anstatt Dich von gewissen Umständen entmutigen zu lassen, könntest Du sie auch als Ansporn nehmen. Anstatt nach Begründungen zu suchen, weshalb etwas nicht möglich ist, könntest Du genauso gut nach Möglichkeiten Ausschau halten, welche ihre Chance auf Verwirklichung bestärken. Anstatt irgend jemand oder irgend etwas für Dein Versagen verantwortlich zu machen, könntest Du auch Verantwortung übernehmen. Dies würde Dir die Macht verleihen, alles zu verändern und alle Deine Ziele zu erreichen.

Eine Lebenseinstellung, die jedoch schon im Voraus sagt: ‚es ist doch nicht möglich, alles zu erreichen!', verunmöglicht jegliches Vorhaben schon vorab. Sich zu sagen, dass andere vielleicht einfach die besseren Voraussetzungen haben, vereitelt all Deine eigenen Bemühungen. Eine Lebenseinstellung, die sagt: ‚dafür bin ich nicht auserwählt', zerstört jegliche Bestrebungen, das Ziel überhaupt in Angriff zu nehmen. Damit lässt Du Deine Arbeit schon scheitern, bevor Du sie überhaupt begonnen hast. Wenn also jemand die Lebenseinstellung hat: ‚das Leben ist hart und schwer', wird es auch schwierig, das Leben mit spielerischer Freude zu erleben. Alles muss dann eben hart und schwer erarbeitet werden. Begrenzende Einstellungen dem Leben gegenüber sind nicht nur solche Ideen wie: ‚ich muss immer alles allein machen' oder: ‚wenn man nicht alles selber macht', sondern auch selbstbegrenzende Ideen wie: ‚ich schaffe das nicht, dafür bin ich einfach nicht geeignet', oder: ‚mein Körper ist zu schwach, zu hässlich, zu krank, zu alt' oder: ‚ich kenne nicht die richtigen Leute dafür.'

Auch Überzeugungen wie: ‚ich habe das nicht verdient.', ‚ich bin zu dumm', oder: ‚das ist nicht realistisch', lassen sämtliche Entwicklungen im Keim ersticken. Grundsätzlich bist Du zu allem fähig. Und da gibt´s keine Begrenzungen außerhalb Deiner eigenen Lebenseinstellungen, außerhalb Deiner Überzeugungen über Deine eigene Natur und die der Welt. Erfolgreiche

Menschen haben eine ganz andere Einstellung sich selbst und dem Leben gegenüber. Sie denken, dass alles möglich ist, dass sie super sind und alles schaffen können, was sie sich vornehmen. Nichts kann sie aufhalten! Sie sind zur rechten Zeit am rechten Ort und lernen immer die richtigen Menschen kennen, die ihre Vorhabenu unterstützen. Diese Menschen sind nicht unterzukriegen. Sie lassen sich nicht durch die allgemein vorherrschenden Lebenseinstellungen der Massen beeinflussen. Sie gehen unbeirrt ihren eigenen Weg. Selbst in Phasen großer Anstrengung und Einsamkeit kannst Du sie nicht von ihren Zielen abbringen. Sie fühlen sich berufen und das Allerwichtigste ist: Sie lassen sich durch Misserfolge nicht entmutigen!

Nun gibt es aber auch versteckte Begrenzungen, wie zum Beispiel die Überzeugung: ‚ich bin ein Stehaufmännchen'. Dies hört sich im ersten Augenblick optimistisch an und hilft auch tatsächlich immer wieder auf die Beine zu kommen. Jedoch führt dieser Glaubenssatz auch dazu, immer wieder hinzufallen! Wer nicht hinfällt, braucht ja kein Stehaufmännchen zu sein. Scheinbar positive Gedanken wie: ‚mir geht es mit jedem Tag immer besser und besser' produzieren ebenfalls einen Zustand, der nicht wirklich gut ist, sonst könnte es ja nicht besser werden. Verstehst Du, was ich meine? Nicht immer sind positive Überzeugungen eben rundweg 'gut', dafür benötigt es jedoch eine Zeit des Erforschens, um dies zu erkennen. Ich kann Dir nur raten, nicht nur die offensichtlich behindernden Überzeugungen aufzulösen, sondern auch die scheinbar positiven auf das Genaueste zu durchleuchten und dann erst zu entscheiden, welche Du behalten möchtest. Dann wirst Du am Ende nur noch einen Bruchteil jener Ideen, Überzeugungen und Lebenseinstellungen haben, die Du bisher mit Dir herumgetragen hast. Schon das alleine bewirkt eine unwahrscheinliche Erleichterung und Befreiung. Vielleicht – das ist nur eine These – wäre die beste Lebenseinstellung jene, keine zuhaben und das Leben und Dich selbst genau so zu nehmen, wie Du und es (b)ist. Denn mit Dingen, die der Mensch nicht so nehmen kann, wie sie sind, kann er nicht so recht umgehen. Statt dessen werden diese oft zweckentfremdet. Und Du kannst Dir ja vorstellen, wie mühsam es ist, eine Suppe mit der Gabel zu löffeln! Dennoch tun es die meisten. Doch auch, wenn alle das Selbe tun, ist es nicht unbedingt das Richtige. Die Krise, in der die heutige Menschheit steckt, hat ihren Grund nicht in der wirtschaftlichen oder politischen Lage und auch nicht in den Umweltproblemen, sondern in ihrer hausgemachten, persönlichen Bewusstseinsverschmutzung.

Und obwohl jedem klar ist, dass er hin und wieder seine Haare waschen muss, sein Auto polieren und seine Kleider reinigen, schreien alle ganz hysterisch ‚Achtung Sekte!', sobald jemand wie ich darauf hinweist, dass es vielleicht auch nötig sein könnte, seine Gedanken rein zu waschen. Bezeichnenderweise fürchten sich jene am meisten vor einer ‚Gehirnwäsche', die sie am nötigsten hätten. Sie wissen nämlich intuitiv ganz genau, wie viel Schmutz und Unrat dabei ans Tageslicht kommen würde. Und sie fürchten sich davor, es sich selbst und den anderen einzugestehen, weil sie glauben, sie würden ihr Gesicht verlieren. Sie bemerken gar nicht, dass sie schon lange keines mehr haben, bzw. dass sie schon seit Jahrzehnten maskiert umhergehen. So ist es auch kein Wunder, wenn sie bald nicht mehr wissen, wer sie wirklich sind, was sie wirklich wollen und wozu sie wirklich fähig wären. Interessanterweise, rufen jene Organisationen am lautesten ‚Sekte!', welche ausschließlich damit beschäftigt sind, die Köpfe der Menschen mit Unrat und Schmutz vollzustopfen, sie zu indoktrinieren und zu 'bekehren'. Es ist ja auch leicht verständlich, dass sich jene am stärksten dagegen wehren, ihr wahres Gesicht zu erkennen. Es geht nicht darum, dass sie Angst hätten, von ihren Mitmenschen bestraft zu werden, sondern darum, dass sie sich vor sich selbst fürchten. Sie fürchten im Moment der Selbsterkenntnis in einen unendlich tiefen Abgrund zu fallen. Doch dieser Moment kommt bestimmt, spätestens im Augenblick des Todes oder kurz danach.

Es wird ein hartes Erwachen geben und Kritik wird nicht von außen, von 'Gott' kommen, sondern von innen. Sie selbst werden sich richten und dafür bestrafen, weil sie glauben,

Strafe verdient zu haben. Gott selbst kennt keine Bestrafung, Gott ist die Kraft der Selbsterkenntnis. Diesem unangenehmen Moment könnte leicht vorgebeugt werden durch rechtzeitiges Reinemachen des eigenen Bewusstseins. Statt dessen wird allgemein verweigert sich zu erkennen und ‚man' hält weiterhin am Glauben an eine Realität fest, die es letztlich gar nicht gibt. Oh, welch eine beschwerliche Illusion und welch ein schreckhaftes Erwachen aus derselben. Nur gut, dass Du nun weißt, dass es eine einfache Lösung gibt, dass es Menschen gibt, die Dir dabei behilflich sein können, dem vorzubeugen. Aber Vorsicht, vermutlich wirst Du einige alte, bequeme Überzeugungen hergeben müssen, sei diesbezüglich sehr großzügig und Deine Bemühungen werden von großem Erfolg gekrönt sein.

Familienleben und Bewusstsein

Es wird oft behauptet, dass die Ehe ein Hafen sei, dass dort jedoch viele Kriegsschiffe vor Anker liegen, wird gerne verschwiegen.

Du darfst nicht erschrecken, wenn ich hier jetzt gleich das Bild einer durchschnittlichen Familie zeichne. Vielleicht wäre es doch besser, Du würdest erschrecken, damit Dir nicht ähnliches passiert. Also, wie sieht denn so ein ganz normaler Tagesablauf aus:

Morgens klingelt der Wecker, längst nachdem die Kinder ihre Eltern wach gequengelt haben. Die Frau steht also ‚freiwillig' auf und macht Frühstück für Ehemann und Kinder. Nebenbei zieht sie die Kinder an und bereitet die Pausenbrote vor. Vater liest seine Morgenzeitung und mahnt die Kinder zur Ruhe und, dass sie Mutter helfen sollen. Er selbst hat natürlich wichtigeres zu tun. Nebenbei verlangt er noch einen zweiten Kaffee und fragt, ob die Kinder bereit sind um zur Schule zu gehen. Damit es nicht auffällt, weist er dezent darauf hin, was für ein harter Tag ihn heute wieder erwartet und erzählt davon, was er alles besser machen würde im Geschäft. Wenn sich Mutter wieder einmal ärgert, weil die Kinder trödeln, rät Vater Mutter, doch die Ruhe zu bewahren. Aber gerade diese Worte empfindet sie, komischerweise, nicht als Unterstützung, sondern eher als Provokation. Kurz nach Beginn der allmorgendlichen Frühdiskussion zwischen den Eheleuten, welche nun doch schon recht genervt sind, muss sich der Gatte ‚schweren Herzens' zur Arbeit verabschieden. Mutter bringt den Kleineren zum Kindergarten, die Größere fährt mit dem Rad zur Schule. Mutti geht einkaufen und den Wagen auftanken, danach zur Post und anschließend schnell nach Hause, um die Wäsche zu waschen. Auch der Frühstückstisch muss noch abgeräumt werden. Nach einem intensiven Telefonat mit der kranken Schwiegermutter annulliert sie noch rasch ihren Termin beim Zahnarzt und bereitet das Mittagessen vor. Es klingelt an der Türe und eine Viertelstunde später, nachdem sie die Zeugen Jehovas davon überzeugt hat, dass sie schon eine Bibel besitzt oder dem Vertreter erklärt hat, dass sie keinen neuen Staubsauger wünscht, kehrt sie zum Kartoffelpüree zurück. Dieses sieht nun eher wie ein ausgebrochener Vulkan aus und riecht auch so. Die Pfanne ist vermutlich nicht mehr sauber zu kriegen und so improvisiert sie ein Reisgericht. Wohl wissend, dass ihr Kleinster nicht begeistert und nicht so schnell zu beruhigen sein wird. ‚Oh', denkt sie sich, ‚schon elf Uhr, rasch den Kleinen im Kindergarten abholen.' Kaum zu Hause, Junior noch weinend in der Küche , klingelt das Telefon. Tochter: ‚Fahrrad gestohlen.' Also, alles vom Herd nehmen, den Kleinen ins Auto packen und rasch die Tochter von der Schule abholen. Dann blitzartig in die Küche, Essen wieder aufwärmen, Tisch decken und schon geht die Tür auf. Vater kommt von seiner harten Arbeit zum Essen. ‚Hallo Schatz, ist das Essen fertig?', das sind seine ersten Worte. Was riecht denn hier so verbrannt? Ist seine zweite Frage. Wieso weint Junior und weshalb hat sich Tochter im Zimmer eingesperrt? Ist die nächste Frage. Sie kamen jedoch so schnell hintereinander, dass Mutti gar nicht dazukommt, neben dem

Fertigen einer schmackhaften Salatsoße, zu antworten. Nachdem sich Vater aus dem Sofa schwingt und sich wiederum zur Arbeit aufmacht, begleitet die restliche Familie die Tochter zum Polizeiposten, um das gestohlene Rad zu melden. Und so läuft der wundervolle Tag weiter wie gewohnt, zwischendurch noch ein oder zwei Telefonate von Freundinnen, die schon zum tausendsten Mal ihren Frust bei Mutti loswerden wollen. Und das langweiliger weise immer mit demselben Frust, mit derselben Ursache und demselben Resultat, nämlich – dass sich nichts ändert. Doch der Abend kommt, irgendwie hat sie es geschafft, die Wäsche zu bügeln und das Nachtessen vorzubereiten.

Währen des Essens erzählt Papi, wie streng sein Tag war, spielt noch zehn Minuten mit den Kindern und setzt sich danach kurz vor seinen Computer. Nachdem Mutti inzwischen den Abwasch gemacht hat und nun die Kinder zu Bett bringt, bewegt sich Vater zum größeren Kasten im Wohnzimmer und macht sich für die Tagesthemen bereit. Nachdem Mutti dann noch die ganze Unordnung der Kinder aufgeräumt hat und sie dann so gegen 20:15 Uhr ins Wohnzimmer kommt, sich erschöpft auf die Couch fallen lässt – wobei ihr gerade in den Sinn kommt, dass heute ihre Schwester Geburtstag hatte – läuft Fußball. Als sie ihren Mann über den Tag informieren will, damit auch er am schönen Familienleben teilhaben kann, möchte er ‚nun-wirklich-nicht-gestört-werden'. Sie sehe doch, dass der Schiedsrichter gerade für die gegnerische Mannschaft einen unrechtmäßigen Elfmeter gepfiffen hätte. Und außerdem wäre es ‚schon nett', wenn sie ihm noch ein Bierchen bringen würde. Was sie selbstverständlich auch gerne macht. Als er nun eine Stunde später, nach der Niederlage seiner Mannschaft, einen Blick auf seine Frau wirft, sagt er: Wie siehst Du denn aus? Wieso lässt Du Dich eigentlich so gehen? Und, leicht genervt, wie sie nun beide sind, entsteht das allabendliche Streitgespräch, wonach sich dann beide schweigend und Rücken an Rücken, ins Bett legen. Gleichzeitig ins Bett gekommen sind sie heute auch bloß deswegen, weil Vater ausnahmsweise nicht vor dem Fernseher eingeschlafen ist. War das ein Tag! Und schon wieder, viel zu früh, klingelt der Wecker. Obwohl, so schlimm ist es eigentlich gar nicht gewesen, musste Mutti heute Nacht doch nur zweimal aufstehen, um Juniors Geister aus dem Zimmer zu vertreiben und ihm wieder beim Einschlafen zu helfen.

Du magst nun denken, dass diese Schilderung etwas zu einseitig ist. Du hast vielleicht recht, es gibt auch andere Männer, aber die sind nicht repräsentativ. Dafür habe ich aber vieles weggelassen, z.B. Dinge wie Sekretärinnen, Geschäftsreisen und Erkältungen. Wie dem auch sei, es fällt unschwer auf, dass da irgendetwas nicht stimmt, oder? Ich möchte, dass Du Dir das überlegst und Deine Antworten niemals vergisst und sie in Deinem eigenen Leben umsetzt. Idealerweise noch bevor es ein solches Ausmaß erreicht hat. Das gilt übrigens für alle Beziehungen, auch ohne Kinder. Kommunikation in Liebe und Wertschätzung kann nie früh genug beginnen! Am besten gleich heute. Hier noch etwas zur Beruhigung der Männer. Ich möchte es nicht unterlassen darauf hinzuweisen, dass die alleinige Schuld für einen solchen Zustand nicht nur dem Manne gebührt, denn so hart es für viele Frauen auch sein mag, sind sie es doch selbst, die oft alles dafür tun, ihre Männer zufriedenzustellen.

Sie sehen es als ihre Aufgabe, als ‚Alleinkämpferinnen' durchs Familienleben zu gehen. Sie konfrontieren ihre Männer nicht mit den Tatsachen und lassen sie nicht deren Konsequenzen erleben. Oft verschweigen sie auch jahrelang ihre Überforderung und anstatt einen Familienrat einzuberufen, weil sie die Reaktion des Mannes fürchten, kompensieren sie die nötigen Änderungen oft mit Konsum und gelegentlichen Auswärtsbeziehungen oder anderen Ablenkungen.

Das Familienbewusstsein – das wahre Familienbewusstsein – ist eine universelle Angelegenheit.

Nächstenliebe bedeutet, dass man den und die Nächsten liebt. Da man Liebe jedoch nicht vorspielen kann, beschränkt sich ihre Ausdehnung bei den meisten Menschen auf Familienmitglieder und Partner sowie engste Freunde. Für die meisten hört hier die Nächstenliebe auf. Ich nenne diese Liebe ‚fortgeschrittene Eigenliebe'. Es handelt sich hierbei meist noch nicht um Nächstenliebe, da Nächstenliebe selbstlos ist. Diese Stufe kommt unmittelbar nach der naturgemäßen Kindesliebe zwischen einem Kind und seinen Eltern. Allen voran die gegenseitige Mutterliebe. Es ist keine Kunst, seine eigenen Kinder zu lieben und es ist auch kein Verdienst, seinen Partner und seine Freunde zu lieben und ebenso wenig ruhmreich ist es, jene zu lieben, die Dich lieben. Denn diese Erwiderung erfolgt automatisch. Immer ist darin ein Eigennutz enthalten. Nicht, dass Du es deswegen nicht tun solltest, aber glaube nicht, schon ein großer Liebender oder eine große Liebende zu sein, bloß weil Du fünf oder zehn Menschen liebst. Den Nächsten zu lieben heißt, die gesamte Schöpfung und alles darin enthaltene Leben zu lieben. Und auch dies geschieht automatisch. Je mehr Du Dich ausdehnst, je weiter Deine Schwingung reicht, desto mehr wirst Du alles lieben, was sicht- und auch unsichtbar mit Dir in Berührung kommt, alles, womit Du Dich aufgrund Deines ausgeweiteten Herzens verbunden hast. Sollte es Dir jemals nicht gelingen, etwas oder jemanden zu lieben, brauchst Du Dich nur mit ihm wirklich zu verbinden. Durch diese Verbindung entsteht ein so intensives, klares Verständnis des Wesens anderer Schöpfungsteile, dass ganz von selbst Liebe in Dir aufsteigen wird. Es ist eine ungebundene, bedingungslose, verbundene und verbindliche Art der Liebe, die dann entsteht. Du liebst dann nicht mehr aus bestimmten Gründen heraus, sondern einzig des Lebens wegen. Du wirst alle und alles nur schon deshalb lieben, weil es sie gibt. Allein die Existenz dessen, was ist, genügt Dir dann vollauf, um die größtmögliche Liebe in Dir zu verspüren. Es handelt sich bei der Nächstenliebe also um eine, wie ich sie nenne, grundlose Liebe. Denn alle anderen Gründe zu lieben oder zu hassen, entstehen aus Bewertungen heraus. Die landläufige Form der heute gelebten 'Liebe' ist also eine Bewertungsliebe – immer noch ‚Neigung'. Bewertungsliebe kann sich laufend ändern, sobald der andere sich ändert und somit Deiner Bewertung nicht mehr entspricht – die grundlose Liebe nicht. Bewertungsfreie Liebe ist deshalb so schön, so klar, weil sie eine ruhige, emotionslose doch gefühlvolle und nicht einschränkende Liebe ist.

Sie kann immer von beiden Seiten und unter allen Umständen miteinander geteilt, ausgetauscht werden, weil diese auf einer ganz anderen Ebene fließt: von Ursprung zu Ursprung. Stell' Dir vor, wie es ist, bedingungslos geliebt zu werden. Geliebt zu werden nicht, weil Du etwas tust oder darstellst, sondern einfach nur deshalb, weil es Dich gibt. Keine Leistung wird erwartet von Dir und nichts, was Du tust, kann 'falsch' sein. Und stell' Dir vor, Du könntest andere einfach so lieben, wie sie sind. Nicht, weil sie so oder anders sind, sondern einfach deswegen, weil sie sind. Du würdest schlagartig in einer vollkommen anderen Welt leben, Du würdest Dich, ganz ohne etwas dazu tun zu müssen, augenblicklich auf der höchsten Ebene des menschlichen Seins befinden! Ein besseres und einfacheres Angebot kann ich Dir nicht machen.

Diese große Liebe zu allem beginnt, bereits im engsten, im kleinsten Rahmen, zwischen Dir und Deinem Nächsten. Du solltest auch nicht warten, bis der andere den Anfang macht, und nach Streitigkeiten solltest Du keine Bedingungen zur Versöhnung setzen. Sei friedfertig in jeder Situation, wohl wissend, dass der andere nicht weiß, was er tut oder getan hat. Kläre alle Grenzverletzungen und gegenseitige Übergriffe so rasch als möglich, richte Dich neu aus und handle danach. Entweder führt diese Ausrichtung, wenn sie konform mit der Deines Partners läuft, in eine gemeinsame Zukunft oder auch nicht. Du solltest Dich ebenfalls nicht scheuen, den für Dich richtigen Weg allenfalls auch allein zu gehen. Du hast nichts zu verlieren, die Liebe kann auch einseitig weiter gehen. Liebe braucht keine Erwiderung, solange sie bedingungslos ist. Ich meine damit jedoch nicht, dass man sich bei den geringsten Schwierigkeiten aus dem Staub machen solle. Aber es macht ebenso wenig Sinn, in einer Situation zu verharren, die partnerschaftlich betrachtet aussichtslos ist. An welchem Punkt sie jeweils steht, kannst nur Du für Dich entscheiden. Was ich erlebe, ist jedoch fast immer, dass die Menschen gerade solche Situationen meist falsch einschätzen, entweder zu schlimm oder zu harmlos. Dies tun sie, weil sie einer persönlichen Veränderung der Situation, die früher oder später sowieso fällig wird, ausweichen möchten. Etwas mehr Einsicht wäre hier angebracht. Denn nur, wer Mut zur Einsicht hat, hat im Leben noch Aussichten. Hier entscheidet sich, ob das partnerschaftliche Leben lebendig bleibt oder ob es langsam abstirbt. Tote Beziehungen enden in Zorn oder Teilnahmslosigkeit. Das einstige Miteinander wird zum Gegeneinander und die Nächstenliebe bleibt auf der Strecke. Die Behauptungen, man sei fähig zu lieben, dürfen spätestens dann wohl hinterfragt werden. Denn wer letzten Endes nicht fähig ist, seine Feinde zu lieben, kann Nächstenliebe noch nicht in seiner höchsten Qualität verwirklichen. Aber auch solch eine Einsicht im persönlichen Erleben ist wertvoll um weiterzugehen. Ich denke, Du hast in Deinem Leben genügend Möglichkeiten, Deine Fähigkeiten diesbezüglich zu entwickeln. Viel Vergnügen dabei.

Gewalt

Je schwächer der Mensch,
desto brutaler sind seine Waffen.

Der Mensch greift naturgemäß dann zur Waffe, wenn er sich schwach und unterlegen fühlt. Wirklich starke Menschen sind oft von einer beeindruckenden Friedfertigkeit und Sanftheit geprägt. Auch Du selbst benutzt Deine Waffen ja nur dann, wenn Du glaubst, physisch oder psychisch, in Gefahr zu sein. Es ist nichts ‚Böses' dabei. Es zeigt nur, dass sich der Mensch in Angst und Furcht befindet. Waffengebrauch ist so gesehen eigentlich immer ‚Notwehr'. Bevor ein Mensch zu dieser greift, wurden von der Gemeinschaft schon unzählige Signale der Not übersehen oder einfach missachtet. Da des Menschen Fähigkeit zu fühlen in den letzten Jahrhunderten stark abgenommen hat, werden solche Signale und Zeichen oft erst zu spät bemerkt. Dasselbe können wir unschwer auch im Zusammenhang mit des Menschen Umgang mit der Natur beobachten. Der Mensch hat sich seit ewigen Zeiten der Natur unterlegen gefühlt und deshalb stets versucht, sie zu bezwingen.

Dies wäre zwar möglich – doch nicht auf diese Art und Weise. Und da er sie nicht bezwingen konnte, begann er sie sukzessive zu zerstören. Genau dasselbe Muster übernahm er in seine zwischenmenschlichen Beziehungen. Die meisten Menschen befinden sich stets im Kriegszustand oder zumindest in steter Alarmbereitschaft. So angespannt, ist jedoch eine harmonische Beziehung, weder zu Menschen noch zur Natur, möglich. Ich befürchte, sollten die Menschen so weitermachen, dass alles enden könnte, wie es dann enden muss: in Tod und Verwesung. Tod und Verwesung stehen jedoch im Gegensatz zu Erleuchtung und Transformation. Transformation von Gewalt geschieht durch Annehmen der Gewalt, durch Annehmen, Lieben und Verstehen der Gewalten und Schöpfungsgesetze; durch Umsetzung der Feindesliebe und durch die Erkenntnis, dass es keine Gegen-, sondern nur Mitspieler gibt. Waffen sind nicht nur Pistolen, Bomben, Messer und Kanonen. Es gibt auch subtilere und weitaus verletzendere Waffen, nämlich psychologische. Psychisch lässt sich ein Gegner oft viel länger und ausgiebiger verletzen und foltern, ohne dass zunächst körperliche Spuren ersichtlich wären. Psychoterror ist dennoch die gebräuchlichste Waffe der Menschen. Eine Menschheit, die stets in Angst und mit einem Gefühl der Schwachheit lebt, erliegt allzu leicht der Versuchung, sich den nächstbesten Schwächeren zu suchen und diesem gegenüber die eigenen Schwächen als Stärken auszuspielen und ihre Macht zu missbrauchen. Da der Nächste nur dort verletzlich ist, wo er schwach ist, entwickelt sich ein Kampf von besonderer Brutalität. Es wird ständig in noch wunde Verletzungen gestochen und stets auf vorhandene blaue Flecken geschlagen. Oft sind die vermeintlichen Sieger selbst darüber erstaunt und auch erschrocken, wie groß der Schaden ist, den sie angerichtet haben. Und irgendwann kommt die Reue. Dann beginnt Heilung, dann entsteht Heilung – leider durch Leid. Heilung aber wäre grundsätzlich nicht notwendig, dann wenn erst gar keine Verletzungen zugefügt würden. Eines ist sicher, Du verletzt immer nur Dich selbst damit. Denn Du und Dein Nächster sind in Wahrheit eins. Deshalb lieber Mensch, erheb' nicht die Hand gegen Deinen Nächsten, es lohnt sich nicht! Erhebe sie auch nicht gegen Deinen Übernächsten, die Tiere, es lohnt sich nicht! Es wäre in der Tat wesentlich weiser, auch die andere Wange hinzuhalten, dann wäre der Gewalt bald ein Ende gemacht. Hier ein Appell an die Vernunft: ‚Vernunft ist die Tugend, den Verstand kombiniert mit dem Herzen über die Emotionen zu stellen.'

Täuschung

Je länger man jemand kennt, desto fremder wird er.
Gleiches erleben wir bei uns selbst,
wenn wir unser Verhalten durchleuchten.

Wenn man jemand oder sich selbst nur oberflächlich kennt, ist meist alles in Ordnung. Erst wenn eine Beziehung oder Freundschaft tiefer geht, entdecken wir auch die Ungereimtheiten einer Person oder in uns selbst. Wenn Du Dich fragst, weshalb Du in gewissen Situationen so oder so handelst, gibt es immer zwei mögliche Antworten. Die logische und die wahre. Die wahre Antwort kann auch gleichzeitig logisch sein, muss es aber nicht. Bei einer oberflächlichen Betrachtung sind die Antworten auch immer relativ leicht zu finden. Lass mich ein Beispiel machen. Person X hat seit 30 Jahren Rückenschmerzen. Sie überlegt sich, woher diese kommen könnten. Zuerst sagt er / sie sich: ‚Ich habe eben einen Haltungsfehler oder einen Rückenschaden.' Danach versucht sie alles Mögliche, um seine Schmerzen los zu werden, kauft sich laufend neue Betten, trainiert in einer Rückenschule und lässt diverse medikamentöse Behandlungen über sich ergehen, oder sogar Operationen, um sein Leiden zu heilen. Jedoch will nichts wirklich helfen.

Dann sucht er / sie ein wenig tiefer, entdeckt Zusammenhänge mit dem als Kind erlebten Autounfall. Der Mensch denkt sich: ‚Genau, das war's!' Er hat, vielleicht in einer Meditation oder Rückführung erlebt, dass das Auto ihn damals direkt in den Rücken getroffen hatte. Hier hört er wieder auf zu suchen und akzeptiert diesen Unfall als Ursache für seine Schmerzen. Er wird sich dann sagen, es ist nun mal so, da kann man nichts ändern. Würde er hier jedoch noch etwas tiefer gehen, hätte er die Möglichkeit in greifbarer Nähe gehabt, herauszufinden was der wirkliche Grund für seine fortdauernden Schmerzen ist. Er hätte erkannt, dass dieses Fahrzeug ihn in die Luft geschleudert hatte und genau in dem Moment, wo er so ganz allein und hilflos durch die Luft flog, sich die absolute Überzeugung in ihm festgesetzt hatte: ‚Ich bin ganz allein und keiner ist da, der mir helfen kann.'. Die wäre der wirkliche Grund für seine Schmerzen. Er könnte nun diese Überzeugung, welche sich unterschwellig als Glaubensmuster festgesetzt hat, auflösen und integrieren. Das wäre eine komfortable Lösung. Genau so könnte er in zwischenmenschlichen Angelegenheiten verfahren. Zu Beginn, wenn man jemanden kennenlernt, ist alles harmonisch. Je länger man jedoch jemand kennt, desto mehr Ungereimtheiten stellen sich ein. Man bemerkt vielleicht, dass der Mensch in verschiedenen Situationen immer ähnlich oder sogar gleich reagiert. Zum Beispiel sagt er: ‚Du bist ein Schwein.' und das verletzt Dich sehr. Vielleicht wollte er damit jedoch nur ausdrücken, dass Du ihn verletzt hast. Hier könnte man genauso auf tieferliegende Muster stoßen, welche der eigentliche Grund für eine solche Äußerung sind. Es wäre dann um ein Vielfaches leichter, solche Aussagen zu verdauen, zu verstehen und zu bearbeiten. Denn offenbar wurde dieser Mensch an einem 'wunden' Punkt getroffen und seine Äußerung hätte wenig mit der Beziehung zwischen Dir und ihm zu tun. Im Gegenteil, es wäre eine wunderbare Gelegenheit, alte, vergessene Verletzungen zu entdecken und zu heilen. Stattdessen breitet sich Ärger aus und beide fühlen sich unverstanden, weil keiner bemerkt, was wirklich abläuft. Nicht die Dauer einer Freundschaft bewirkt, dass man sich besser kennt, sondern die Fähigkeit und Bereitschaft tief zu blicken. So ist es in erster Linie auch nicht maßgebend, dass man hineinschaut, sondern wie man die Dinge ergründet. Dies könnte eine gute Methode sein, um das Zerstreiten vieler Beziehungen und Freundschaften zu verhindern und alle Dich selbst betreffenden Schwierigkeiten aufzulösen. Eines der größten Hindernisse mit sich selbst und anderen in Harmonie zu sein ist die Selbst- Täuschung. Nur allzu gerne unterliegen wir ihr. Sie erlaubt uns nämlich, die Schuld für das eigene Wohlbefinden, jemand oder etwas anderem zuzuweisen als uns selbst. Dabei geht es gar nicht um Schuld, sondern um Verantwortung. Verletzungen entstehen stets aus Wunsch nach oder Widerstand auf bestimmte Gefühle. Ist die Bereitschaft alles zu fühlen mal gegeben, sind Verletzungen nur noch halb so schmerzhaft. Wunsch und Widerstand verstärken alle damit verbundenen Erfahrungen und lassen Dich weiterhin in einer Welt der Täuschung leben in der Du keine Situation wirklich beherrscht, sondern lediglich unbewusst reagierst. Die Lösung heißt: ‚Bewusstheit'. Bewusstheit hat nichts mit ‚Gescheitsein' zu tun, sondern mit einem scharfen Blick für die wahren Zusammenhänge des Lebens. Das Leben selbst täuscht niemals, es ist immer wahr. Und je weniger ein Mensch die Wahrheit erträgt, umso anfälliger wird er für jegliche Art der Täuschung. Täuschen kommt von Tausch. Sobald man mit emotionalen Tauschgeschäften beginnt, fängt die Lügerei an und das Täuschen wird einen immer größer werdenden Teil des Lebens einnehmen. Enttäuschung ist das Gegengeschäft, bei dem man die Möglichkeit hat, die einst gegebene Täuschung zurückzunehmen. Ein Mensch mit klarem Blick für die Dinge kann nicht enttäuscht werden, weil er selbst nicht getäuscht hat. Die Wahrheit lässt sich nicht auf Tauschgeschäfte ein. Es wäre ja auch nicht sehr klug, Wahrheit gegen Täuschung einzutauschen. Das Leben der meisten Menschen beruht auf Täuschung. Die Täuschung der Materie durchschauen sie schon lange nicht mehr, doch damit ihr unbegrenztes Sein nicht mit dieser Weltenillusion in Konflikt gerät, geben sie vor, dies oder jenes zu 'sein', so oder anders 'nicht zu sein' und es kam die Zeit, wo sie selbst es zu glauben begannen. Ja, sie identifizierten sich so stark mit ihren Vorstellungen, dass sie bald selbst zur Täuschung wurden. Nach und nach hielten sie das Vergängliche für Real und das Unvergängliche für Illusion. Eigentlich ist es ja gar nicht so schlimm, sie haben bloß die Wahrheit umgedreht. Ich denke, dass wir gerade Zeitzeugen werden, wie sich alles wieder normalisiert. Dieses ‚Umdrehen' bringt natürlich einige Umwälzungen mit sich, die auch etwas unangenehm sein können. Doch es ist gut zu wissen, wohin es führt, nämlich zu einer erleuchteten Menschheit, welche einen erleuchteten Planeten bewohnen wird. Fernab von täuschen und getäuscht werden.

Träume

Mancher träumt solange vom Glück,
bis er es schließlich verschläft.

Was nützt es Dir, die tollsten Wünsche zu haben, wenn Du nichts unternimmst sie zu verwirklichen? Ich möchte Dich noch einmal darauf hinweisen, wie wichtig es ist, dass Du Deine Wünsche erfüllt und Deine Ziele realisiert. Es geht mir jedoch nicht darum, dass Du ständig neue Wünsche kreiert, sondern dass Du sie durch Erfüllung erlöst. Dann, wenn Du tausend Wünsche erfüllt hast, wende Dich dem einen, wesentlichen Ziel oder Wunsch zu, den Du schon längstens in Deinem Herzen trägst. Es handelt sich hier nämlich nicht mehr um einen rein persönlichen Wunsch, sondern um einen überpersönlichen. Jeder Mensch hat einen, allen egoistischen Wünschen gegenüberstehenden, übergeordneten Wunsch. Und um diesen geht es mir letztendlich. Es wurde schon oft, um nicht zu sagen seit Jahrtausenden, versucht, Wünsche durch Unterdrückung zu erlösen. Es gelingt nicht. Diese Übung ist fehlgeschlagen. Es wird langsam Zeit – vor allem für spirituell ausgerichtete Menschen – den Mut aufzubringen, den eigenen Wünschen zu begegnen. Es hilft nicht, sie zu verteufeln und zu glauben, sie würden durch Ablehnung verschwinden und sich im Nichts auflösen. Einige kleine Wünsche, aus denen man mit dem Alter herauswächst, verschwinden schon. Aber die größeren bleiben. Die Menschen realisieren ihre Wünsche nicht, weil sie sich insgeheim davor fürchten, was dann sein wird. Davor, wie sie sich dann verhalten würden oder davor, was ihre Mitmenschen über sie sagen werden.

Mich kümmert es überhaupt nicht, was die anderen sagen oder denken! Ich fürchte mich nicht davor, Fehler zu machen. Es interessiert mich nicht, wie ich in Deinen Augen dastehe. Mich interessiert einzig und allein, dass ich in meine eigenen Augen blicken kann und dabei ein wohlwollendes, liebevolles Gefühl empfinde. Denn Gott selbst betrachtet mich durch meine eigenen Augen! Er atmet durch meine Lungen, Sein Herz schlägt durch mein Herz, Seine Hände bewegen sich durch meine Hände und Er lebt durch mein Leben. Er durchdringt mein ganzes Sein, ohne Ihn bin ich nichts, mit Ihm bin ich alles!

Bei allem was Du tust, verwirklichst Du Deine Träume. An Deiner Realität kannst Du selbst ersehen, ob Du Albträume hast. Dein Leben ist Materie gewordener Traum. Eines Traumes, den Du geträumt hast und in Wahrheit noch immer träumst. Wach auf, bevor Du verschläfst und alles zu Ende geträumt hast, denn dann wird es schwierig für Dich, Deinen Traum noch zu ändern! Je länger Du träumst, desto weiter strickst Du Deine Geschichte. Wach auf und betrachte Dein 'Strickmuster'. Überlege Dir genauestens, ob Du es so zu Ende stricken möchtest, oder ob es nicht doch besser wäre, ein neues Strickmuster auszuwählen. Meine Worte hier in diesem Buch und in meinen Vorträgen könnten ein neues ‚Strickmuster' für Dich sein, wenn Du willst. Es liegt sprichwörtlich in Deinen Händen, vor Deinen Augen. Ich komme als sanftes Angebot in Dein Leben und biete Dir eine neue Möglichkeit des Seins an. Greif' zu oder lass' es bleiben – aber sage nicht, ich hätte mich nicht darum bemüht Dir in ein besseres Leben zu verhelfen.

Ich bin immer glücklich, aber am glücklichsten bin ich, wenn auch Du es bist! Und deshalb rate ich Dir entgegen aller Tradition: Verwirkliche Deine Wünsche! Aber erschaffe nur solange weitere Wünsche, bis Du Dein allerhöchstes Ziel gefunden hast. Dann verwirkliche dieses eine Ziel – diesen höchsten Wunsch – und ich versichere Dir, dass dies Dein ganzes Leben in Anspruch nehmen wird. Denn mit jedem Schritt, den Du diesem übergeordneten Ziel näher kommst, wird es gleichzeitig weiter und größer. Es endet nicht einmal dann, wenn Du selbst zu Gott geworden bist. Also, wach auf und schäme Dich nicht Deine Träume zu verwirklichen! Es kann bloß dazu führen, dass Du als Kind Gottes glücklich wirst! Wie bitte sollte das der Menschheit schaden? Wenn Du nun aber denkst: ‚Und wenn das ein Mörder liest oder hört, ist das denn auch Recht?' Ja, es wäre faktisch gesehen richtig, jedoch ziehe ich derartige Menschen nicht in meinen Kreis.

Mit mir in Kontakt zu kommen, heißt immer auch, dass eine bestimmte Resonanz zwischen uns vorhanden sein muss. Ist diese gegeben, kann ich sorglos alle Wahrheit kundtun. Was nun aber nicht bedeutet, dass ich Dir alles preisgebe. Doch wer mir aufmerksam zuhört, wird vieles erfahren, erleben und zwischen den Zeilen lesen können, was ihm zuvor verschlossen war. Ja, er wird seine eigenen Entdeckungen bezüglich der Funktionsweise des Bewusstseins machen, weil er selbst den Weg geht, den alle Meister vor ihm gegangen sind. Es wird ihm ein Leichtes sein, Zustände, welche traditionellerweise als Erleuchtung bezeichnet werden, zu erleben. Und er wird unerkannt als Erleuchteter zwischen und mit den Menschen leben und das Einzige, was sie bemerken werden, ist seine heitere Gelassenheit, Toleranz und Wertschätzung gegenüber allem und jedem. Und, es wird den Menschen auffallen, dass solch ein Mensch bei Gesprächen nicht eindeutig Partei ergreift und keine Urteile spricht. Nicht die Anzahl der Wunder und Erscheinungen sind es, die Dir den Meister verraten, sondern seine Einfachheit.

Eigenwille

Der Mensch macht immer was er will, ob er will oder nicht.

Der Mensch hat einen freien Willen. Oft wird dieser auch als Eigenwillen bezeichnet. Spirituell ausgerichtete Menschen haben offenbar ein tiefes Verlangen, diesen ‚loszuwerden'. Lange genug wurde ihnen erklärt, dass dieser ein bedeutendes Hindernis auf dem geistigen Weg darstelle. Auch mit dieser Ansicht möchte ich aufräumen und klarstellen, dass Eigenwilligkeit nicht prinzipiell ins Verderben führt. Es gilt nicht, diesen zu verdrängen oder abzutöten, sondern in Übereinstimmung zu bringen, mit den Gesetzmäßigkeiten der Schöpfung. Ausschließlich dann, wenn er gegen diese gerichtet ist, entstehen ‚Probleme'. Ansonsten könnte der ‚Eigenwille' oder eben: ‚der freie Wille' – ein wunderbares, starkes Instrument sein, um auch spirituelle Zielsetzungen zu erreichen. Die Entwicklung des freien Willens kann nämlich soweit reichen, dass er nicht in Egoismus, sondern in Erleuchtung endet. Als vollendeter freier Wille betrachte ich jenen Zustand, wo der Mensch nichts anderes mehr will, als das, was gerade ist. Wenn ein Mensch in jeden Augenblick so erlebt und das auch möchte, dann befindet sich sein Wille in vollkommener Übereinstimmung mit dem Willen Gottes. Der Wille Gottes wird jedoch oft falsch verstanden. Die Menschen glauben, dass dieser in etwa gleich ist, wie der menschliche. Es gibt dajedoch einige Unterschiede. Wie zum Beispiel die Eigennützigkeit. Gottes Energie dient immer zum Wohle aller. Oder Sturheit. Gottes Energie ist konsequent. Oder Wollen. Gottes Energie will durch Nicht-Wollen, durch Geschehen-lassen. Nicht, weil er muss, sondern weil er es so möchte. Der Freie Wille des Menschen pervertiert dadurch, dass Menschen glauben, etwas zu müssen, anstatt zu dürfen. Das Leben auf diesem Planeten ist freiwillig, das haben viele vergessen. Du wolltest es! Und Deine Willenskraft war es, die Dich letztlich hierher gebracht hat und Dich auch hier hält. Es macht also nicht viel Sinn, Anker und Motor Deines Lebensschiffes wegzuwerfen. Außer, Du möchtest Dich wirklich antriebslos der Willkür des Lebens aussetzen. Doch das ist nicht dasselbe wie ‚geschehenlassen', das ist Aufgabe. Du hast das Ruder Deines Bootes immer und solange in Deinen Händen, bis Du es hergibst. Und selbst, wenn Du es aus der Hand gibst, tust Du dies freiwillig. Selbst dann verantwortest Du es noch selbst, jetzt halt einfach 'fern-gesteuert' über andere Menschen, die Gesellschaft oder das Schicksal. Aber genau genommen, bist Du es immer noch selbst. Ja, es ist ein schmaler Grat zwischen steuern und geschehen lassen. In Übereinstimmung mit der Schöpfung zu sein und dennoch Dein Schiff selbst zu steuern bedeutet, dass Du entscheidest, wohin die Reise gehen soll und vor allem, dass Du die Gesetze des Meeres kennst, und Dich ihnen anpasst, dass Du sie optimal nutzen kannst, um Deinen Bestimmungshafen zu erreichen. Und wenn nichts so läuft, wie Du es Dir vorstellst, dann sei Dir bewusst, dass Du es bist, der dies so wollte, so will. Nur hast Du dann offenbar Deinen Willen gegen die Schöpfungsgesetze angewandt. Und wenn es sich auch etwas komisch anhört: Du bist krank, weil Du es wolltest. Und weil Du es wolltest, kannst Du sterben, verzweifelt oder glücklich sein. Nichts kann gegen Deinen tiefsten, inneren, freien Willen geschehen. Das ist eines der Schöpfungsgesetze. Ja, es ist sogar möglich, dass Du möchtest, dass etwas gegen Deinen Willen geschieht, aber somit ist es ebenfalls freiwillig von Dir gewählt worden. Du bist, ohne Ausnahme, Schöpfer Deines Lebens! Du kannst zu gar nichts gezwungen werden, wenn Du nicht, bewusst oder unbewusst, Dein inneres Einverständnis dazu gibst.

Deshalb rate ich Dir, Deinen eigenen Willen, die Gesetze des Bewusstseins und Deine eigene Natur eingehend zu untersuchen und zu studieren. Nicht damit Du kopflastig wirst, sondern damit Du wieder frei und unabhängig über Dein Leben bestimmen kannst. Wenn Du es nicht selbst tust, gibst Du anderen die Erlaubnis, über Dich zu bestimmen. Dies kann im höchsten Grad unangenehme Folgen haben. Wenn die Übereinstimmung mit Gott und Deinem Willen erst einmal gegeben ist, dann kannst Du beruhigt alles vergessen, was ich diesbezüglich sagte. Nur zu sagen: ‚Es ist alles gut, so wie es ist.', um Dich zu trösten, ist nicht gemeint damit. Du musst es auch so fühlen und ganz tief in Dir die Empfindung haben, dass das Leben, so wie es ist, einfach absolut wunderbar und vollkommen ist. Dann beginnst Du es zu genießen.

Amt, Würden und Menschlichkeit

Je mehr Bezeichnungen sich ein Mensch zulegt, desto mehr identifiziert er sich mit dem, was er sein möchte als damit, was er Ist.

Titel, Ruhm, Würde, Amt und Ehren verpflichten den Menschen. Sie verpflichten ihn so zu sein, wie man erwartet, dass jemand zu sein habe, der diese Bezeichnungen genießt. Einmal abgesehen davon, wie hart gewisse Titel erarbeitet werden müssen, oft unter Verlust der eigenen Gesundheit, den Zerwürfnissen im Familien- und Freundeskreis, stellt sich hier die Frage nach dem Sinn und der Motivation. Natürlich behauptet jeder, dass seine Motivation edler Natur sei. Einige Jahre später zeigt sich dann, wie edel oder welches die wirklichen Gründe dieser Strapazen waren. Der Sinn eines solchen Unterfangens liegt in der Hoffnung, glücklich zu sein. Und all dies wäre ja auch nicht weiter schlimm, aber das Gefängnis, welches durch all diese sich angeeigneten Identitäten entsteht, ist eng und grauenvoll. Solche Dinge sind meistens nur so lange erstrebenswert, bis sie erreicht wurden. Danach spürt man eher die Bürde als die Würde dieser Statussymbole. Mehr und mehr identifiziert sich der Mensch mit dem, was er besitzt, mit dem was er erreicht hat, sich wünscht und verliert dabei nach und nach seinen Ursprung aus den Augen. Ohne das Bewusstsein zu leben, woher man kommt und was der Sinn des Lebens ist, findet der Mensch seine Erfüllung nicht und wird sich niemals restlos glücklich fühlen. Denn dann wird alles danach bewertet, in welchem Maße es zu noch mehr Ansehen und Reichtum verhilft. Der Blick fürs Leben wird immer mehr getrübt und nach und nach verschwinden die kleinen wertvollen Schönheiten des Lebens, welche eigentlich riesengroß sind und alles Wesentliche tritt in den Hintergrund, vor allem die Menschlichkeit.

‚Menschlichsein' bedeutet, nicht im Wettstreit mit anderen zu sein. Es bedeutet nachsichtig und tolerant zu sein und ist geprägt von Verständnis und Vergebung. Es beinhaltet ein stetes Miteinander, ein Kooperieren und sich gegenseitiges Unterstützen. Menschlich sein beinhaltet auch Deine Schwächen und jene Deiner Mitmenschen. Es bedeutet Entfaltung und stete Ausweitung des Bewusstseins, welches gleichzusetzen ist mit der Ausweitung der Menschlichkeit. Je größer eines Menschen Bewusstsein ist, umso menschlicher wird dieser sein und umso weniger wird er andere ausgrenzen oder sich selbst durch Titel, Amt und Würde abgrenzen. Er legt immer weniger Wert darauf, besser zu sein als andere und sieht stets die Gleichwertigkeit aller. Und das Wichtigste, er fühlt sich auch so. Er stellt sich nicht über die anderen und hat auch keinerlei Bedürfnis danach. Und wieder einmal betone ich, dass ich nicht sage, dass es nicht in Ordnung wäre, sich diese Dinge anzueignen. Es ist nur so, dass das Bedürfnis hinsichtlich solcher Identitäten nachlässt je weiter und je größer Du Dich fühlst. Fühle Dich klein und Dein Name wird sich mit unzähligen Abkürzungen so weit verlängern, bis Du bald selbst nicht mehr weißt, wer Du bist. Der Mensch glaubt dann mittlerweile selbst, das zu sein, womit er sich bezeichnet und führt sich letztendlich so auf, dass man ihn nicht wiedererkennt. Aber dasselbe kann auch auf dem spirituellen Weg passieren: „Manche Menschen werden auf ihrem Weg zur Vollkommenheit tatsächlich vollkommen – vollkommen unausstehlich."

Und wenn Du nicht möchtest, dass Dir das passiert, dann hüte Dich davor, Dich mit zu vielem zu identifizieren, was Du in Wirklichkeit gar nicht bist. Erinnere Dich daran, dass Du weder Dein Beruf noch Dein Name oder Körper bist. Das sind Dinge die Du hast, verwechsle es nicht mit Dir selbst. Das bist Du nicht. Du bist viel mehr als all dies! Wenn Du herausfinden möchtest was Du bist, dann frage Dich, wer es ist, der sich durch Deinen Körper manifestiert? Wer ist es, der da spricht, wenn Du redest? Und dann frage Dich, wer es ist, der da zuschaut, bei dem, was Du so denkst, sprichst und wie Du handelst? Dann wirst Du bemerken, dass Du in Wirklichkeit der Zuschauer bist und nicht wirklich der, der erlebt, was da Deine ‚Identitäten' gerade erleben. Eine interessante Vorstellung, nicht wahr? Es lohnt sich, gelegentlich einmal darüber nachzudenken. Du wirst dabei ganz tolle Bewusstseinszustände erleben. Genieße es!

Lebenserfahrung und Ratschläge

Deine Lebenserfahrung hat für andere keine Relevanz. Du solltest Dich also nicht auf sie beziehen, wenn Du Ratschläge erteilst.

Viele Menschen, vor allem ältere, beziehen sich bei all ihren Ratschlägen stets auf ihre Lebenserfahrung. Doch Lebenserfahrung ist etwas, dessen Wert nur für den Erfahrenden von Nutzen ist. Der Mensch lernt, wenn überhaupt, nur sehr geringfügig von den Erfahrungen anderer. Das Leben ist darauf ausgelegt, dass jeder seine eigenen Wahrheiten erfahren darf, seine eigenen Erlebnisse machen darf, um in einem autonomen Lebensprozess seine Erkenntnisse über die Funktionsweise des Bewusstseins zu erlangen. Wenn also gewisse Lehrer sich stets auf ihre Lebenserfahrung berufen, der man schließlich zu glauben habe, dann möchten sie damit bloß davon ablenken, dass sich ihre gegenwärtigen Fähigkeiten noch auf dem Stand von ‚anno dazumal' befinden. Wichtiger als die eigenen Erkenntnisse an andere weiterzugeben wäre, den anderen dazu zu verhelfen eigene Erfahrungen zu machen. Des Lehrers Erfahrungen verleiten den spirituellen Schüler nur dazu, diese zu reproduzieren. Sie glauben nämlich, dass die Erfahrungen des Meisters die ‚richtigen' sind. Und wer möchte schon falsch sein? Daher wäre es hilfreich zu wissen, dass letztlich alle Erfahrungen, auch die eines Meisters, von dessen Überzeugungen abhängen. Das ‚Richtige' wäre demnach, genau das zu erfahren, wovon Du überzeugt bist. Wenn Dir das gelingt, dann kannst Du auch noch einen Schritt weitergehen und zum Beispiel Erfahrungen machen, die Erkenntnisse liefern, welche Deinen bisherigen vollkommen widersprüchlich entgegenstehen. Jede Überzeugung, jeder Glaube lässt sich durch Erfahrungen des Überzeugten beweisen. Widersprüche zu anderen gibt es nicht, sie erleben genau dasselbe, nämlich das, was sie gemäß ihren Überzeugungen erfahren möchten. Das dies nicht immer dem entspricht, was als oberflächliche Wünsche erfahren werden möchte, ist ein anderes Thema.

Wenn ein unbewusster Lehrer Fragen beantwortet und Rat erteilt, zielt er stets darauf, dass alle möglichst dieselben Erfahrungen machen, die er selbst bereits erfahren hat oder er möchte mit seinen Tipps den Schülern Erfahrungen vorenthalten, welche er selbst als negativ bewertet. Natürlich meinen es diese Lehrer gut, doch ihre Lehre ist der Indoktrination viel näher als dem freien Willen, das zu erleben was von ihnen erfahren werden möchte. Deshalb wird ein weiser Lehrer keinen ungefragten Rat erteilen und, wird er gezielt befragt, richtet sich seine Antwort nicht nach seinen eigenen Erfahrungen, sondern nach der Motivation, welche hinter den Fragen steht. Er ist fähig zu erkennen, was ein Schüler wirklich erfahren möchte und beantwortet deshalb die Fragen oft mit einer Gegenfrage oder einem anderen Denkanstoss. Der Vorwurf, eine Frage nicht beantwortet zu haben, berührt den Erwachten nicht.

Ein Sehender lässt sich nicht von einem Blinden führen. Lieber erduldet er Verleumdung und Anfeindungen. Er weiß, dass nichts wertvoller ist als die eigene Erfahrung. Und diese gönnt er jedem, unter jeden Umständen. Er fühlt sich nicht dazu verpflichtet, die Erwartungen seiner Schüler zu erfüllen, noch sonst irgendwelchen Forderungen genügen zu müssen. Er benötigt keinerlei Bestätigung. Ein Meister vertraut dem Leben und der Weisheit des Geistes, welcher jedem Mensch innewohnt, der sich ein körperliches Leben kreiert hat. Er weiß, welche Erfahrung für seine Schüler als nächstes anstehen und geleitet sie, nicht manipulativ, auf die erforderliche Situation hin. Selbst wenn es für diesen Schmerz bedeutet, würde der Meister nicht eingreifen und damit eine notwendige Erfahrung verhindern, welche letztlich des Schülers größtes Gut ist. Es hört sich vielleicht ein wenig hart an, aber eine Lebenslektion kann nun mal nicht rein theoretisch erworben werden. Genauso wenig, wie das Wesen einer Blume durch deren Analyse erfasst werden kann. Und wenn es Dir gelingt, eine Blume im Innersten zu erfahren und Du glaubst, dass nun alle Blumen gleich sind, so täuschst Du Dich gewaltig. Eine jede Blume, ein jeder Mensch, ein jedes Wesen ist von so großer Einmaligkeit, dass ein jedes, einzigartige Erfahrungen macht und in jeder Frage oder Situation sehr individueller Begleitung bedarf. Überlege es Dir deshalb immer gut, wessen Rat Du befolgen möchtest. Sei weise in Deiner Wahl, wen Du zu Deinem Lehrer machst. Solltest Du an den vorhandenen Lehrern Zweifel haben, verlasse Dich auf das Leben selbst als Deinen wahren Lehrer. Wenn Du mit offenen Augen, wachem Geist und liebevollem Herzen durchs Leben gehst, wird es Dein bester Lehrmeister sein. Es wird Dich dahin führen, dass Du selbst erkennen und erfahren kannst, dass das Leben vollkommen ist und es nichts zu tun gibt, außer es zu bewundern. Viel Spaß auf Deiner Reise zur Erkenntnis, dass es keiner Erkenntnisse bedarf, um mit Gott verbunden und lebendig zu sein. Und wenn Du dennoch Erkenntnisse haben möchtest, und wenn Dir bewusst ist, welche, dann hast Du sie bereits. Gib sie Dir einfach und erkenne, dass alle Erkenntnisse bereits in Dir vorhanden sind. Lasse es zu, sie zu erkennen, werde zur Erkenntnis und sei Dein eigener Meister.

Worte

Meine Worte können ausgelegt werden, wie man will. Wer möchte, findet in ihnen alle Weisheit, die er benötigt, um auf seinem Weg voranzukommen.

Meine Worte beinhalten alles Notwendige, das Du brauchst, um Deinen Weg gehen zu können. Selbst Widersprüche sind nicht ausgeschlossen. Betrachte diese jedoch nicht als Ungereimtheiten, sondern als Qualitätsbeweis. Auf diese Weise ist es mir möglich, jeden von Euch zu erreichen. Meine Philosophie hat Platz für alles und jeden. Ich schließe nichts, niemanden und keinen Standpunkt aus. Jeder hat das Recht, so zu sein, wie er ist und das zu glauben, was er möchte. Keine Philosophie ist besser als die andere, kein Glaube ist wahrer als der andere und kein Weg ist der richtigere als der Deinige. Und sollte es irgendjemand geben, den ich ausgeschlossen haben sollte, oder wenn Du Dich von mir ausgeschlossen fühlst, so verzeih und wisse: Ich weiß, dass Du ebenfalls Recht hast. Ich weiß, dass Dein Weg ebenfalls zum Ziel führt. Ich weiß, dass Du mein Bruder, meine Schwester bist und ich bin immer in irgendeiner Form da, wenn Du mich brauchst. Ich kann natürlich nicht für jeden Einzelnen physisch anwesend sein, aber der Liebe und dem Geiste sind keine Grenzen gesetzt und außerdem haben wir alle unglaublich wertvolle, feinstoffliche Begleiter, die uns ununterbrochen zur Seite stehen, uns inspirieren und mit uns durch all unsere Erfahrungen hindurchgehen. Du bist nie allein, wenn Du es nicht möchtest. Dies möge Dich beruhigen und Dir versichern, dass Du, in Gottes unermesslich großer Schöpfung, nicht verloren und vergessen bist, sondern als Sohn oder Tochter Gottes angesehen wirst und angesehen bist. Ja, Du genießt tatsächlich Ansehen in der geistigen Welt! Du bist ein Unikat, ein einzigartiges Original, wertvoll und liebenswert, einerlei welcher Lebenseinstellung Du Dich gerade verschrieben hast. Ich weiß, dass Du sie eines Tages alle ablegen wirst, dann, wenn Du wieder begonnen hast, Dich als Ursprung zu erkennen und Du wieder zu dem geworden bist, was Du schon immer warst. Wie auch immer ich zu Euch spreche, die Frage ist nicht, ob ich erleuchtet bin, sondern weshalb Du Dich noch dagegen wehrst. Die Frage ist nicht, ob ich qualifiziert genug bin um Dich zu belehren, sondern ob Du bereit bist, von mir anzunehmen. Die Frage ist nicht, ob es stimmt, was ich sage, sondern ob Du den Geist der Wahrheit in meinen Worten wahrnehmen kannst. Die Frage ist nicht, ob ich besser bin als Du, sondern weshalb Du andere über oder unter Dich stellst. Die Frage ist nicht, ob ein Schweizer vielleicht ein geheimer Meister ist, sondern ob Du einer werden möchtest. Wenn Du es möchtest, dann kümmere Dich weder um mich noch um sonst irgendeinen anderen, sondern: um Dich. Kümmere Dich nicht um Widersprüchlichkeiten, sondern suche den Konsens. Lass einfach ganz getrost alles weg, was Dir an meinen Worten nicht passt. Sei einfach Du selbst, ohne schlechtes Gewissen, aber sei weise genug jene Hilfe zu akzeptieren, die ich Dir geben kann. Lasse jeden davon wissen, von dem Du glaubst, dass er es nötig hätte. Aber missioniere nicht, noch bedränge jemals jemanden, das zu glauben, was Du glaubst, denn Du weißt ja, auch Dein Glaube beruht auf einer Vorstellung! Lass jeden selbst bestimmen, welche Vorstellung er vom Leben haben und ausprobieren möchte. Es ist gut so. Teile Dich mit, wenn Du möchtest, aber noch besser, höre aufmerksam zu. Meine Worte können überheblich erscheinen, verächtlich, weise oder banal.

Und wie auch immer Du sie verstehen magst, es ist weder ein Beweis für noch ein Beweis gegen die Qualität meiner Lehre. Halte Dich an nichts anderem fest als an Deinem Gefühl, es weist Dir den für Dich richtigen Weg mit hundertprozentiger Garantie! Ich bin nicht der, der ich wirklich bin. Ich bin verkleidet gekommen und zeige nicht meine gesamte Göttlichkeit. Ich will keine allzu große Aufmerksamkeit auf meine Person ziehen, sondern auf das dahinterstehende Bewusstsein. Ich schreibe Bücher und spreche zu den Menschen, weil es mein Leben ist und weil ich den Wunsch habe, Dir zu mehr Freiheit zu verhelfen. Du brauchst sie nicht anzunehmen – ich tue es nicht dafür. Ich tue es, weil ich geben möchte, nicht damit es angenommen wird. Ich liebe es zu geben! Nicht, weil es besser ist, sondern weil es mir einfach Spaß macht. In vielen Bereichen macht es mir auch Spaß anzunehmen. Dann tue ich dies mit derselben Freude, wie wenn ich gebe. Es hat keine anderen Gründe. Ich tue es aus Freude. Meine Worte verhelfen mir durchaus auch zu einem materiellen Verdienst, mein Lohn aber ist die Freude, welche wir gemeinsam empfinden, wenn ein Austausch zwischen uns stattfindet.

Und um meiner Freude noch mehr Ausdruck zu verleihen, produziere ich ja auch Musikprojekte. Musik, welche die Menschen zum Tanzen und Glücklichsein animiert. Sie erreicht viele junge Menschen, deren Lebensweg noch so viel Freude und Geistigkeit beinhalten könnte, wenn sie aufmerksam gemacht würden, dass es da jemand gibt, den es lohnt, gelegentlich zu besuchen: Es ist mein Wunsch mit so vielen Menschen wie möglich zusammenzukommen, einfach um ihnen zu sagen, dass es Möglichkeiten gibt. Ich wünsche mir, dass alle wissen, dass es möglich ist, sich aus jeder Situation ein freudvolles und erfülltes Leben zu erschaffen! Ihr seht also, auch ich habe noch viele Wünsche. Der Unterschied ist der, ich bin genauso glücklich, wenn sie sich nicht erfüllen. Auf meinen Bewusstseinszustand macht es keinen Unterschied, deshalb binden sie mich nicht. Im Gegenteil, sie verbinden mich mit Dir. Es sind meine Verbindungen, die ich zu Dir ausstrecke, Rettungsseilen gleich, die Du ergreifen kannst, wenn Du möchtest. Und Du kannst Dir ja vorstellen, dass meine Arbeit nicht leichter wird, je mehr sich an diesen Seilen festhalten. Aber je mehr ich arbeite, desto mehr Freude können wir letztendlich teilen. Und außerdem ist das, was ich tue, nicht Arbeit im üblichen Sinne. Ich bin von ihr dermaßen begeistert, dass ich eher aufpassen muss, mich nicht freiwillig zu überarbeiten. Ich bin gekommen, um Staub zu wischen! Ich wische den spirituellen Staub vom Bewusstsein vieler, die glauben, ein Meister müsse dies und jenes können. Erleuchtet sein bedeute Wunder und Zeichen zu tun und Erwachte wären fehlerfrei. Sie sind ganz anders, sie sind Menschen! Aber sie sind zu Hause. In sich mit Gott harmonisch vereint und ungetrennt mit allem, was ist. Spezielle mediale Fähigkeiten entwickeln, wollen sie nur vor dem Erwachen, danach sind diese Dinge nicht mehr wichtig. Sie erübrigen sich. Wie schon oft gesagt, wichtig ist nicht das Haben, sondern das Sein. Es bedarf dann keiner Beweise mehr, weder vor sich selbst noch vor anderen. Gott beweist sich selbst ununterbrochen dadurch, dass Du bist, dass ich bin und das wir sind. Die größte Gabe ist nicht, die Zukunft oder Vergangenheit zu sehen, sondern die Gegenwart. Das, was gerade ist. Das ist meisterhaft! Für heute enden hier meine Worte. Und wo die Worte enden, beginnt das Gefühl. Es ist bei mir nun fast Mitternacht und ich wünsche Dir im Geiste eine gesegnete Nachtruhe und tolle Traumerlebnisse.

Aufregung und Ärger

Du kannst Dich über alles aufregen oder amüsieren, ganz wie Du willst.

Manche Leute haben es sich zur Regel gemacht, sich über alles und jeden aufzuregen. Sobald etwas nicht wunschgemäß verläuft, stellt sich Aufregung und Ärger bei ihnen ein. Und am Ende regen sie sich noch darüber auf, dass sie sich aufgeregt haben. Also müssen wir davon ausgehen, dass es für diesen Menschen, ein ganz tolles Gefühl sein muss. In der Aufregung, im Ärger und Zorn produziert der Körper Adrenalin und andere Hormone, die den Körper mit Kraft versehen. Dadurch empfindet der Mensch das Gefühl ‚stark' zu sein. Er fühlt sich überlegen und kompensiert damit seine Minderwertigkeitsgefühle. Nebenbei wird das Leben ernst und schwer. Darüber kann man sich dann wiederum aufregen. Und hat dieser Kreislauf erst einmal begonnen, glaubt der Mensch, er sei der Größte, Beste und Stärkste. Er glaubt dann, dass er besonders intelligent sei und wird zum Besserwisser.

Viele Menschen regen sich jedoch bloß deshalb auf, damit sie nicht zugeben müssen, dass das Leben schön ist und sie es genießen. Sie befürchten nämlich, dass die anderen es ihnen dann sogleich zerstören wollen. Und sollte jemand kommen, der ihnen zeigt, wie schön das Leben doch ist und es auch genießt, zeigen sie ihm gleich, wo es 'Probleme' gibt. Sie tun dann genau das, was sie befürchten, dass ihnen geschehen könnte. Sie enttäuschen, um Enttäuschung vorzubeugen. Sie verletzen, um Verletzungen vorzubeugen und sie bestrafen, um nicht bestraft zu werden. Oft bestrafen sie sich selbst, prophylaktisch sozusagen. Und nun die gute Nachricht: Beim ‚Sich-Freuen' läuft es genauso ab, nur umgekehrt. Der Körper produziert unter anderem, Endorphine, welche das vorhandene Glücksgefühl noch steigern. Man fühlt sich ebenso stark und kraftvoll, hat aber nicht das Gefühl, besser zu sein als andere. Nebenbei wird das Leben leicht, freudvoll und erfüllend. Darüber freut sich der Freudige und hat ebenfalls das Bedürfnis, dies mit anderen zu teilen. Sie sind frei von Befürchtungen, da sie nichts vermeiden wollen. Annahme des Lebens oder Verweigerung bestimmen die Hormonproduktion und somit auch das körperliche Wohlbefinden des Menschen. Bewusstsein wird nicht durch den Körper bestimmt, sondern umgekehrt. Man kann es sich zur Regel machen, sich an Dingen, die man nicht versteht, zu erfreuen und sie als neues Forschungsfeld betrachten. Man kann sich von dem, was einen üblicherweise aufregt, auch zu neuen Erfahrungen anregen lassen. Es ist das gesunde Interesse bzgl. der Vielfältigkeit des Lebens, welches Dich anspornt, weiterzugehen und neue Erfahrungen zu machen. Alles was sich aufregt, entspringt dem sich aufbäumenden Ego. Und wenn es sich aufbäumt, dann lass es toben, aber genieße es als eine weitere interessante Erfahrung. Wenn Du den Fehler machst, es unterdrücken zu wollen, wird es bloß immer stärker und steigert sich in seiner Intensität so weit hoch, bis Du es nicht mehr kontrollieren kannst. Dann nehmen die Aufregung und Deine Wut überhand und Dein Leben gerät außer Kontrolle. Du lebst dann nicht mehr Deine Gefühle, sondern Du wirst von ihnen gelebt. Dies ist Dein Untergang. Spiele einige Zeit mit Deiner

Aufregung und Du wirst eine Befreiung von ihnen von ihr erfahren, die Du für unmöglich gehalten hast. Versuch nicht besser zu sein als Du bist, sei einfach und spiele Dich selbst!

Gebete, Affirmationen und Meditation

Maßgebend sind nicht die Gebete, Meditationen und Affirmationen selbst, sondern die dahinter stehende Motivation.

Du magst die schönsten Gebete, die tollsten Affirmationen und die kräftigsten Schutzbitten besitzen, doch solange die sich im Hintergrund befindlichen Programme nicht gelöscht wurden, bekräftigst Du damit nur Deine Zweifel. Im Weiteren gilt es Folgendes zu beachten, Du magst zwar um Stärke bitten, was Du jedoch von Gott erhältst, sind – Herausforderungen, die Dich stärken. Du magst um Wohlstand bitten und erhältst die Möglichkeit zu arbeiten. Du bittest um Mut und die Welt bietet Dir Gefahren, um Deinen Mut zu trainieren und Du magst um Weisheit bitten, doch vom Universum bekommst Du ‚Probleme' geliefert, in denen Du weise handeln kannst. Du bekommst von Gott nie einfach die fertige Mahlzeit geliefert, sondern stets nur die Zutaten. Gott stellt Dir verschiedene Töne zur Verfügung, die Musik jedoch komponierst und spielst Du selbst. Das ist die Idee des Lebens. Du kannst dabei nichts falsch machen. Tue es einfach so gut Du kannst. Wenn Du Herausforderungen nicht magst, dann bitte um nichts. Und dennoch wird dies wahrscheinlich die größte Herausforderung von allen sein. Affirmationen wirken sich letztlich immer gegenteilig aus, solange Deine Motivation aus Widerstand auf deren Gegenteil beruht. ‚What you resist persists.' – ‚Wessen Du widerstehen willst, bleibt bestehen.' (frei übersetzt: ‚Wogegen Du bist, das bleibt Dir als Mist.') Meditation ist nichts was Du tun kannst, sondern das, was Du lebst. Zu sagen ich meditiere ist ein Widerspruch in sich. Es müsste heißen: ‚Ich lebe.', oder: ;Ich Bin'. Meditation ist weitab jenseits jeglicher Vorstellung oder Idee, wie es zu sein hätte. Das sind bloß weitere mentale Einbildungen, die einen weiteren Filter darüber legen, was wirklich Ist. In Meditation sein bedeutet nichts zu denken. Nicht mal daran, nichts denken zu sollen. Erst in diesem Zustande der Nicht-Manifestation öffnet sich dem Seienden das gesamte Universum. Natürlich kannst Du durch bestimmte Meditationshaltungen bestimmen, ob Du Energie dabei abgibst oder nicht. Berühren sich die abstehenden Gliedmaßen, wie Hände und Füße, entsteht ein Energiekreislauf, der Dich nicht ermüden lässt. Es ist jedoch nicht notwendig einen bestimmten Sitz einzuhalten. MancheMenschen glauben, eine bestimmte Haltung, Räucherstäbchen und Kerze, einen geheiligten Raum, Klangschalen und anderes seien notwendig um zu meditieren. Solche Dinge automatisieren sich sehr schnell und verkommen fast unmerklich zu Ritualen. Meditation ist jedoch alles andere als rituell. Sie ist spontan und bedarf keiner Motivation. Meditation, Sein, Leben ist immer und überall möglich und solange es Dir nicht allerorts gelingt, meditierst Du nicht. Wenn Du glaubst, dass Du Dich reinigen musst oder glaubst, dass gewisse Vorbereitungen notwendig wären um Erleuchtung oder das Eins-Sein mit Gott zu erleben, verfolgst Du damit ein bestimmtes Ziel und stellst Bedingungen an Dich. Dann wird Deine Meditation eine Abfolge von Übungen sein, sie verkommt zu einer heilig aussehenden Turnübung. Wenn sich Meditation von selbst einstellt, ohne dass Du etwas dazu tun musst, ist Dein Bewusstsein geweitet und Du wirst zu einer alle umfassenden Persönlichkeit. Meditation ist Gegenwärtigkeit. Nicht die Welt, in der Du etwas tun kannst ist die Wirklichkeit, sondern jene, in der schon alles getan ist. In Wirklichkeit nämlich gibt es nichts zu tun. Dieses Nichts-Tun bedeutet jedoch nicht, dass Langeweile herrscht oder Du keine Aufgabe hast, sondern dass Du zur Aufgabe selbst geworden bist. Und tatsächlich ist es so, dass Du nicht wichtig bist. Es ist gut dass es Dich gibt, aber es geht genauso gut auch ohne Dich. In dem Moment nämlich wo Du Dich auflöst, wirst Du zu Gott, genau so, wie ein Tropfen, der ins Meer fällt, zum Meer selbst geworden ist. Über ein ‚Danach' zu sprechen würde mir nicht gelingen, denn, wie Du ja weißt, ist dies ein Zustand jenseits jeglicher Worte. Darüber können wir nur im gemeinsamen Schweigen mehr erfahren. Wenn Du willst, dann entscheide Dich jetzt eine Viertelstunde lang nichts zu tun, nichts zu wollen und nur zu schweigen. Auf dieser Ebene ist es Dir möglich mir jederzeit zu begegnen oder das Eins-Sein mit Gott zu erleben. Wenn Du eine neue Erfahrung machen möchtest, dann tu es jetzt gleich, verschiebe sie nicht auf später.

Göttliche Energie

Die göttliche Energie ist in allem, was es gibt,
gab und geben wird, sowie in allem, was nicht ist.
Sie befindet sich gleichermaßen im manifestierten
wie auch im unmanifestierten Sein.

Spirituelle Hilfsmittel wie Steine, Essenzen, Tabletten, Mantren, Symbole, Rituale und anderes sollen göttliche Energien vermitteln und tun es auch. All diese Dinge jedoch vermitteln stets nur einen bestimmten Bruchteil des göttlichen Spektrums. Wählst Du nicht genau den richtigen Teil, denjenigen, den Du gerade benötigst – bleibt die gewünschte Wirkung aus. Dann bist Du enttäuscht und verlierst den Glauben an die Wirksamkeit der entsprechenden Hilfsmittel. Warum aber schränkst Du Dich solchermaßen ein? Wieso begnügst Du Dich mit so wenig? Weshalb nur einen kleinen Teil der göttlichen Energien ansprechen, wenn Dir doch die ganze Fülle zur Verfügung steht?

Es ist genau wie mit dem weißen Licht. Du kannst es in Spektralfarben aufteilen oder es als Ganzes nehmen. Wenn Du beispielsweise Deine Chakren mit Energie versorgen willst kannst Du das entsprechende Farbspektrum wählen, was natürlich viel Wissen voraussetzt, oder Du kannst auf Nummer Sicher gehen und immer das weiße benützen. Die Chakren und Dein physischer Körper haben die Fähigkeit, genau das Notwendige aus dem Ganzen herauszufiltern und aufzunehmen. All die Geschichten und all das Wissen um die vielen tausend Hilfsmittel sind zwar spannend und interessant, doch sie besitzen vor allem Unterhaltungswert. Vielerorts werden diese Dinge auch verschieden interpretiert und beschrieben, so dass Du letztendlich nie genau sicher sein kannst, welche Wirkungen diese Dinge denn wirklich entfalten. Welchem Meister, welchem Buch oder welcher Theorie möchtest Du den Glauben schenken, wenn sie unterschiedlich sind? Wie kannst Du wissen, was in dieser Hinsicht richtig oder falsch ist? Du wirst sehen, je mehr Du diese Dinge studierst, desto größer wird oft die Verwirrung. All diese Dinge können bei jedem Menschen eine andere Wirkung entfalten, je nach Bewusstseinsstruktur des Betreffenden. So hast Du bloß eine Chance: Folge einer bestimmten Lehre und bleibe dabei. Geh den Weg bis zum Ende. Lerne alles, was auf diesem Gebiet angeboten wird und erkenne früher oder später, wie relativ alles ist. Genau so wie Nahrung, die durcheinander und im Übermaß genossen wird, Übelkeit auslöst, löst zu viel Wissen, Durcheinander, Verwirrung aus. Plötzlich mag man dann gar nichts mehr essen. Man legt alles beiseite und kehrt zur Tagesordnung zurück. Hier endet dann auch schon der 'spirituelle Weg' der meisten Lichtarbeiter. Obwohl, genau hier könnte auch der Punkt sein, an dem es erst richtig los geht! Nahrungsmäßig ausgedrückt: Lichtnahrung! Also, warum nur gelbes, rotes oder violettes Licht essen und nicht weißes? Wenn Du auf weißes Licht umstellst, brauchst Du Dir über all die möglichen Hilfsmittel keine Gedanken mehr zu machen. Und wenn Du Dich nicht mehr um diese Details kümmern musst, hast Du plötzlich viel mehr Zeit, um Dich mit dem Wesentlichen zu beschäftigen.

Wo ist denn jener Teil der göttlichen Energie, den Du gerade benötigst, zu finden? Genau, überall um Dich herum, ganz unmittelbar. Du bist ständig von ihr durchdrungen. Du kannst jetzt Steine und Essenzen suchen gehen oder Dir gleich – hier und jetzt – mit einem tiefen Atemzug bewusst werden, wie Gott selbst Dich durchdringt, belebt und heilt. Was glaubst Du wohl, ist einfacher? Und, welche Variante des Lebens bevorzugst Du? Die einfache oder die schwierigere? Wähle selbst. Du wirst erkennen, dass Du immer im Leben – also bei den meisten Dingen – dieselbe Variante lebst. Meistens die kompliziertere. Warum? Weil ‚Kompliziert-sein' das Gefühl vermittelt, dass man etwas tut. Dass man klug ist und weil man sich damit wichtig machen kann. Man kann viel denken dabei und fühlt sich dadurch lebendig. Ja, die meisten Menschen verwechseln Lebendigkeit mit Denken. Ihre Gefühle sind tot. Sie leben nur noch im Kopf und in ihren Emotionen. Emotionen sind wild, bringen das Denken durcheinander und hinterlassen eine große Unordnung im Menschen. Diese spiegelt sich dann, früher oder später, im Außen wider. Diese Unordnung zeigt sich entweder durch chaotische Zustände oder zeichnet sich durch überordentliche Disziplin aus. Beide Extreme sind nicht das, was ich als geordnet und harmonisch bezeichne. Es ist beides dasselbe, nur drückt es sich, je nach Veranlagung des Einzelnen, verschieden aus. Einmal mehr möchte ich betonen, dass diese Hilfsmittel etwas Wunderbares sind. Ich empfehle nur, dass Ihr an ihnen nicht hängen bleiben sollt. Ich bin in jeder Hinsicht für Unabhängigkeit. Und genauso wichtig wie es hin und wieder ist, ein geeignetes Hilfsmittel zur Hand zu nehmen, ist es, sich wieder von ihm lösen zu können.

Freiheit und Unabhängigkeit sind immer dann eingeschränkt, wenn Du glaubst, etwas haben zu müssen um dieses oder jenes Resultat erzielen zu können. In Wirklichkeit gibt es nichts und in Wirklichkeit brauchst Du nichts. Es ist alles immer da. Außerdem ist es kostenlos und ohne Anstrengung erhältlich. Wirklich göttlich-schön und einfach. Alle Show darum herum ist bloß ein netter, unterhaltender und bisweilen spannender Zeitvertreib. Nicht schlechter, einfach umständlicher! Doch wie wir ja alle wissen hat auch Umständliches durchaus seinen Reiz. Also genieße, was immer Du bevorzugst. Am besten im Bewusstsein, dass Du weder das eine noch das andere wirklich brauchst und erkenne, dass Du in jedem Augenblick Deines Seins frei und vollkommen bist.

Einheit und Weite

Einheit bedeutet, dass da keiner ist der lebt, und keiner der stirbt.

Gehen wir nun einmal konsequent davon aus, dass keine Dualität existiert und in Wahrheit alles eins ist. Wer oder was wärst dann Du? Wer oder was wäre ich? Wer oder was wäre die Welt? Da gäbe es keine Aufgabe, die Du erfüllen musst, keine Prüfungen zu bestehen, nichts, das Du falsch machen könntest, keine Bewertungen, weder Erfolg noch Misserfolg. Angenommen, das wäre die Wahrheit, was würdest Du dann tun? Welche Auswirkung hätte das auf Dein Leben? Würde Dein Leben dadurch den Sinn verlieren? Und was, wenn es sowieso keinen Sinn gäbe? Was wäre, wenn das Leben tatsächlich keinen Sinn hätte, solange Du ihm keinen gibst? Wären dann nicht plötzlich alle Deine Anstrengungen relativ? Dann könntest Du tatsächlich entspannen. Du könntest also gleich damit beginnen, Dein Leben entspannt zu leben – oder aber erst noch solange weiterkämpfen, bis Du entspannen musst, weil es anders nicht mehr weitergeht. Du kannst die Dinge immer gleich jetzt umsetzen oder erst dann, wenn die Not Dich dazu zwingt. Unter Zwang zu leben, ist bestimmt nicht so entspannt – außer, Du hast Dich dazu entschieden und kannst es genießen. Kannst Du das? Wenn nicht, dann solltest Du Dir überlegen, ob es nicht gesünder für Dich wäre, ein entspanntes Leben zu leben. Einheit beginnt damit, dass Du einheitlicher wirst. Dass Du aufhörst, Dir ständig zu widersprechen. Dass mehr Übereinstimmung entsteht zwischen dem, was Du willst und dem, was Du tatsächlich tust. Dein Glaube und Dein Handeln müssen einheitlicher werden, es muss mehr innere Übereinstimmung herrschen, wenn Du wirklich erfolgreich sein willst im Erleben der Nicht-Dualität. Eins-Sein bedeutet: in Wahrheit Sein, in Übereinstimmung mit Deinem Höheren Selbst zu Sein. Und dennoch umfasst die Einheit auch die Polarität, die Lüge und durchdringt alles, auch das, was ihr zu widersprechen scheint. Und dass da eigentlich keiner ist, der lebt und keiner der stirbt, erkennst Du sehr leicht daran, dass keiner beweisen kann, dass er existiert. Es deutet zwar alles darauf hin, dass es Dich gibt, doch wer weiß ob Du nicht doch nur eine Vorstellung von Dir selbst bist und dieses Leben bloß eine Art Träumerei? Bewusstsein spielt und kreiert, aber Du bist nicht das Spiel. Du bist nicht die Kreation, sondern deren Schöpfer. Die Kreation erscheint immer dual, weil es auf der einen Seite den Kreierenden und auf der anderen die Kreation gibt. In der Einheit aber sind Schöpfer und Schöpfung eins. Das heißt, in der Einheit ist es – im Gegensatz zur irdischen Realität, die ja polar ist – nicht möglich, irgendetwas abzulehnen oder anders zu sein, als Du wirklich Bist. Es besteht keine Möglichkeit, sich selbst oder andere zu täuschen. Alles ist offen und transparent, keiner kann und keiner will etwas verbergen. Es ist die Ebene der absoluten Wahrheit. Diese Wahrhaftigkeit ist gleichsam die einzige Bedingung, um Einlass zu finden. Du magst so viele ‚Fehler' haben wie Du willst, das spielt keine Rolle, aber die Eintrittskarte heißt absolute Wahrhaftigkeit Dir selbst gegenüber. Schummeln funktioniert nicht und Abkürzungen gibt es keine. Dafür aber gibt es auch keine weiteren Anforderungen zu erfüllen. Vielleicht ist die Verbindung mit Gott deshalb so schwierig, weil sie so einfach ist.

Weite ist überall, alles ist weit, wenn Du es nicht begrenzt. Doch fürchte Dich nicht, denn Du bist weder zu klein noch zu groß. Weite ist keine Frage der Distanz, sondern des Schauens. Ich sage absichtlich nicht ‚sehen', denn das ist eine rein körperliche Angelegenheit und die ist begrenzt. Schauen ist eine Fähigkeit des Herzens. Sehen kannst Du die Kreation, Schauen den Schöpfer. Diese Art der Wahrnehmung eröffnet Dir unendliche Weiten selbst in den kleinsten Dingen. Es gibt nichts Begrenztes. Selbst die begrenzteste Kreation tangiert angrenzende Kreationen und beeinflusst sie. Nichts ist isoliert, alles ist miteinander verwoben. Selbst ein Gedanke schwingt sich fort und beeinflusst die unendliche Weite aller Universen. Sich selbst und seine

Handlungen, Gedanken und Gefühle als etwas Getrenntes zu betrachten, ist ein kapitaler Irrtum, der dazu geführt hat, dass die Menschen zu glauben begannen, dass sie Dinge im Verborgenen tun könnten, ohne dass es jemand bemerke, oder ohne dass es irgendwelche weiterreichende Einflüsse hätte.

Wenn jeder wüsste, dass es keine wirklich verborgenen Winkel in dieser Schöpfung gibt, würden sie sich bestimmt anders benehmen. Sehr schnell hätte ihre Selbsterkenntnis einen Grad der Erleuchtung erreicht, von dem sie nie zu träumen wagten. Dann, wenn Du erst mal die Weite Deines Bewusstseins erkannt hast, wirst Du die Unendlichkeit Deines Seins erahnen können. Und ich würde mich nicht wundern, wenn Du dann in Gelächter ausbrechen wirst. In dieses göttliche Lachen, das sich wie ein mächtiges Mantra – ein unbeabsichtigtes – durch alle Universen schwingt. Dann erwacht die göttliche Musik in Dir, deren Melodie Du selbst bist. Dein ganzes Sein wird eine Symphonie sein, Du wirst tanzen und singen und erkennen, dass Gott kein Richter, sondern Komponist ist und dass Deine Melodie sich nahtlos und harmonisch in sein göttliches Konzert einfügt. Es wird Dir ein Rätsel sein, weshalb Du Dich nicht schon die ganze Zeit in seine Musik hineinbegeben hast und Du wirst lachen über Deine Ängstlichkeit und Dein Zögern. Es wird Dir bewusst, dass Du in Deiner Größe niemals getrennt warst von Gott. Ja, selbst in Deiner Kleinheit warst Du nicht wirklich getrennt, sondern hast Deine Weite nur nicht wahrgenommen.

Begrenztheit ist eine Art der Phantasie und Du wirst es, wenn Du sie gelegentlich wieder erfahren möchtest, bestimmt genießen. Doch eines kann ich Dir sagen. Sich ‚klein' zu fühlen, ist die weitaus größere Kunst und viel schwieriger als sich unbegrenzt göttlich zu fühlen! Den schwierigsten Teil der Übung hast Du also längst mit Bravour abgeschlossen und erfüllt. Wenn Du dies geschafft hast, ist es ein Leichtes für Dich, den anderen Teil Gottes, die Weite zu erleben. Du kannst Dich klein machen – dann kannst Du Dich auch groß machen! Warst Du bis anhin von Menschen umgeben, die Dich klein gemacht haben, wirst

Du plötzlich umringt sein von Menschen, die Dich in Deiner Größe unterstützen. Es ist einfach wunderbar! Lass mich, wenn Du willst, der erste sein. Ich unterstütze alles, was Du tust, weil alle Begrenzungen nur zu Kleinheit führen. Erlaube Dir auch, Fehler zu machen, das ist völlig in Ordnung. Wer keine Fehler macht, grenzt sich ab und bleibt klein. Erlaube Dir alles zu erfahren, was Du möchtest. Achte nicht darauf, was andere dazu sagen, erlaube Dir zu wachsen und werde Dir so Deiner Größe bewusst. Ich weiß, Du wirst sie nicht missbrauchen. Ich habe volles Vertrauen in Dich, denn Du Bist ein Teil von mir, von Gott, wie könntest Du da 'versagen'!? Anerkenne und wertschätze Dich als ein unbegrenztes göttliches Wesen. Du kannst durch nichts begrenzt werden, Du bist unverletzlich, unsterblich und ewig. Du bist in Wahrheit ein Gott in Menschengestalt. Erkenne dies an und lebe oder verleugne es und sterbe weiterhin tausend Tode. Nur wer sich in seinem Bewusstsein als Mensch begrenzt, wird wiedergeboren werden. Für den Geistmenschen gibt es nicht das, was wir Reinkarnation nennen. Er lebt ewig. Du bist unvergänglich, Dein Geist kennt keinen Tod und keine Kleinheit. Du hast jetzt die Wahl, Dich für ein Leben als Mensch oder als lebendiger Geist zu entscheiden. Triff Deine Wahl weise und mit Bedacht, es könnte die wichtigste Entscheidung Deines Lebens sein.

Veränderungen

Das Erste, womit Du umzugehen lernen solltest, sind Veränderungen, denn sie sind das Einzige, was Dir im Leben sicher ist.

Wo Leben ist – ist Veränderung. Wer mit ihr umgehen kann, hat keine Schwierigkeiten auch mit dem Leben umgehen zu können. Nur allzu oft stecken wir im Leben in gewissen Situationen fest, die genaugenommen nichts Weiteres sind als Veränderungen. Die Blockierung entsteht dadurch, dass irgendetwas geschieht was Du nicht vorgesehen hast. Warum aber bereitet es Dir Unannehmlichkeiten Dich mühelos auf eine neue Situation einzustellen? Weil Du Dich ihr nicht gewachsen fühlst. Du hattest keine Zeit, Dich auf sie vorzubereiten und Dich darauf einzustellen. Waren es nicht gerade oft jene Situationen, in denen Du so spontan, intuitiv und erfolgreich gehandelt hast? Natürlich!

Denken verhindert oft, dass freie und spontane Handlungen, welche aus Deinem Innersten emporsteigen, unterdrückt werden, weil sie den Gedanken und Kontrollen Deiner Überlegungen nicht gewachsen sind. Die Intuition hat nie damit 'gerechnet', jemals in Frage gestellt zu werden. Und tatsächlich ist es eine höchst eigenartige Angelegenheit, dass Menschen damit begonnen haben. Sie hinterfragen das Gewahrsein, Gott – anstatt das Bewusstsein, sich selbst. Meiner Meinung nach ist das einzig 'fragwürdige' Geschöpf der Mensch, nicht aber das, was ihn ausmacht. Nicht des Menschen Kern sollte hinterfragt werden, sondern das, was der Verstand aus ihm gemacht hat. Dem Verstand nämlich fehlt jedes Verständnis für das Unbegreifliche. Er verliert sich im Unfassbaren und ist zuviel davon da, herrscht gänzliche Verständnislosigkeit. Es scheint dann die Gefahr zu bestehen, der Mensch könnte den Verstand verlieren. Was er aber tatsächlich verliert, ist nicht sein Verstand, sondern die ‚vorgestellte' Übersicht und seine – ach so lieb gewonnene – Kontrolle. Wahnsinn stellt sich nur ein, wo der Verstand nicht damit klar kommt, keine Macht zu haben. Er ist es gewohnt, alles zu steuern, zu überwachen und die Macht über alles zu haben. Je mehr ihm diese Macht abhanden kommt, desto verzweifelter wird er. Wenn er sich jetzt versucht dagegen zu wehren, ist es um ihn geschehen. An diesem Punkt ist Hingabe angesagt. Geschehen lassen, die Kontrolle aufgeben und vertrauensvoll-mutige Hingabe an diesen Zustand könnte Verwirrung und Wahnsinn vorbeugen. So musst Du hier bereit sein zu sterben!

Je nach Größe der anstehenden Veränderung muss die Bereitschaft zu sterben, gegeben sein. Jede Veränderung fordert ihren

Tribut. Etwas Altes muss dem Neuen weichen, muss sozusagen sterben um dem, was kommen will, Platz zu machen. Genau so, wie letzten Endes auch der physische Tod nur eintritt um einer neuen Realität Raum zu geben. Wäre in Dir, in Deinem Verstand schon genügend Raum vorhanden, wären alle Tode hinfällig! Veränderung ist der Untergang jeglicher Struktur, der Feind aller absoluten Wahrheiten und Sturdenker. Deshalb wirst Du nicht sonderlich beliebt sein bei Menschen, die sich an einer Wahrheit festklammern. Sie werden nicht erfreut sein darüber, dass Du mit Deinen Ideen und Ansichten ihre Wahrheit in Gefahr bringst. Und meistens werden sie alles tun dies zu verhindern. Denn die eigene Wahrheit zu verändern oder gar aufzugeben, würde für sie bedeuten, dass alles, woran sie sich in ihrem Leben noch festhalten konnten, hinfällig wird. Ohne diese – so glauben sie – wären sie völlig halt- und orientierungslos. Neue Ideen und andere Wahrheiten werden als persönlicher Angriff auf das eigene Leben empfunden und entsprechend brutal verteidigt. Es lohnt sich nicht, in diesen Kampf mit einzusteigen, denn gegen ‚Wahrheitskämpfer' – wir können auch sagen ‚Fanatiker' – ist kein Kraut gewachsen. Sie muss man an den eigenen Wahrheiten zu Grunde gehen lassen bis sie selbst den Wunsch nach Neuem in sich verspüren können. Wenn Du nicht willst, dass Dir das gleiche Schicksal blüht, dann versuche, Veränderungen zu lieben. Begrüße sie in Deinem Leben stets als willkommenes Angebot, welches Dir weitere Erfahrungsmöglichkeiten bietet und Dich das Leben von einem neuen Standpunkt aus erleben und erfahren lässt. So wirst Du ständig wachsen und Dein Selbst wird sich mehr und mehr entfalten, bis Du bereit bist alles zu erleben und alles zu fühlen, was das Leben als Erfahrung zu bieten hat. Keine Widerstände gegen Veränderung zu haben, bedeutet, die Welt als Abenteuer zu erleben. Spannend, interessant und vielfältig. So eben, wie es für alle Menschen sein könnte, wenn sie ihre Furcht vor Veränderung ablegen könnten. Ansonsten fristen sie ein eher trostloses Dasein, welches von ständigen Wiederholungen geprägt ist und selten etwas wirklich Neues mit sich bringt. Gemütlich vielleicht, aber auch ziemlich langweilig. Wo die Bereitschaft zur Veränderung vorhanden ist, ist Toleranz. Diese ist unumgänglich für ein friedliches Zusammenleben auf dieser Erde und erst recht in anderen Dimensionen. Du solltest Dich – Deinetwegen – darin üben, tolerant und veränderungswillig zu werden. Es wird Dein Leben und Deine Wahrnehmung um vieles bereichern. Die eigene Bereitschaft, Veränderungen gegenüber offen zu sein, macht Dich besonders. Die Fähigkeit mit Veränderung umzugehen verschafft Dir viele Vorteile. Es unterscheidet Dich von den anderen, welche an den Veränderungen des Lebens zerbrechen. Es unterscheidet Dich, weil Du dadurch nicht mehr mit der Welt im Kampf liegst. Du bist frei von Widerständen und bereit, die Herausforderungen des Lebens zu meistern. Mit Veränderungen nicht umgehen zu können bedeutet, ein Fisch im Wasser zu sein, der nicht schwimmen kann. Wohin das führt, kannst Du Dir selber leicht ausmalen.

Sklaverei

Die goldenen Ketten moderner Sklaverei fesseln genauso gut, wie die stählernen vergangener Jahrhunderte. Das Material hat sich zwar geändert, die Fesseln jedoch sind geblieben.

Obwohl in einigen Ländern der Erde noch Sklaverei in seiner althergebrachten Form gepflegt wird, gilt sie, zumindest in der westlichen Welt, als nicht existent. Doch nur weil die Menschen heute Fesseln als Schmuckstücke tragen und sich freiwillig binden, sind sie deswegen nicht unbedingt freier. Die Technik der Sklaverei ist bloß verfeinert worden, sie wurde angenehm und erträglich gemacht, besteht aber in ungeahntem Ausmaß weiter. Längst ist jedoch nicht mehr nur der physische Körper in Gefangenschaft, sondern auch die Seele der Menschen ist gefangen. Und dies ist und war schon immer das langfristige Ziel gewisser

Mächte. Sie haben ihr Ziel zur vollsten Zufriedenheit erreicht, ihr Plan ist aufgegangen. Die Menschen sind nun Sklaven ihrer Begierde geworden und stellen Haben über Sein. Die meisten wollen nicht mehr Spiritualität, sondern mehr Besitz.

Einerlei, ob es nun um materielle Güter, Geld oder Gesundheit geht oder um den Besitz paranormaler Fähigkeiten. Die goldene Fessel der Yogis hat nun auch die Spiritualisten erreicht. Sie alle stecken fest in den Fängen herrlicher Illusionen, welche ihnen gleichermaßen die irdische Welt bietet. Sie jagen hinter der Erleuchtung her – wie die Materialisten hinter dem Geld. Sie sind vom selben Wunsch besessen, etwas ‚Besonderes' sein zu wollen und pflegen ihr Ego nicht minder als alle anderen. Alle nehmen sie die Unfreiheit und ihre selbstauferlegte Knechtschaft in Kauf. Sie tun alles, um Liebe oder Besitz zu erlangen. Selbst wenn sie allen weltlichen Dingen entsagen und es nicht bemerken, leben sie in Abhängigkeit. Sie alle sind Gefangene ihrer Wünsche und gefangen in ihren Vorstellungen und Ideen des Lebens. Jeder dient nur noch sich selbst. Selbst ihr Denken und Fühlen ist unfrei geworden, haben sie doch allmählich alle eine allgemeingültige Wahrheit von Gut und Böse angenommen. Alle streben nach dem, was sie für gut erachten, ohne zu bemerken, dass es einerlei ist und es nur darum geht, ihr Gewissen zu beruhigen. Damit es aber nicht auffällt, dass sie Sklaven sind, machen sie sich ihre Mitmenschen, die Tiere oder zumindest die Erde untertan. Die Menschen sind Untertan ihrer Arbeit, ihrer Partner, ihrer Freunde, der Gesellschaft, des Geldes oder anderer Verpflichtungen. Und sie auferlegen sich ständig weitere Pflichten. Mehr und mehr bekennen sie sich zu irgendwelchen Gruppierungen, Vereinen oder Parteien. Sie sind ganz stolz darauf, zu verkünden, welcher Religion oder Kaste sie angehören, welche Wissenschaft sie vertreten und wessen Philosophie sie übernommen haben. Ja, sie ehren sich sogar noch damit und übersehen dabei, dass sie gerade ihre goldenen Fesseln präsentieren. Sie fühlen sich als Schweizer, Deutsche und Europäer oder Amerikaner, nicht, dass ihnen ein Dasein als Weltenbürger entgeht. Sie alle sind Sklaven ihres eigenen, kleinkarierten Denkens. Sie mögen an mir vorbei gehen und mich belächeln oder gar bemitleiden, dass mir jeglicher Status fehle, aber auch hier übersehen sie das Wesentliche. Nämlich: meine Liebe für sie. Sie steht bereit und mein oftmals trauriger Blick rührt nicht daher, dass ich sie beneide, sondern deswegen, dass sie sich selbst das schönste Geschenk vorenthalten. Sie gönnen sich nicht die Liebe und nicht die Freiheit, so zu sein, wie sie wirklich sind und sie werden sich nicht ihrer universeller Bruderschaft mit allen Wesen bewusst. Dies macht mich traurig, denn sie wissen nicht, was ihnen entgeht!

Vollendung

Du bist Vollender und Vollendung zugleich.

Der Bildhauer vollendet seine Skulptur mit Hammer und Meißel, der Maler mit Pinsel und Farbe, der Musiker mit seinen Instrumenten, der Gärtner mit Hacke und Rechen. Der Mathematiker vollendet seine Gedanken mit Zahlen, der Philosoph mit Worten, der Wissenschaftler mit Analysen, der Sänger mit seiner Stimme. Ob Steine, Farben, Klänge oder Pflanzen, das Ding an und für sich ist in seiner Existenz bereits vollkommen, doch die daraus entstehenden Werke, werden vom Menschen vollendet. Er vollendet damit seine Wünsche und drückt mit seinen Werken die Tiefen seiner Seele aus. Damit zeigt er sich in seiner Ursprünglichkeit und öffnet sein ganzes Wesen seinen Mitmenschen. Daher solltest Du niemals das Werk eines Künstlers verurteilen. Denn Du verurteilst ihn sonst in seiner tiefsten Persönlichkeit. Im Gegenteil, Du solltest jeden für das loben, was er kreiert. Er soll sich erkennen und wertschätzen als Schöpfer seiner Kreationen. Das jedoch, womit er seine Seele ausdrückt, ist bereits vollkommen. Die Farben werden nicht schöner durch den Maler und die Blumen nicht leuchtender durch den Gärtner. Die Steine werden nicht schöner durch den Bildhauer und die Instrumente nicht durch den Musiker. Und die Gestaltung auf die es ankommt, ist so individuell, wie es der Künstler selbst ist. Seine Werkzeuge sind perfekt und seine Werke sind solange vollkommen, wie sie als Ausdruck des gegenwärtigen Geisteszustandes angesehen und mit keinem anderen Werk verglichen werden. Der Mensch ist dazu geboren, mit vollkommenen Werkzeugen die Welt und sich selbst zu gestalten.

Die Schöpfungskraft, die Urenergie stellt alles zur Verfügung, was Du brauchst! Und es kommt nicht so sehr darauf an, was Du schaffst, sondern dass Du schaffst. Schaffen heißt schöpfen. Du schöpfst aus der Vollkommenheit, aus der auch Du entstanden bist und Du kannst nur Vollkommenes schaffen, weil Du selbst vollkommen bist. Selbst wenn die Menschen Kriege, Armut, Krankheit und Leid erschaffen, sind diese vollkommen. Lassen wir einmal die Bewertungen beiseite, können wir sehr leicht erkennen, wie vollkommen der Mensch selbst den Schmerz kreiert hat. Ja, er hat nichts ausgelassen. Er ist in seinen Schöpfungen sehr gewissenhaft vorgegangen und hat bis an jedes entfernteste und letzte Detail gedacht. Wie wunderbar! Doch vor lauter Schaffensdrang hat er vergessen, dass er sich nur mit seinen eigenen Kunstwerken identifizieren wollte. Er begann sich, unüberlegt, mit allen Werken zu identifizieren und fing an, seine Schöpfungen mit denen anderer zu vergleichen. Hiermit begann seine Unglücklichkeit. Er fragte sich, was schöner sei und bestätigte somit, dass seine Werke nicht vollkommen sind und nun versucht er immer besser zu sein als andere. Dieses Streben nach dem ‚Besser-werden' öffnete jedoch Tore, die tiefer in die Finsternis führen als die tiefsten Schlünde der Hölle. An einem gewissen Punkt angelangt, begann der Mensch nämlich, nicht mehr mit den Werkzeugen zu arbeiten, sondern er fing an sie zu verändern. Zuerst schienen die Änderungen Verbesserungen zu sein, doch mehr und mehr wurden alle Farben fade, alle Steine gleich und alle Musik synthetisch. Die Pflanzen verloren ihren Duft und die Gärten waren plötzlich nur noch ein Abbild ihres Ursprungs. Die Welt begann zu verblassen. Und bevor sie öde und leer wurde, bäumten sich alle Künstler mit letzten Kräften auf und überschwemmten die Welt mit unendlich vielen ‚Kunstwerken'. Es herrschte Überfluss in allen Bereichen auf der einen Seite und Armut in allen Dingen auf der anderen Seite. Und irgendwann entschlossen sie sich alles zu zerstören, damit sie noch einmal neu anfangen konnten.

Und dann – als dann alles neu begann – vereinbarten sie, dass jeder nur soviel kreiere, wie er auch genießen könne und, da sie erkannten wie vollkommen die zur Verfügung stehenden Werkzeuge waren, beschlossen sie außerdem, dass sie diese für alle Zeit in ihrer Vollkommenheit bestehen lassen und wertschätzen wollen. Und so begann eine neue Zeit auf Erden, die ich noch gut in Erinnerung habe als: Das goldene Zeitalter! Jegliche Übereinstimmung mit unserer Welt und der gegenwärtigen Zeit ist natürlich rein zufällig…!

Gott und Götzen

Jede Vorstellung von Gott ist ein Götzenbild.

Sobald Vermittler und Stellvertreter Gottes angebetet werden, werden sie zu Götzenbildern. Das Beten zu einem Meister oder dessen Bild, einerlei ob Papst, Guru oder Heiligenbild hinterlässt stets das Bewusstsein, dass Du selbst nicht gut genug bist. Du musst sie alle hinter Dir lassen, wenn Du Gott selbst begegnen willst. Du brauchst keinen Vermittler und niemanden der Dich bei Gott empfiehlt. Gott kennt Dich bereits! Du kannst Dich direkt an IHN wenden. Du brauchst keine Engel oder andere Geistwesen um Dich zu scharen, damit es Dir gut geht und auch nicht aus Furcht davor, dass Du von Gott abfallen könntest. Viele spirituelle Lehrer behaupten, Du seiest von Gott abgefallen. Das entspricht jedoch nicht der Wahrheit. Du bist bloß eingeschlafen! Und den einzigen Engel, Helfer oder Heiligen, den Du wirklich brauchst, ist ein Wecker, der laut genug klingelt, so dass Du aufwachst. Kein wirklicher Lehrer oder spiritueller Meister legt

Wert darauf, dass Du ihn liebst oder gar anbetest. Er ist nicht darauf aus, möglichst viele Jünger um sich zu scharen, sondern darauf, sein reinstes Sein zu leben. Dass Du davon lernen kannst, ist zweifelsfrei, doch er tut es nicht um Dich zu beeindrucken, sondern weil er nur so glücklich sein kann. Und nur, wenn er wirklich im höchsten Bewusstsein lebt, tut er es für Dich, ansonsten gäbe es keine zwingenden Gründe für ihn, sich zu inkarnieren. Außerdem wirkt er sowieso mehrheitlich in anderen Dimensionen. Für ihn ist diese Realität nur eine von vielen. Deshalb rate ich Dir, Dich nicht von einem Vermittler abhängig zu machen, denn eines Tages wird er verschwunden sein und Du bleibst zurück. Wenn Du Dich jedoch zu lange nur auf ihn verlassen hast, fühlst Du Dich wirklich verlassen und bemerkst plötzlich, wie schwer ein Leben ohne Deinen Meister, Lehrer, Guru, Priester oder Medium ist. Das Anbeten eines Götzen verhindert oft, dass Du in ganz praktischen Dingen Fortschritte machst. Du vertraust ja vollkommen auf ihn, anstatt auf Dich selbst. Dein Selbstvertrauen ist demnach also nicht gewachsen, sondern eher geschrumpft durch die Projektion alles Guten auf Deine(n) gottgesandte(n) Lehrer oder Lehrerin.

Ich rate Dir: Vertraue auf Gott in Dir und vertraue auf Dich selbst. Denn letztendlich bist auch Du ein Vermittler. Ein Wesen, das Geist in die Materie bringt um sie zu erlösen, sofern sie erlöst werden möchte. Viele schreien nach Erlösung, nur weil sie mit dieser Welt nicht zurecht kommen und sie glauben, danach nicht mehr inkarnieren zu müssen. Aus Widerstand kommt man jedoch nicht von der Erde weg. Im Gegenteil, sie werden die Ersten sein, welche wieder da sind. Aber nicht nur Menschen können als Götzen dienen, auch Statuen von Gottheiten, Symbole und Amulette werden mit Kraft und Macht ausgestattet von Menschen, die einfach noch nicht bereit sind, alle Macht und Kraft in sich selbst aufzunehmen. Warum? Weil sie Angst vor der Verantwortung haben. Sie fürchten sich vor sich selbst, weil sie glauben dass sie diese Macht missbrauchen könnten. Und vielleicht ist es auch besser so. Dennoch, das ändert nicht die Tatsache, dass alles in Dir ist. Und wer die Macht verantwortungslos missbrauchen würde, der missbraucht auch die Kraft der von ihm erschaffenen Amulette. Wer sich Götzen schafft und Götter braucht, missbraucht sich selbst und beschneidet seine Macht, die ihm letztlich ja von Gott selbst verliehen wurde. Gott zu lieben bedeutet auch, seine Geschenke anzunehmen, verantwortungs- und respektvoll mit ihnen umzugehen und Dir freudig bewusst zu sein, dass Du selbst ein Teil Gottes bist. Götzen, Amulette und Gottesvertreter ziehen Deine Aufmerksamkeit nach außen. Doch das, was Du suchst ist innen! Ich sage nicht, dass Du Deine Lehrer nicht lieben sollst, im Gegenteil, aber mach Dich nicht von ihnen abhängig! Wähle den Weg, den Du gehen willst, mit Bedacht, denn das Leben hier auf der Erde ist schnell vorbei und Du merkst kaum, wie die Zeit verfliegt wenn Du so sehr nach außen hin orientiert und beschäftigt bist. Dann erst zu bemerken, dass Du Dein Leben mit Götzendienst vertan hast, ist bitter.

Abhängigkeit

Jeder Mensch fügt sich in irgendein Glaubenssystem ein. Egal ob spirituell, wissenschaftlich oder materiell, dadurch begibt er sich in grundlegende Abhängigkeiten.

Du willst nicht ausgelacht werden – das macht Dich abhängig. Du willst brillieren und hast stets Deinen eigenen Vorteil im Auge – das macht Dich abhängig. Du möchtest Deinen Ängsten ausweichen und Deine Wünsche erfüllen – das macht Dich abhängig. Du versuchst zu gefallen, den Menschen und auch Gott und das macht Dich abhängig. Du hast Vorstellungen von Dir und davon, wie das Leben ist oder sein sollte, das macht Dich abhängig. Jeder Mensch fügt sich in irgendein Glaubenssystem, egal ob spirituell, wissenschaftlich oder materiell. Dadurch begibt er sich in grundlegende Abhängigkeiten. Um unabhängig zu sein, benötigt der Mensch zu allererst einmal einen klaren

Blick für das Wesentliche. Diesen erlangt er dadurch, dass er seinen Blick von den anderen und ihren möglichen Reaktionen abwendet und hin auf die eigene Person wendet. Er muss lernen die Dinge nicht mehr zu tun, um in der Welt eine bestimmte Resonanz auszulösen, sondern um der Dinge selbst willen. Seine Handlungen werden dann einem übergeordneten Ziel folgen und nicht bloß dem Eigenvorteil dienen. Denn, hat er erst einmal Höheres im Sinne, ergeben sich die anderen Dinge von selbst. Reichtum, Gesundheit, Macht und Spiritualität erscheinen dann in Folge dessen ganz von selbst.

Du willst ernstgenommen werden – das macht Dich abhängig. Du möchtest anderen dienen – das macht Dich abhängig. Du willst vielleicht sogar niemandem dienen, nur Dir selbst und auch das macht Dich abhängig. Die einzige Möglichkeit unabhängig zu sein, besteht darin, dass Du einfach bist, was Du bist. Es ist gleichfalls die beste Variante, um ernstgenommen, nicht belächelt, glücklich und unabhängig zu werden. Zu glauben etwas schon zu wissen, schmälert Deinen Erfahrungsbereich auf einen Bruchteil des Möglichen. Es bewirkt, dass Du für alles andere verschlossen bist. Theoretisch bist Du offen, aber die entsprechenden Erfahrungen bleiben Dir vorenthalten. Offenheit ist kein theoretisches Gebilde, sondern die Fähigkeit auch gegensätzliche Erfahrungen zuzulassen. Wenn Du bereit bist auch etwas zu erfahren, was Du keinesfalls erfahren möchtest, dann bist Du offen, dann bist Du unabhängig, dann bist Du frei. Erfahrungen lassen sich nicht theoretisch erleben! Du wirst feststellen, dass Dich genau das weiter, offener, toleranter und viel verständnisvoller gegenüber Deinen Mitmenschen macht. Du wirst sanfter über andere urteilen und sie mit ganz anderen Augen sehen als zuvor. Dein Wesen, Deine Art zu Sein, wird weicher und großzügiger und Du wirst auch Dir selbst gegenüber großherziger und weitsichtiger werden. Dein Leben wird sich in jeglicher Hinsicht entspannen und die Spannweite möglicher Erfahrungen wird sich für ins Unendliche ausweiten. Jetzt bist Du bereit zu fliegen! Jetzt beginnt jenes Leben, von dem Du bis anhin nur geträumt hast! Jetzt bist Du groß, weit und frei!

Meditation

Die beste Meditation ist:
bewusst zu atmen, ‚Pranayama'.

Bewusstes Atmen gilt als die beste Meditation aller Zeiten. Ist doch der Atem Inbegriff des Lebens schlechthin. Was jedoch oft übersehen wird ist, dass jedem Atemzug, sowohl beim Ein- wie auch beim Ausatmen, eine kleine Pause folgt. Und genau in dieser winzig kleinen Pause, auch ‚göttliche Pause' genannt, kann sich Dir das gesamte Universum entfalten. Du brauchst deswegen jedoch nicht den Atem anzuhalten oder andere Atemdisziplinen durchzuführen. Setze Dich einfach hin, nimm Dir eine Stunde Zeit und verfahre wie folgt:

Atme ganz normal in Deinem gewohnten Rhythmus. Richte Deine Aufmerksamkeit auf den Atemstrom und versuche zu fühlen, wie die Luft bei jedem Atemzug die Innenseite Deiner Nasenflügel liebkost. Werde Dir ebenfalls bewusst, dass vor und nach jedem Atemzug eine kleine, nicht erzwungene, automatische Pause entsteht. Wenn Du möchtest, begleite die ein- und ausströmende Luft mit Deinem Bewusstsein. Mehr brauchst Du nicht zu tun. Es ist ganz einfach. Mit der Zeit wirst Du bemerken, dass die Pausen immer länger werden. Nach ein paar Tagen wirst Du erleben, dass sich Dir, während diesen Pausen, zeitlose Zustände, Welten und Dimensionen eröffnen. Du wirst in ein Gefühl von Zeitlosigkeit eintauchen und Dich bald wundern, dass Du ohne den Atem anzuhalten, so lange ‚Atemlos' warst. Es gibt Yogis, die auf diese Weise, stundenlang nicht atmen und keinerlei gesundheitliche Schäden davon tragen. Ich will es noch einmal betonen, halte den Atem nicht bewusst an. Die Erfahrungen und Erleuchtungszustände, von denen ich spreche, sind durch Erzwingen nicht erreichbar. Im Gegenteil, Du würdest Dir ernsthafte Schäden zuziehen. Lass alles, was Du tust, so natürlich wie möglich ablaufen. Sei einfach nur bewusst. Ganz natürlich und auf ungefährliche Art und Weise wird so die ‚Kundalini' erweckt. Sie arbeitet sich dann langsam hoch, von einem Chakra zum anderen. Alle Zellen werden mit neuen Pranaströmen versorgt und belebt. Selbst kranke und todkranke Zellen erhalten so neue Lebenskraft und können genesen. Alles in Dir wird lichtvoller, harmonischer und gesünder. Die spirituelle Ekstase wird von Chakra zu Chakra stärker. Das höchste erreichbare Ziel ist die Erleuchtung, Samadhi. Dann sitzt der Übende da und wirkt für Umstehende wie tot. Aber er lebt und ist voll bewusst. Bewusster als je zuvor schwebt er im Gewahrsein! Du, wir alle – sind immer schon erleuchtet. Aber Bewusstwerdung dessen, kann so aussehen.

Es kann sein, dass Du schon zu Beginn mit vielen Wahrnehmungen konfrontiert bist. Einerlei was es auch sein mag, halte Dich nicht an ihnen fest! Lass sie alle einfach an Deinem geistigen Auge vorbeiziehen. Schenke ihnen keine allzu große Aufmerksamkeit. Nimm sie wahr und lass sie einfach weiterziehen. Die schönsten und wunderbarsten – wie auch die schrecklichsten. Wenn Du Dich an jeder Innenschau aufhalten würdest, kämst Du nie zum Ziel. Mit dieser Meditation wirst Du alle Stadien Deiner Entwicklung durchlaufen, von zuunterst bis zuoberst. Übe Dich daher im emotionslosen Betrachten und erinnere Dich, dass ich gesagt habe, dass dies eine Meditation ist in der Du NICHTS zu tun hast, außer zu beobachten! Die Sitzhaltung ist für diese Übung von Vorteil, aber nicht Bedingung. Der Atem verbindet Dich in vollkommener Weise: Körper – Seele – Geist. Das indische Wort ‚Atman' bedeutet auch Seele. Und die Seele ist die Verbindung zwischen Körper und Geist. Interessant ist auch die Schilderung, dass dem Menschen das Leben ‚eingehaucht' wurde. Ja, Gott selbst wird als der ‚Atem des Lebens' bezeichnet. Und stets macht die Begegnung mit Gott atemlos. Die göttliche Pause also. Höre auf zu atmen und Du stirbst, beginne zu atmen und Du lebst. Doch dazwischen liegt, wie schon gesagt, eine wahrhaft göttliche Erfahrung. Mit keiner anderen Methode ist sie leichter zu erfahren und gefahrloser zu erlangen, als mit dieser unerzwungenen Pranayama-Übung.

Die Sprache Gottes

Gott spricht ununterbrochen mit uns. Seine Sprache ist die Schöpfung.

Wie oft bitten die Menschen Gott, zu ihnen zu sprechen. Wie viele tausend Fragen und Gebete richten sie zum Himmel. Alle warten auf die donnernde Stimme Gottes und überhören dabei seine deutliche Sprache. Gott spricht zu uns durch seine Schöpfung! Das Leben selbst ist seine Sprache. Alle hören sie, doch nur die wenigsten nehmen sie als das und verstehen sie auch. Gott spricht durch die Blumen zu uns, durch die Bäume, die Tiere und unsere Mitmenschen. Seine Botschaften erreichen uns durch unsere Lebenssituationen und das gesamte Weltgeschehen. Einfach durch alles was ist, und auch durch alles, was nicht ist. Und er spricht so, dass ein jeder selbst seine Worte interpretieren kann. Seine Sprache ist so vielfältig und kommuniziert von Herz zu Herz, dass jedes Lebewesen immer genau das zu hören bekommt, was es gerade am dringendsten benötigt. Es ist die universelle Sprache aller Wesen und je weniger weit man sucht, desto besser versteht man sie. Der größte Irrtum jedoch ist, sich die Botschaften Gottes durch andere übersetzen zu lassen. Selbstverständlich sind jene Interpretationen oft sehr treffend, tiefgründig und wunderschön, aber sie sind nicht von Dir. Es ist wie mit einem Horoskop. Du kannst Dich mit einer Allgemein-Deutung zufrieden geben oder selber versuchen zu verstehen, wie das Ganze auf Dich im Speziellen zutrifft. Dies liefert Dir dann einige wertvolle Hinweise, die möglicherweise nur die Gegenwart betreffen, daher aber immer umso aktueller sind. Denn was die Zukunft anbelangt, sie kann sich mit jedem Tag verändern, falls Du Dich veränderst. So lernst Du also nicht nur Dir selbst zu vertrauen, sondern auch immer mehr in der Gegenwart zu Sein. Und wenn Du immer ganz gegenwärtig Bist, brauchst Du über den Sinn gewisser Dinge gar nicht mehr zu forschen, weil er ganz offen vor Dir ausgebreitet liegt. Es ist dann einfach alles klar. Gott macht keine Geheimnisse! Gott legt Dir alle Wahrheiten zu Füßen. Doch beginnst Du, sie in Vergangenheit oder Zukunft zu deuten, kann die gegenwärtige Offenbarung sehr schnell zu einem Mysterium werden. Dann brauchst Du wirklich einen begabten Mystiker um die Zeichen zu deuten. Ich bin jedoch der Meinung, dass Du selbst der größte Mystiker, die größte Mystikerin bist. Solltest Du jedoch das Bedürfnis haben, die Geschicke der Welt deuten zu wollen, dann benötigst Du allenfalls noch etwas Unterstützung um Dein Bewusstsein in jene Dimension ausweiten zu können, in der Dir auch alle welt- oder Universen umspannenden Mysterien offen liegen. Ja, das Leben ist ein offenes Buch für alle, welche die einfache Sprache Gottes noch verstehen. Kompliziert wird sie erst durch den Verstand gemacht. Durch das verstandesmäßige Denken verkommt sie zu einer unverständlichen Fremdsprache. Und Fremdsprachen lernt man am besten während eines längeren Aufenthaltes im entsprechenden Sprachgebiet. Und genau so lernst Du die göttliche Sprache am besten, wenn Du Dich über längere Zeit in Gott befindest. In dieser Zeit solltest Du jedoch keine Fragen stellen und nach keinen Antworten suchen, noch etwas erklären wollen, sondern einfach nur Sein. Sein und erleben, ohne die Erlebnisse und Erfahrungen in Worte oder Gedanken zu kleiden. Hier eine kleine, aber wirkungsvolle Übung:

Betrachte Dich eine Stunde lang in einem Spiegel. Schau einfach hin, ohne etwas zu wollen. Zwinkere dabei nicht oder so wenig wie möglich mit Deinen Augen und stehe oder sitze regungslos da. Schau einfach Dein Spiegelbild an und ‚glotze' ein wenig. Wenn Du dies tust, wirst Du am Ende mehr über Dich, Deine vergangenen Leben und Deine geistigen Begleiter erfahren als mit den meisten anderen Übungen. Du wirst erleben, dass sich – je länger Du hinschaust, desto mehr – sich das Buch Deiner Leben und der Struktur Deiner Psyche öffnet. Es ist absolut einen Versuch wert! Jawohl, ich behaupte, dass Gott nämlich auch durch Dich spricht. Du gehörst ebenfalls zur Sprache Gottes und sie ist um nichts mehr ein Mysterium, als Du selbst eines bist. Deshalb, erkenne Dich selbst und somit Gott. Wer sich selbst aber nicht kennt und nicht erforscht, hat keine Chance, jemals Gottes Sprache zu verstehen. Der Weg zu allem führt immer über Dich!

Scheinpersönlichkeiten

Scheinpersönlichkeiten sind Identitäten, die Du Dir zugelegt hast, um dem Leben, so wie es ist, auszuweichen.

Identitäten sind Ausweichpersönlichkeiten, welche die Menschen sich zulegen, um nicht verletzbar zu sein. In Wahrheit führen sie jedoch dazu, dass man aus ihnen heraus ständig auf eine Art und Weise reagiert, durch die man sich selbst oder andere verletzt. Identitäten sind meist nicht sehr hilfreich, sondern hinderlich. Sie bewirken, dass das Leben nicht in seiner Ursprünglichkeit an uns herantreten kann. Und vor allem bist Du nicht Deine Identität und erlebst durch den Glauben, so zu sein, das Leben wie durch einen sehr getrübten Filter hindurch. Genau genommen kann man nicht einmal mehr sagen, dass Du das Leben erfährst. Was Du erlebst ist in erster Linie die gerade vorherrschende Identität, die vom gerade Erlebten in Resonanz gebracht wird. Identitäten sind, wie zuvor schon einmal besprochen, all jene Persönlichkeiten, mit denen Du folgenden Satz vervollständigen könntest: Ich bin…

In machen Situationen fühlst Du Dich betroffen und denkst: ‚…das lasse ich mir nicht gefallen.', oder: ‚…das ist ungerecht.', oder: ‚…das hat nichts mit mir zu tun.'. So reagieren zugelegte Identitäten. Nicht Du reagierst so, sondern irgendeine Deiner Identitäten. Die Identität ‚Ich bin der Größte' zum Beispiel, reagiert vornehmlich sehr empfindlich auf Kritik. Jene ‚Ich bin ein Versager' reagiert eher auf erfolgreiche Menschen oder andere Versager. Neid ist oft ein Resultat davon. Die Identität

‚Ich bin hässlich' hat ein enormes Konsumverhalten in Sachen Kosmetik, Mode, Beauty und Fitness ausgelöst und andere wiederum lösen sogar Kriege aus. Die Scheinpersönlichkeit eines ‚Gläubigen' verursacht Inquisition und Völkermord bis in die heutige Zeit. Identitäten sollte man also nicht unterschätzen! Die gute Frage lautet: ‚Welche Identitäten könnte sich jemand zugelegt haben, der das erlebt, was Du erlebst?' Nimm alle Antworten, die Dir dazu einfallen und erkenne, dass diese mehr oder minder jenen Scheinpersönlichkeiten entsprechen, die Du Dir selbst zugelegt hast. Frage Dich anschließend, welche Erfahrung Du damit verhindern wolltest und dann schau, ob es Dir bisher gelang. In den meisten Fällen wirst Du genau das oder Schlimmeres erfahren haben. Oder aber Du hast dadurch gewisse Dinge nicht so schlimm erlebt wie befürchtet, aber gewisse andere Dinge, die Du wolltest, gar nicht erleben können. Du benutzt diese Identitäten, um Dir einen gewissen Freiraum zu schaffen. Ja, Du möchtest unangetastet bleiben weil Du, oder besser gesagt eine Deiner Identitäten, Angst um ihre Existenzberechtigung hat. Es ist die Angst vor Veränderung, welche sich auch hier wieder zeigt. Aber nur, weil Veränderung als ‚Ich bin nicht richtig, so wie ich bin' aufgefasst wird. Doch dieses Gefühl ‚nicht-richtig-zu-sein', so, wie Du bist, ist gleichsam eine Identität. Durchschaue sie! Nicht Du bist stur, nur Deine Identitäten. Und sie sind es auch, die Ängste haben, nicht vergeben können und stolz sind. Doch all das bist nicht wirklich Du. Es wird Dir gut tun, dies zu erkennen. Dann wirst Du Dich nicht mehr aus irgendeiner Identität heraus wehren, Dich zu verändern. Im Gegenteil, dann wirst Du plötzlich Freude empfinden, jedes Mal wenn Veränderung ansteht. Denn jede Veränderung bedeutet, dass Du lebst! Es sind die besten Herausforderungen, die das Leben Dir stellt. Wenn Du sie meistern kannst, das heißt ‚nicht-verhindern' kannst, dann gehst Du mit dem Fluss des Lebens. Dann kann dies für Dich ein deutliches Zeichen Deiner Lebendigkeit sein. Oder eben, Du kannst Dich weiterhin dagegen wehren und in Deinen Identitäten stecken bleiben. Dann bist Du tot. Dann wirst Du weiterhin nicht den Fußstapfen Deiner

Seele folgen, sondern jenen Deiner Scheinpersönlichkeiten. Und diese führen Dich nicht zum Ziel Deiner Seele, sondern zu irgendwelchen Scheinzielen, welche Dich niemals befriedigen werden. Du wirst ein rastloser Sucher bleiben und die Weisheit dessen, was Du bist, wird Dir unerreichbar fern bleiben.

Du wirst so nicht in der Lage sein, Dich selbst zu finden, sondern bloß das, was Du momentan glaubst zu sein oder sein zu müssen. Mit anderen Worten, findest Du sehr wahrscheinlich das, was Du nicht bist. Du wirst in irgendeinem Stadium Deines Bewusstseins stecken bleiben und es nicht vermögen, bis zum Gewahrsein vorzudringen. Hier entscheidet sich also, ob Du zum ewigen Sucher berufen bist oder zum Finder der Essenz allen Seins wirst. Identitäten schaffen es nicht zum Gewahrsein vorzustoßen. Sie sind Scheinpersönlichkeiten und können dementsprechend auch immer nur Scheinziele erreichen. Wenn Scheinpersönlichkeiten das scheinbare Gewahrsein erreicht zu haben scheinen, ergießen sie sich in unglaublich wortreichen, wissenschaftlichen Beschreibungen dessen, was sie erfahren haben. Es klingt unglaublich klug und mutet äußerst interessant an, doch es ist die Beschreibung einer Vorstellung davon, was Gewahrsein ist, es ist nicht das Gewahrsein selbst. Das Gewahrsein zu erleben, ist keine intellektuelle Angelegenheit! Es ist eine Erfahrung, ein Erlebnis, welches in identitätslosem Zustand erfahren wird. Da gibt es nichts zu sagen darüber. Alle meine Hinweise zielen letztendlich darauf, Dir einen solchen Zustand zu ermöglichen, sie sind nicht der Zustand selbst, sondern eine Möglichkeit für Dich, in ihn einzutauchen. Solange Du eine Identität hast, willst Du etwas erreichen, bleiben Wunsch und Widerstand bestehen. Der Wunsch nach Erleuchtung kann Wegbereiter für diese sein, das stimmt schon, aber im entscheidenden Moment muss auch dieser weichen. Es ist so, als würdest Du Dein Ich verlieren und als ob alle Definitionen verschwinden würden. Du glaubst, Dich selbst aufzulösen und es gibt Dich in diesem Moment tatsächlich nicht mehr, zumindest nicht mehr in einem definierten Zustand mit definierten Grenzen. Obwohl es Dich nicht mehr gibt, gibt es Dich dennoch und obwohl Du in diesem Zustand kein förmliches Wesen mehr bist, fühlst Du so intensiv wie nie zuvor die Allgegenwart jedes Schöpfungsteiles. Es gab Dich noch nie so essentiell wie in diesem Zustand der Erleuchtung und meist bemerkst Du erst, was geschehen ist, nachdem es wieder vorbei ist. Je öfter Dir solche Zustände möglich sind, desto eher durchdringen sie auch Dein Identitäten-Bewusstsein. Es sind zuerst vielleicht nur Augenblicke, in denen es Dir vergönnt ist, diesen Zustand zu erleben, aber mehr und mehr dehnen sich diese Augenblicke bis zu einem konstanten, andauernden Lebens- und Daseinsgefühl aus.

Karma

Karma ist die natürliche Folge einer jeden Handlung, eines jeden Gedankens und eines jeden Gefühls. Es ist an sich weder gut noch schlecht. Karma heißt nicht Schuld, sondern Verantwortung.

Offenbar geistert überall der Glaube herum, dass Karma ausschließlich etwas Belastendes sei. Dies zeigt lediglich die vorhandene Unkenntnis der Materie. Die meisten Menschen haben sich schon so sehr an das alteingesessene Muster von Schuld und Sühne gewöhnt, dass sie auch das Karmagesetz in diese Richtung missdeuten. Es scheint offenbar auch ein tiefes, menschliches Bedürfnis zu sein, sich selbst zu bestrafen. Diesem Drang ist auch die Nützlichkeit und Schönheit des Karma zum Opfer gefallen. Auch gute Handlungen, Gedanken und Gefühle schaffen Karma, Reaktionen. Willst Du altes, ungutes Karma loswerden, tue Gutes! Gutes zu tun, im Dienst des anderen zu sein, baut nicht nur gutes Karma auf, sondern auch schlechtes ab. Es ist die einfachste Möglichkeit Dein Leben zu klären und zu bereinigen. Karma heißt nicht Schuld, sondern Verantwortung.

Die Unnachgiebigkeit Gottes

Wer liebt braucht nicht zu verzeihen.

Es wird Dich vielleicht verwundern, wenn ich sage, dass Gott unnachgiebig ist. Doch wenn man die Dinge einmal genau betrachtet, dann muss man sich fragen: Warum sollte Er nachgiebig sein? Mehr noch, ich behaupte sogar, dass Gott nichts verzeiht! Was, Du glaubst mir nicht? Dann lass Dir erklären: Wenn das, was Du Gott nennst, die bedingungslose Liebe und die ewige Größe unbeschränkten Gewahrseins ist, dann ist es nicht möglich irgendwelche Grenzen zu übertreten. Wie willst Du denn die Grenzen eines grenzenlosen Gottes überschreiten? Ist Deine Vorstellung von Gott jedoch mit Grenzen bestückt, kannst Du sie natürlich schon überschreiten, aber Du solltest wissen, dass Du dabei bloß über Deine Grenzen gehst. Denn nur wer Grenzen schafft, kann über Grenzen gehen. Gott muss Dir deswegen nichts nachgeben, weil er Dir schon von Anbeginn alles gab, was er hat. Dein Geist beinhaltet alles. Jeder Mensch ist tief in seinem Innersten Gottgleich. Und Gott braucht den Menschen deswegen nichts zu verzeihen, weil er sie alle, uneingeschränkt und bedingungslos, liebt. Ich weiß, dass dies nahezu allen gängigen religiösen und auch esoterischen Regeln widerspricht, dennoch, es ist die wahrscheinlich vernünftigste Ansicht, die man in Bezug auf einen allmächtigen, allumfassenden Gott haben kann.

Das Wort ‚vernünftig' sollte man hier aber nicht missverstehen, denn wahre Vernunft ist nicht eine Sache des Verstandes, sondern der Weisheit. Und Weisheit erwacht aus Erleuchtung. Wenn der Durchschnittsmensch also von Vernunft spricht, meint er eine verstandesmäßige Anpassung an die Gegebenheiten. Wenn ein Meister davon spricht, dann beinhaltet Vernunft Allwissenheit. In seinem Sinne ist eine vernünftige Entscheidung eine solche, die alle Aspekte der Möglichkeiten in sich bereits abgewogen hat und deren Folgen für alle Beteiligten optimal sein werden. Diese höhere Vernunft richtet sich nicht nach der menschlichen Logik, sondern nach dem göttlichen Logos. Und dieser lässt aus irdischer Warte gesehen oft scheinbar unlogische Entscheidungen zu, welche sich jedoch langfristig immer als die beste Lösung herausstellen.

Wenn sich die Menschen in Verzeihen und Nachgiebigkeit 'üben', so sagen sie damit auch, dass ihre Liebe noch nicht ausreicht, um alles und jeden zu lieben. Ihr Herz ist noch klein und begrenzt, deshalb haben sie nicht das Verständnis für alles und jeden. Sie sollten sich besser im Lieben üben als im Vergeben und Nachgeben, denn wer wahrhaftig liebt, der trägt niemandem etwas nach und macht keine Vorwürfe, ja mehr noch, er ist auch unverletzlich und braucht somit nichts zu vergeben. Wenn so ein Mensch dennoch vergibt, dann nur zu dem Zweck, dass sich der andere selbst vergibt. Denn die Belastung, unter der dieser gelitten hat, ist, dass er etwas getan hat, was er eigentlich selbst nicht versteht und sich daher selbst nicht verzeihen kann. Wenn Du vergeben musst, dann fehlt Dir Liebe, wenn Du nachgiebig sein musst, dann fehlt Dir Liebe und wenn Du leidest, dann fehlt es Dir tatsächlich ebenfalls an jener Liebe, die so grenzenlos und verständnisvoll ist, dass nichts möglich ist, dass Dich verletzen könnte. Wer dies versteht, dessen Leben wird stets erfüllt sein von tiefem Frieden, grenzenloser Freude und unbegrenztem Mitgefühl für alles und jeden. Du lebst dann im Zustand von Nirwana. Du wirst dann in Deiner Liebe und Güte so groß sein, dass Du Gottgleich und geduldig allen Wesen zum Wohle gereichst, dass Du, ohne es zu wollen, nicht mehr Deinen Eigenvorteil in allem siehst, sondern Dich wahrhaftig Deinem Nächsten hingeben kannst, ohne dass Du auch nur eine Sekunde das Gefühl hast, zu kurz zu kommen oder Dich selbst verleugnen zu müssen. Denn nur wer sich selbst verleugnet, verleugnet Gott und andere. Sie tun es bestimmt nicht bewusst, aber man erkennt es daran, dass sie allen und allem ihre Grenzen auferlegen. Und aus dieser Selbstverleugnung heraus entstanden und entstehen alle diese unzähligen Konfessionen, Sekten und Gemeinschaften, die letztendlich bedeutend mehr Regeln und Grenzen beinhalten als Liebe. Nicht wer am besten vergeben kann, hat die meiste Liebe, sondernderjenige, welcher nichts zu vergeben findet, weil er für alles und jeden voller Verständnis ist.

Bruno

Ich bin nicht der, der spricht, sondern jener, welcher das Werkzeug – Bruno – inspiriert.

Wenn Du etwas über mich wissen möchtest, so stellt sich die Frage, ob Du etwas über meinen Lebenslauf oder über mein Wesen wissen willst? Über Bruno gibt es einen Lebenslauf, der wie jeder andere auch, von Freud und Leid gezeichnet ist. Er hat sich gefreut und gelitten. Und, er hat Bücher geschrieben. Bruno wurde am 24. Dezember 2012 52 Jahre alt und ist sowohl Begründer der Spirituellen Schule Schweiz, wie auch der spirituellen Friedensbewegung „New-Peace“, dem Kinderhilfswerk „Free Spirit Compassion“ und dem internationalen Netzwerk für Bewusstseinsforschung Free Spirit®. Bruno ist medial begabt und lebt in ständiger Verbundenheit mit dem Universum. Dennoch bestand sein Leben aus einer Ego-Reise, welche ihm immer wieder deutlich vor Augen hielt, wie begrenzt ein menschliches Ich sein kann. Mein Wesen musste sehr geduldig sein, bis Brunos Ängste soweit gelockert waren, und er sich traute, mehr und mehr sich selbst zu sein.

Mein inneres Wesen ist noch nicht der höchste Aspekt dessen, was Bruno wirklich ist. Und ob es darüber dann noch zu schreiben gibt, wage ich zu bezweifeln. Mein Wesen ist nicht getrennt und erkennt sich als eins mit Gott und mit Dir. Er ist nicht mit dem körperlichen Menschsein identifiziert und lebt als beinahe grenzenloses Wesen in einer Dimension, die nicht an irdische Grenzen, Vorstellungen und Ideen gebunden ist. Er ist frei. Aus diesem höheren Bewusstsein fällt es schwer, Beschreibungen zu geben und irdische Ratschläge zu erteilen.

Dennoch könnte dieses unbegrenzte Sein sich in eine irdische Realität begeben. Das wäre dann etwa so, wie wenn man einen Delphin, der die Weiten der endlosen Weltmeere gewohnt ist, in eine Badewanne sperren würde. Wie soll er den Fischen, die weder Fauna noch Flora kennen, die Welt erklären? Wie sollten sie sich das Licht vorstellen und all die anderen Lebewesen des Meeres? Welcher Fisch könnte die Wahrheit wirklich erfassen? Und welcher würde wohl den Mut aufbringen, die Wanne zu verlassen, sind sie doch so sehr davon überzeugt, dass dies ihren sicheren Tod bedeuten würde? Wer von Euch glaubt mir denn wirklich, dass sein ganzes Leben auf eigener, freiwilliger Planung beruht? Und, dass er alles in jedem Augenblick seines Lebens ändern könnte? Und wer von Euch – die mir theoretisch glauben – ist mutig genug, es zu tun? Also nimm es mir bitte nicht übel, wenn ich gewisse Dinge für mich behalte. Sie wären Dir noch völlig unverständlich. Bruno hat übrigens mal den Kochberuf erlernt. Mein Wesen aber ist von ‚Beruf' ein Lichtwesen oder besser gesagt, ein ‚Energiewesen', welches die unerschöpflichen Weiten aller möglichen Existenzen erforscht. Er lernt die Probleme der Menschen zu durchschauen, bzw. zu erkennen und findet es sehr schwierig, 'Probleme' zu sehen. Er nimmt alles viel zu leicht und bewundert die menschliche Fähigkeit, Probleme zu erschaffen sehr. Aus menschlicher Sicht betrachtet bin ich ziemlich unberechenbar. Es findet Spaß daran, von anderen als nicht einordenbar zu erscheinen und liebt es, sie glauben zu machen, dass sie ihn durchschaut hätten. Nur, um kurz danach mit seinem Verhalten klarzustellen, dass ‚Bruno' vielleicht doch anders ist: nicht so erleuchtet wie sie bisweilen glaubten oder weiser als sie es ihm zugetraut hätten. Er glaubt, dass die Menschen sich selbst am ehesten erkennen können, wenn sie überfordert sind oder mitspielen. Er empfindet oft eine Art Traurigkeit, wenn er ganz ernsten Menschen begegnet oder Kranken und Leidenden. Nicht eigentlich des Leides wegen, sondern deshalb, weil sie nicht die Möglichkeit sehen, es zu verändern. Meinem Wesen fällt es am schwersten, sich als Opfer zu fühlen. Ich, Bruno, habe damit keine Schwierigkeiten.

Mir fällt es ganz leicht ins Menschsein abzutauchen. Ich genießt es. Ach ja, Bruno war auch schon Matrose! Er liebte es, auf dem Meer zu reisen, obwohl der eigentliche Grund seiner Seemannszeit Liebesleid war. Nie hätte er selbst, einfach so, ganz von sich aus den Mut gehabt den festen Boden zu verlassen. Um wie viel schöner wäre die Zeit gewesen, wäre die Motivation einfach Abenteuerlust gewesen. Aber leben, einfach so aus purer Lebenslust? Heute würde er es vielleicht tun. Die gute Nachricht dabei ist, dass ich frei bin! Dass mich diese Welt nicht mehr bekümmert als jedes andere Spiel. Ich kann es einfach nicht 'ernst' nehmen. Für mich entbehrt es jeglicher ernster Grundlage. Und dennoch spielt sich so vieles ab, dass mir oft der Atem stockt. Momente, in denen ich fast vergesse, dass die Wahrheit ganz anders ist. Momente, in denen ich oft ganz nah am Abgrund gehe – so nah, dass es mir vor Verzweiflung fast das Herz zerreißt. Spirituelle Entwicklung macht also nicht gefühlskalt, sondern eher betroffen, aber auf eine ganz andere Art.

Vielleicht hört sich das für Dich alles ein wenig komisch an. So, als wäre ich schizophren. Eigentlich hast Du recht, irgendwie habe ich zwei Seelen in meiner Brust, aber gleichzeitig weiß ich, dass früher oder später die eine der anderen weichen muss. Dann gibt es keinen Bruno mehr. Dann spiele ich keine Spielchen mehr. Dann biete ich jedem ein ernst zu nehmendes Bild des weisen Meisters. Bis dahin lass uns keine Zeit verschwenden mit Müßiggang, Trübsinn und Lebensunlust. Lass uns freudig, mutig, stark und erfolgreich sein. Und vor allem, lass uns ehrlich spirituell sein. Du wolltest ja etwas über mich erfahren, wer ich bin zum Beispiel. Also gut, aber wer bin ich denn wirklich? Ich bin weder dies noch jenes, ich bin weder ‚ich' noch ‚nicht ich', ich bin das Nichts zwischen allem. Unfassbar, ungreifbar, unverletzlich und unantastbar. Vielleicht bin ich das, was man gemeinhin als ‚Geist' bezeichnet. Licht sozusagen, welches die Fähigkeit besitzt sich gegebenenfalls auch als Schatten zu verkleiden. Ich bin einfach alles – ganz so wie Du auch! Alles, was man über mich sagen kann, bin nicht ich – soviel ist sicher. Wir können über meine Taten sprechen und über meine Rollen, die ich verkörpere, aber das Unbeschreibliche das ‚ich bin' zu beschreiben, ist unmöglich. Dieser Versuch kann nur fehl schlagen und außerdem ist er vollkommen unnötig. Grundsätzlich genügt es zu wissen, dass ich bin und nicht wer ich bin. Und allein dieser Umstand, dass auch Du bist, macht Dich für mich so liebenswert.

Erleuchtung und Verblendung

Ein Erleuchteter leuchtet ruhig und still
aus dem Innersten seines Herzens.
Ein Verblendeter gleicht eher dem Irrlicht
eines Fanatikers, der sich ständig darum bemüht,
dass andere ihm glauben.

Erleuchtung ist von außen her oft nicht zu erkennen. Der erleuchtete Mensch praktiziert nach außen hin keine Übungen, keine Rituale und er vermeidet es tunlichst, Wunder für andere zu tun. Er spricht meist nicht unaufgefordert und antwortet meistens nur dann, wenn er gefragt wird. Oft sind seine Antworten Gegenfragen, welche dem Fragenden die Möglichkeit zur Selbsterkenntnis bieten. Ein verblendeter Mensch wirft mit spirituellen Konzepten, Vorstellungen und Ideen um sich. Er versucht, durch sein Auftreten zu beeindrucken und stellt sich selbst als allwissender Meister hin. Er hat auf alle Fragen immer mindestens eine Antwort bereit und erläutert diese so lange, bis jeder ja sagt oder zumindest keiner mehr widerspricht. Ihm geht es ums ‚Recht-Haben' und darum, dass sich Menschen um ihn scharen, die seinen Glauben übernehmen. Ohne seine Anhängerschaft ist er nicht glücklich. Das Glück eines Erleuchteten ist jedoch stets gegenwärtig. Unabhängig von Zustimmung oder Kritik. Es macht ihm nichts aus, kritisiert zu werden oder gewisse Widersprüche gelten zu lassen. Er fühlt sich niemals in seiner Persönlichkeit angegriffen, weil er sich nicht mit ihr identifiziert. Im Gegensatz zum Blender, der sich stets angegriffen und von dunklen Mächten attackiert fühlt. Da ein erwachter Mensch erkannt hat, dass die gesamte Schöpfung ein spielerisches sich Ausdrücken Gottes ist, weiß er auch, dass er selbst in seiner Ursubstanz unverändert ist. Er weiß, dass die ganze Geschichte ein ′Happy End′ nehmen wird. Er kämpft nicht, so wie der Blender um sein Überleben oder um irgend eine Wahrheit. Er bemüht sich auch nicht ständig darum, den finsteren Mächten auszuweichen, sondern ist einfach, wie er ist. Wenn das nicht genügt um unbehelligt zu bleiben, dann ist entweder Erleuchtung noch nicht geschehen oder er möchte den Menschen damit etwas vor Augen halten. Er wird seine Peiniger weder verfluchen noch bekämpfen. Das einzige was er sagen oder denken wird ist: Vergib ihnen, denn sie wissen nicht, was sie tun.

Menschen jedoch, die um ihre Seele bangen, die glauben, dass sie schlecht und sündig sind, hängen gerne einem Menschen oder einer Philosophie an, die versprechen, sie von ihren Unzulänglichkeiten befreien zu können. Ein solcher Weg ist von vielen Strapazen und vielen disziplinierten Übungen und Ritualen gezeichnet. In solchen Gruppierungen werden oft so hohe ethische Prinzipien verfolgt, dass auf der Gegenseite nicht bemerkt wird, wie unethisch man sich oft gegenüber Andersdenkenden verhält.

In der Gegenwart erleuchteter Lehrer verhalten sich die Menschen jedoch eher zurückhaltend, großzügig und tolerant. Sie lernen nämlich als erstes die Relativität von Wahrheit. Somit glauben sie niemals, im Besitz der ‚allein-selig-machenden-Wahrheit' zu sein und sind daher stets an den Erfahrungen ihrer Mitmenschen interessiert. Sie sind nicht überheblich und voller Verständnis für alle Situationen, in denen sich Menschen befinden können. Anstatt die anderen zu verurteilen, begegnen sie ihnen mit äußerster Wertschätzung. Verblendete Menschen besitzen keine wirkliche Wertschätzung für andere und auch nicht für sich selbst, denn sie liegen ständig im Kampf mit sich selbst und der feindlichen Welt. Ein erleuchtetes Wesen jedoch liebt die Welt und die Menschen über alles. Denn es weiß, dass alles was existiert, Ausdruck Gottes ist.

Erfolg

Wirklich und wahrhaft erfolgreich ist nicht der Beste, sondern der Unabhängigste.

Der wahrhaft Erfolgreiche ist in erster Linie nicht der Beste in seinem Beruf oder derjenige, der am wenigsten Sünden hat, sondern derjenige, der am unabhängigsten ist. Unabhängig und frei zu sein ist nicht nur eine Bedingung, sondern auch das Ziel von Erfolg. Wenn Du es erreicht hast, wirst Du feststellen, dass es nichts Neues ist, sondern dass Du lediglich zu dem geworden bist, was Du schon immer warst. Darin liegen Deine Göttlichkeit und Dein Glück. Alle Sucht nach Liebe und Aufmerksamkeit ist in dem Moment gestillt, in dem Du unbegrenzt und frei in der Liebe aufgehst. Die Jagd nach Geld und Glück wird hinfällig, in dem Moment, in dem Du wirklich glücklich bist. Das Glück oder der Zustand von ‚Glücklich-Sein' lässt sich nicht erreichen. Du hast jedoch, in jedem Augenblick, die Möglichkeit Dich zu entscheiden, hier und jetzt, es einfach zu sein. Welch ein Angebot der Schöpfung an jedes Geschöpf. Die Arbeit am eigenen Bewusstsein bringt jedem Vorteile: dem Firmenboss genauso wie dem Esoteriker. Es geht nicht an, dass wir in einem Zustand verharren, aus dem heraus der Esoteriker dem Materialisten vorwirft, er sollte sich endlich mit dem Kosmos verbinden oder gläubig werden und der Materialist seinerseits dem Spiritualisten vorwirft, dass dieser nicht auf dem Boden der Tatsachen stehe. Solange sie dies tun, erkennen sie nicht, dass der andere ihm etwas zu geben hat. Sie verpassen beide die Chance zu wachsen. Denn der Gegenpol hat immer genau das, was Dir noch fehlt um ganz zu werden. Stell Dir vor, welch großartige Möglichkeiten sich Dir eröffnen würden, wenn Dein Vorgesetzter, Dein Lehrer, Deine Schüler, Dein Therapeut, Dein Partner oder Du selbst voller Wertschätzung, Mitgefühl, Toleranz und Offenheit wären und wenn sie nebenbei noch über die Kenntnis und Erfahrung verfügten, wie das menschliche Bewusstsein arbeitet. Wenn sie oder Du wissen und auch erkennen könnten, wie groß eines jeden Kreativität und Einmaligkeit ist. Kannst Du Dir vorstellen, wie dann der Umgang miteinander wäre? Wie das Arbeitsklima einer Firma wäre? Und was denkst Du, welche Auswirkungen dies auf den Umsatz eines Betriebes hätte? Und kannst Du Dir weiter vorstellen, wie eine zwischenmenschliche Beziehung ausschauen würde, wenn beiderseits diese liebevollen Eigenschaften gegeben wären? Ja, wie würde es wohl aussehen?

Viele Ziele werden deshalb nicht erreicht und unzählige Erfolge nicht gefeiert, weil den Ideen keine Taten folgen. Oft sind es Gedanken wie: ‚Was denken denn bloß die anderen, wenn ich das tue?'. Ein innerlich unabhängiger Mensch legt jedoch keinen Wert auf so was. Ihn kümmert es nicht, was die anderen von ihm denken, denn er weiß, dass er, bei allem was er tut, seiner Intuition folgt und er vertraut ihr. Ein freier Mensch lässt sich nicht durch die möglichen Reaktionen seines Umfeldes beschränken. Er wird aber auch nicht rücksichtslos und egoistisch, um seine Ziele zu erreichen und er wird andere nicht in ihrer Entfaltung beschränken. Im Gegenteil, er wird sie dazu einladen am Erfolg teilzuhaben. Eigentlich müssten diesbezüglich zuerst die Manager geschult werden. Die meisten lassen sich jedoch nicht damit motivieren, dass man sagt, es würde einfach hilfreich sein für sie und ihren Betrieb. Wenn man ihnen aber vorrechnet, was ihr Verhalten und ihre emotionale Inkompetenz an Kosten verursachen, dann leuchtet ihnen ein, dass da noch ein enormes Potenzial brach liegt, dass man aktivieren könnte.

Wenn man ausrechnet, was es kostet, wenn ein Mitarbeiter seinen Vorgesetzten, rein innerlich, gekündigt hat, die Geschäfts-Vision nicht mehr teilt und unzufrieden ist, dann kommt man auf unglaubliche Beträge. Nicht nur, dass jeder Personalwechsel hohe Kosten verursacht, auch die Leistungen gehen zurück, die Qualität der ausgeführten Arbeiten sinkt, gewisse Arbeitsprozesse sind einfach stillgelegt, die Pausen werden häufiger und auch die Ausfälle wegen Krankheit nehmen zu. Ein Mitarbeiter, der aufgrund des Verhaltens seiner oder seines Vorgesetzten enttäuscht, demotiviert und unzufrieden ist, wirkt im Betrieb etwa so, wie eine faule Frucht im Früchtekorb. Bald beginnen auch andere Früchte zu faulen. Unzufriedenheit ist sehr ansteckend. Intrigen werden geschmiedet, Gerüchte verbreitet, das Klima vergiftet. Die meisten Chefs reagieren darauf beleidigt oder ärgerlich. Ihre Handlung beschränkt sich darauf, dem fehlbaren Mitarbeiter die Leviten zu lesen und ihn im schlimmsten Falle zu entlassen. Aber diese Vorgehensweise zeugt eher von Schwäche als von Kompetenz. Ein kompetenter Chef versteht es, den außen stehenden Mitarbeiter wieder zu integrieren und ihn wieder zu einem Bestandteil der Familie werden zu lassen. Auch hier gilt der Grundsatz: wie oben so unten. Kompetente Firmenleitungen haben kompetente Mitarbeiter. Anstatt das Verhalten der Mitarbeiter zu verändern, sollten sie ihr eigenes Verhalten überprüfen. Wenn eine Firma wachsen und gedeihen soll, darf sich der Vorgesetzte nicht davor fürchten Mitarbeiter einzustellen, die besser sind als er. Ansonsten kann ein Betrieb nur soweit wachsen, wie es die Größe und Fachkompetenz des Vorgesetzten zulässt. Die erste Angst eines Firmenbosses, die es zu überwinden gilt, ist die Angst um den eigenen Chefsessel. Ja, auch Manager haben Probleme. Solange jedoch die Meinung gilt, dass ein Vorgesetzter keine Probleme haben darf, werden sie verschwiegen, vertuscht und verleugnet. Viel Energie und Schaffenskraft fließt dann in eine Vermeidungsstrategie, in der alle versuchen ihr Gesicht zu wahren. Der Mut, Dinge zu klären, geht den meisten jedoch ab. Warum traut sich denn ein Mitarbeiter nicht, seinem Vorgesetzten seine Meinung zu sagen? Ganz einfach, weil sie es nicht ertragen. Deshalb wird jegliche Kritik im Keim erstickt und die entsprechenden Mitarbeiter zurechtgewiesen. Solche Mitarbeiter verlassen früher oder später den Betrieb und werden anderswo ihr Talent einsetzen und einem anderen Betrieb oder ihrem eigenen zu durchschlagenden Erfolgen verhelfen.

Weshalb trauen sich viele Mitarbeiter nicht, ihren Vorgesetzten ihr ehrliches Statement zu überbringen? Weil sie kein Vertrauen zu ihnen haben, und sich vor ihrer Reaktion fürchten. Die meisten Betriebsleitungen oder Manager regieren mit eiserner Strenge anstatt mit Fachkompetenz. Nur deshalb fühlen sich die Untergebenen wie Sklaven. Der Unterschied zwischen östlicher und westlicher Geschäftsführung liegt darin, dass im Osten jeder Betrieb als eine Art Familienbetrieb, als eine Gemeinschaft betrachtet wird. Die Mitarbeiter opfern fast alles dafür die Vision des Vorgesetzten oder der Konzernleitung zu verwirklichen. Im Westen arbeiten die meisten bloß fürs Geld und nicht für eine Vision. Gelingt es also den Vorgesetzten nicht, ihre Vision zu vermitteln, ist Misserfolg vorprogrammiert. Dafür ist es jedoch logisch, dass zuerst eine Vision vorhanden sein muss. Und wer soll die denn haben, wenn nicht die Vorgesetzten einer Firma? Hier gilt es anzusetzen. Manager, die nicht aus einer visionären Motivation im Betrieb sind, gehören entlassen. Dies würde viel weniger Kosten verursachen, als das Entlassen unzähliger Mitarbeiter. Hinter jedem Geschäft steht eine Vision. Wer diese nicht teilen kann, befindet sich am falschen Arbeitsplatz. Solltest Du übrigens selbst eine Vision haben dann sei sicher, dass sich viele Menschen finden werden, die diese Vision mit Dir teilen. Verwirkliche sie, mach Dich selbstständig wenn Du den Mut dazu hast. Und wenn Du es nicht tust, dann tut es vielleicht ein anderer. Und dieser wird damit vielleicht sehr erfolgreich sein und Du wirst ihn unter Umständen beneiden oder Dich ihm anschließen. Mache aber nicht die Welt, das Wirtschaftssystem oder die ungerechten Bosse dafür verantwortlich, dass Du nicht den Mut hattest, Deine Vision zu verwirklichen. Und solltest Du Dich jemandem anschließen, der eine ähnliche Vision am Verwirklichen ist, dann gib alles. Denn es geht bei einer Vision in erster Linie nicht darum, wer sie verwirklicht, sondern dass sie verwirklicht wird. Nicht die Person steht an erster Stelle, sondern die Sache.

Zu erkennen, ob ein Mensch frei ist, ist ganz einfach. Je freier er ist, desto mehr lässt er anderen ihre Freiheit. Je unbeschränkter ein Mensch selber ist, desto weniger versucht er andere zu beschränken oder einzuengen.

Liebe, Freiheit, Erfolg, Glücklich-Sein und Toleranz lassen sich nicht sehr eindrücklich predigen, wenn sie zuvor nicht in sich selbst verwirklicht wurden. Vielen spirituell orientierten Menschen fehlen ein gewisses Geschäftsdenken und oft auch der gesunde Menschenverstand. Und anstatt ihre Visionen zu verwirklichen, müssen sie stets ums eigene finanzielle Überleben kämpfen und verausgaben sich dabei völlig. Sie gönnen sich keinen Urlaub und mit ihrem ständigen Helfen und Belehren-Wollen überfordern sie sich gänzlich. Am Ende werden sie selber oft krank, mürrisch und unzufrieden.

Im Gegensatz dazu fehlt vielen materiell orientierten Menschen der Sinn fürs Ganzheitlich-Spirituelle. Sie verlieren sich auf ihrer Jagd nach Geld, Gold und Ruhm. Eines Tages werden sie ebenfalls ausgebrannt, mürrisch, unzufrieden und krank sein. Viele werden aber auch gar nicht krank, nicht, weil sie so gesund wären, sondern weil sie oft schon vorher sterben. Ein gesunder Geist mit etwas gesundem Menschenverstand, die Füße am Boden und den Kopf im Himmel, dazu die entsprechende Handlungsweise. 99% aller Sorgen dieser Welt wären geregelt. Wenn Du dann noch Glauben hast und die Funktionsweise des Bewusstseins kennst, und wenn Du weißt, wie man Realität kreieren kann, dann wirst Du auf der Stelle absolut glücklich und erfolgreich. Körper, Seele und Geist müssen wieder eins werden, Grobstofflichkeit, Feinstofflichkeit und Nichtstofflichkeit miteinander verbunden, lässt Dich himmlische Freuden bereits auf Erden erleben.

Hellseher, Medien, Heiler und Scharlatane

Es wurden schon Bücher über Bücher geschrieben über das üble Wirken von Medien, Heilern und Scheinheilern. Teils zu Recht, teils zu Unrecht...

In welcher Zeit wir doch leben, ich kann es kaum verstehen. Da preisen große, teure Inserate begnadete Hellseher und erleuchtete Menschenwesen mit ihren großartigen Fähigkeiten an. Es gibt sie offenbar wie Sand am Meer, es scheint mir so, dass ein jeder, der sich mal an einen Traum erinnern konnte, sich also gleich als Seher und Prophet erkannte. Oh ja, ich staune... Ich staune jedoch nicht über deren Gaben, sondern eher darüber, dass solch begnadete Hellsichtige Inserate schalten. Habe ich doch immer geglaubt, dass jene wahrhaft sichtigen Menschen sich kaum vor dem Andrang Hilfesuchender retten können. Ich bin doch hoffentlich nicht der Einzige, der Hellsehen und Fernsehen für zwei verschiedene Talente hält?

So, ich glaube der Einstieg ist gemacht und ich hoffe, Du bist nun gespannt, was ich noch alles sagen werde, wo ich andere verurteilen werde, wo ich mir widerspreche oder bis Du herausfindest, dass es auch mir letztlich nur ums Geld geht, nur um für mich Werbung zu machen. Ich verspreche Dir, Du wirst genau das finden, wonach Du suchst. Kennst Du Menschen – nicht Du selbstverständlich, aber vielleicht aus Deinem Bekanntenkreis – die regelmäßig zum Heiler gehen, mediale Sitzungen besuchen, sich Karten legen lassen, ihre Nahrung auspendeln, Bilder von Heiligen, Bücher oder Götzen anbeten? Kennst Du Menschen, die andere Menschen bewundern, die, sobald sie bemerken, dass ein Mensch mediale Begabungen hat, besonders freundlich, besonders großherzig, besonders spirituell und gläubig werden? Oh, wie dumm sie sich doch verhalten, wie sehr sie sich doch erniedrigen, müssten sie doch wissen, dass, wenn dieser Mensch wirklich so ist, wie sie glauben, er diese Schauspielerei sofort durchschauen würde, wie peinlich. Oder sollten wir uns die Frage stellen ob diese Menschen einem wirklichen Hellseher in Wirklichkeit gar nicht begegnen wollen? Ja, wären diese Menschen denn weiterhin so gute Kunden, wenn sie sich wirklich verändern wollten? Ohne Veränderung ist der Weg, den die Menschen gehen kein spiritueller, esoterischer Weg sondern nur ein netter Zeitvertreib. Für den jedoch, der bereit ist sich zu verändern, selbst zu wachsen anstatt jenen zu applaudieren, die bereits am Wachsen sind, enthält bestimmt schon die erste Sitzung, egal ob beim Heiligen oder Scheinheiligen, genügend Lernstoff für die nächsten Jahre. Kennst Du Menschen, nicht Du, vielleicht Bekannte, die von Zeit zu Zeit von einem neuen ‚Guru' schwärmen und vom letzten Heiler, Hellseher, Pendler etc. schwer ‚enttäuscht sind'? Weshalb ist dem so? Die geistige Welt sagt uns genau, wie die Menschen sind, vielleicht gehören wir ja auch ein bisschen dazu, bedenken wir also diese Möglichkeit beim Lesen der folgenden Zeilen und vergiss bitte nicht, dass Humor und Ernst, Kritik und Selbstkritik Geschwister sind, so wie ich und Du und alle, die diesen Artikel genießen oder zerreißen werden, die eine Familie Gottes bilden. Ein echter Heiler braucht ebenso wenig Patienten zu suchen wie der spirituell Suchende einen Erleuchteten. Der wahrhaft Suchende weiß, dass das, was er sucht, sei es Gesundheit, Belehrung, Freiheit, Glück oder – wie wir sagen – Gott, nicht im Außen zu finden ist, sondern nur in der Tiefe seines eigenen Herzens. Dort, wohin einer alten Legende nach, ‚die Götter' die Essenz Gottes versteckt haben. Das ist im Grunde genommen der Schatz, nach welchem alle Menschen suchen. Zuerst – als Kinder – suchen sie Spielzeug, danach suchen sie nach dem besten Freund oder Freundin, später nach der großen Liebe, noch später nach dem großen Geld und erst danach, nach dem großen Geist, welcher Ursache, Sinn und Ziel eines jeden Lebewesens ist. Im Angesicht des Todes wird jedem Menschen klar, nach was es sich lohnt zu streben. Für die meisten jedoch bedeutet dies eine neue, unfreiwillige Inkarnation auf Erden.

Die sich bereits auf dem geistigen Weg befinden, gibt es die Möglichkeit auszusteigen aus dem Rad des Karmas oder zumindest die Chance einer nur noch freiwilligen Wiederverkörperung. Ihr wisst alles über die Chakren, alles über Meditation, alles über die universellen Gesetze des Lebens, alles wovon die Suchenden vergangener Jahrhunderte nicht einmal zu träumen gewagt hatten. Ihr besitzt ein Wissen, mit dem ihr alles nur Erdenkliche realisieren könntet... und dennoch geschieht nichts. Es geschieht nichts, weil Ihr Euer Wissen nicht verwirklicht, nicht lebt was Ihr glaubt, sondern zweifelt. Ja, Ihr zweifelt an Euch selbst, an Eurem Wissen, an Eurer Intuition, an Eurer Gottes-Kindschaft, ja – selbst an Gott zweifelt Ihr. Du sagst nein? Dann fragen wir Dich: weshalb gehst Du nicht übers Wasser? Weshalb lebst Du nicht in Zufriedenheit, Harmonie und Glück?

Weshalb erfährst Du Arbeitslosigkeit, Misstrauen und Mangel? Weshalb suchst Du nach Glück und Wohlstand, nach Frieden und Heilung? Weshalb suchst Du nach Liebe, nach Gott? Wenn Ihr es genau betrachtet, sucht Ihr all dies nur, weil Ihr es in Euch selbst nicht mehr habt. Das heißt nun nicht, dass all dies nicht in Euch vorhanden ist, sondern nur, dass es so tief in Euch verborgen, verschüttet ist und Ihr schon so lange im Außen grabt, dass all diese Dinge in Euch 'unsichtbar' wurden. Wenn Ihr also krank seid, so wisset, dass Heilung kommt. Genauso wie Ihr wisst, dass, wenn es regnet hernach die Sonne wieder scheinen wird. Wenn Ihr also Rat und Trost benötigt, wisset, Gott weiß um Deine Not und ist bei Dir. Wenn Du Hilfe brauchst, so wird sie Dir gegeben, nicht aber dann, wenn Du nach Hilfe schreist, nur weil Du zu bequem bist, Dir selbst zu helfen. Solange Du Liebe gibst, wirst Du Liebe erfahren, solange Du Deinen Mitmenschen Liebe, Trost und Verständnis zukommen lässt, wirst auch Du Liebe und Trost erfahren. Solange Du gibst, was Du selbst Dir wünschst, werden alle Deine Gebete erhört. Bist Du jedoch nicht bereit zu geben, bedeutet das, dass Du auch noch nicht bereit bist zu empfangen und somit lebst Du unzufrieden, in Angst und Verzweiflung. Genau in dieser Verfassung beeilst Du Dich dann, einen Heiler oder ein Medium aufzusuchen und wirst, gemäß dem Gesetz der Resonanz die Hilfe nicht sehen, nicht annehmen oder nicht umsetzen können. Es ist nicht das Außen, welches maßgebend ist für Euer Leben, sondern das, was Ihr in Euch tragt. Es ist nicht der Nächste, der Euer Leben zu verändern vermag, Ihr seid es selbst und in Euch ist jener Heiler, der alles wieder in Ordnung bringt. Anstatt Dich ständig für die gemachten Fehler zu verurteilen, tu etwas! Wenn Du hingefallen bist, so stehe auf und geh´ frohen Mutes weiter, schau´ nicht zurück, denn die Vergangenheit kann Dir nicht helfen, hier und jetzt musst Du handeln, genau jetzt, egal, wo Du auch stehst, jetzt ist für alles was Du verändern möchtest der richtige Zeitpunkt, da wo Du genau jetzt stehst, ist der beste Ort mit einem neuen Schritt zu beginnen. Und vergiss bitte nicht das Leben zu genießen, nimm die wunderbaren Geschenke des Lebens dankbar entgegen, egal wie sie verpackt sind. Wisse, das Leben bestraft niemals, es beschenkt. Es beschenkt jeden mit genau dem, was er benötigt. Vielleicht nicht immer mit dem was Du Dir gerade jetzt wünschst aber vertraue auf Gott, er weiß genau, was er tut. Sei dankbar für Dein Leben und dass Du immer alles zur rechten Zeit, am rechten Ort, in rechtem Maße erhältst, genau so, wie Du es benötigst.

Der esoterische Gott

Gott ist so groß, dass, wenn wir Ihn in uns aufnehmen, es schon sein kann, dass wir Verdauungsbeschwerden bekommen.

Liebe Leser, Ihr kennt vielleicht schon den einen oder anderen Artikel von mir und wisst daher, dass Euch auch die folgenden Zeilen wohl nicht immer wie Butter runtergehen, sondern besonders dann, wenn im Gesagten eine Wahrheit enthalten ist, die größer ist als die gängige Kost, es auch etwas zu beißen geben wird. Nicht, dass ich mit meinen Artikeln besser wäre als andere Autoren oder erleuchtetere Ansichten besäße als der Rest der Welt, oh nein, im Gegenteil. Es ist mir bewusst, dass jeder durchaus genauso Recht hat wie ich, denn das letzte Wort spricht derselbe, welcher auch das erste gesprochen hat – Gott. Deshalb verzeiht, wenn die geistige Welt durch mich mit etwas spitzer Feder zu Euch spricht, denn ich möchte die Art und Weise meiner geistigen Mentoren nicht unseren Ideen anpassen. Damit jeder die Gelegenheit hat so authentisch wie möglich die Schwingung meiner geistigen Begleiter mitzuerleben. Lies deshalb mit wachem Verstand und offenem Herzen was Dir – Dir ganz persönlich – dieser Text möglicherweise auch jenseits der Worte, vermitteln möchte und vergiss bitte nicht, dass das Leben voller Wunder, voller Freude und Liebe für jene ist, die mit den wundervollen Augen der Freude und Liebe zu schauen gewohnt sind! ‚Gott' ist das wohl am meisten missverstandene Wort, das es gibt. Jeder, aber auch jeder, benutzt Gott verbunden mit seinen eigenen Vorstellungen. Eine Vorstellung erzeugt ein Bild. War da nicht jener Jesus, an den zu glauben Ihr vorgebt, der zu Euch sagte: „Macht euch kein Bildnis von Gott"? Weshalb hat er diesen Rat wohl gegeben?! Weil er wusste, dass sich der Mensch nichts Vollkommenes vorstellen kann. Weil er wusste, dass die Menschen noch nicht fähig sind, mit dem Herzen zu denken und weil er wusste, dass die Menschen sich Gott wie einen Menschen, nur bedeutend größer, nur bedeutend gescheiter, nur bedeutend mächtiger, nur bedeutend bewusster, nur bedeutend liebevoller, nur bedeutend demütiger, aber immer noch als einen Menschen, sozusagen: einen ‚Übermenschen', vorstellen. Ihr Menschen lebt und denkt in einer polaren Weise: Das, was Ihr als Gott bezeichnet – unser Schöpfer – verkörpert jedoch die Einheit. Das sind zwei verschiedene Welten. Euer Gott ist klein und begrenzt, glauben tut Ihr auch nicht an ihn, höchstens zweifeln.

Gut, gut, schon kommen die ersten Emotionen der Leserschaft. So etwas kann doch der nicht behaupten, wer ist denn der, der so etwas schreibt? Ein Besessener? Oh ja, ich bin ein Besessener! Ich bin besessen von dem Wissen, dass ihr Leben ganz anders aussehen würde, wenn die Menschen nicht an Gott zweifeln würden, dass wenn sie Gott lieben würden, sie wahrlich keinem Lebewesen bewussten Schaden, Schmerz und Leid zufügen könnten. Ich bin wahrhaftig durchdrungen von dem Wissen, dass – so die Menschen die Wahrheit leben würden – sie sich selbst niemals so fremd geworden wären untereinander und mit sich selbst und wir eine Familie sein könnten, nicht nur auf Erden, nicht nur in diesem Sonnensystem, nicht nur in dieser Galaxie, nicht nur in diesem Universum, sondern überall. Ja, selbst über das All hinaus besteht eine Familie, sie nennt sich die ‚Gottesfamilie' und besteht aus Menschen verschiedenster Entwicklungsstufen, aus inkarnierten wie aus nicht mehr inkarnierten wie aus noch nie im Fleische inkarniert gewesenen Geschöpfen. Eines jedoch haben sie alle gemeinsam: sie krallen sich nicht an den Gott ihrer Konfession, sie klammern sich nicht mehr an die Götter verschiedener Kulturen und Vordenker, Weisen und Propheten. Sie alle haben auf der Suche nach ' ihrem' Gott, den Gott des anderen gefunden. Und dann, erst dann, wenn sie fähig sind den Gott der anderen zu lieben, Gott in jedem Menschen, jedem Tier und in jeder Pflanze zu lieben und zu ehren, dann werden- sie feststellen, dass alle Götter zusammen erst den wahren Gott ergeben! Nicht indem ununterbrochen nach den Unterschieden in der Schöpfung Ausschau gehalten wird, sondern indem überall das Verbindende, das Einende gesucht wird, findet man den Verbindenden, den Einenden, Gott. Was ist Gott für Dich? Du wirst sagen: Liebe, Licht, Quelle, Leben, Vergebung, Demut, Weisheit, Energie, Schöpfung usw. Immer nur das von Dir persönlich als 'gut' Wahrgenommene, nur das Schöne, Zarte, Liebevolle und Sanfte. Dann stell Dir doch mal vor, wie es wäre, wenn nur 'schönes' Wetter wäre, wenn kein Blitz und Donner den Regen bringen würde, um den Durst der Natur zu stillen. Stell Dir vor, es wäre immer Tag und es gäbe keine Nacht zur Erholung. Für was wären 'gute Geister' nötig, wenn es keine 'bösen' geben würde, was tut der Heiler ohne Patienten, der Missionar ohne Sünder, der Polizist ohne Verbrecher, der Täter ohne das Opfer?

Wie könnte sich jeder in seiner Rolle entfalten und sich seiner Taten bewusst werden, wenn es ihm von Gott verboten würde? Ist es nicht gerade die Auszeichnung der unbegreiflich grenzenlosen Liebe Gottes, dass er so etwas zulässt? Du sagst nein!? Dann – kennst Du Gott also noch nicht. Denn es würde bedeuten, dass Gott nicht Herr über seine Schöpfung wäre, sie ihm sozusagen über den Kopf gewachsen wäre. Siehst Du, Du sagst, Du glaubst an Gott, aber Du glaubst nur solange an ihn bis es Nacht wird, dann mit dem Schwinden der Sonne verlässt Dich Dein Glaube und in dem Moment, wo Du Dir bewusst wirst, dass Du nicht mehr glauben kannst, beginnst Du zu zürnen. Zuerst über die Finsternis, den Regen, die Nacht, dann über dies und jenes und zum Schluss dann sogar über Gott. Doch was hat er denn genau getan um Deinen Zorn zu entfachen? Er gab dem Krieger etwas zu kämpfen, dem Kranken einen Arzt, der Nacht den Mond und die Sterne, den dürstenden Pflanzen den Regen. Was antwortest Du jetzt auf meine Frage: „Was ist Gott?" Gott ist so groß, dass wir ihn gar nicht verstehen können, aber wir können ihn lieben, wir können seine Größe nicht erfassen, aber uns von ihm umarmen lassen und wenn Du weiterhin glaubst, anstatt zweifelst, dann wird das Gute siegen!

Das Spiel von Gut und Böse

Denkt nicht jeder bei dem Wort Heilung unweigerlich auch ans Kranksein? Bei der Aussage schönes Wetter sofort an schlechtes Wetter und bei Reichtum sogleich an Armut? Ist es nicht dieser ewige Kampf, dieses ewige sich Bedingen von Gut und Böse, das Spiel der Polaritäten, welches die ganze Welt durcheinander bringt?

Der Mensch möchte glücklich werden, indem er alles Unglückliche bekämpft, möchte gut werden, indem er alles vermeintlich Böse in sich zurückdrängt. Ja, er will Frieden erreichen, indem er den Krieg bekämpft, Wohlstand dadurch, dass er sich gegen die Armut wehrt. Er kämpft und kämpft und nichts ändert sich. Warum? Weil der Mensch die geistigen Gesetze, die Regeln der Natur, des Kosmos vergessen, ignoriert oder nicht verstanden hat. Würde der Mensch nicht gleich alles, was weh tut, bekämpfen, sondern sich fragen: „Was soll denn das?" – „Was will mir dieser Zustand sagen?", so würde er alsbald erkennen, dass die Schwierigkeiten, der Schmerz und seine Krankheiten ihm die besten Ratgeber auf dem Weg ins Glück sind. Der Mensch sucht das Glück, missachtet aber jeden Wegweiser, jede Hilfe, die ihm vom Leben geboten wird, nur weil er nicht leiden will. Und da haben wir es wieder, dieses selbstzerstörerische Muster! Leiden wird abgelehnt und dadurch fixiert sich des Menschen Aufmerksamkeit nicht auf das, was er will, auf seine Wünsche und Träume, sondern auf das, was er nicht will. Und was geschieht, wenn ich etwas partout nicht-haben, nicht-erleben möchte? Wenn ich mich vor etwas fürchte? Genau, ich ziehe es an und werde es früher oder später erleben. Ich werde krank, verliere meinen Job, mein Auto gibt den Geist auf, die Freunde belügen mich, mein Partner betrügt mich, mein Bankkonto schwindet in die roten Zahlen, die Welt wird verschmutzt und zerstört, die Menschen bekämpfen und töten sich, einer lässt den andern hungern. Alles liegt in Schutt und Asche. Die Welt, das eigene Leben, alles – und immer noch höre ich ihn sagen: „Mit mir hat das nichts zu tun." Oder, um das Ganze etwas näher an die allgemeine Realität zu führen: Die anderen hungern, die anderen leiden, die anderen sind krank, die anderen sind arbeitslos, die anderen bekriegen sich, ich kann da nichts dafür, ich bin doch ein lieber Mensch!

Aber was tue ich wirklich? Ich ärgere mich über Kleinigkeiten, über meinen Vorgesetzten, die Regierung, meine Kinder oder meinen Lehrer oder über den Lehrer meiner Kinder. Ich ärgere mich über das schlechte Fernsehprogramm, über den Raser auf den Quartierstraßen, über den Radfahrer, der glaubt allein auf der Straße zu sein, über die alte Dame, die eine Ewigkeit benötigt um die Straße zu überqueren oder auch über den, der mir gerade den Parkplatz vor der Nase wegschnappte. Über das schlechte Essen in der Kantine oder die viel zu teure Mahlzeit im Restaurant. Ich bin sicher, Du findest noch viele weitere Beispiele um Dich aufzuregen, vielleicht sogar aus Deinem eigenen Leben. Was meinst Du? Was geschieht nun mit allen diesen Gedanken? Sie ziehen fort, sie gehen aus von Dir, fliegen wie Magnete durch den Äther und ziehen massenhaft gleiche oder ähnliche Gedankenschwingungen an sich und kommen dann, einem Bumerang gleich, umgehend zu Dir zurück. Du wirst sie nicht los und je mehr Du solche Gedanken pflegst, desto weniger bist Du in der Lage sie zu kontrollieren, desto stärker und selbstständiger werden sie. Nun bist Du das Opfer Deiner eigenen Weltanschauung und alles, was ich aufgezählt habe, wird sich, früher oder später, in Deinem Leben manifestieren. Was aber, wenn das Böse nicht 'böse' wäre und das Gute nicht 'gut'? Was würde sich dadurch verändern? Lass uns doch ´mal die These in den Raum stellen, dass es in Wirklichkeit weder gut noch böse gibt. Nennen wir diese zwei Kräfte doch einfach mal Yin und Yang. Wenn wir aufhören zu bewerten, beginnt das Leben mit all seinen reichhaltigen Erfahrungsmöglichkeiten wieder zum Spiel zu werden. Das Leben kommt wieder in Fluss, es fließt. Alles fließt, ich kann alles betrachten, einfach so, ohne mir darüber eine Meinung machen zu müssen, ohne darüber nachzudenken, ohne etwas abzulehnen oder unbedingt zu wollen. Ich kann es einfach als das betrachten, was es ist, nämlich Leben. Und das Leben fließt. Der Fluss des Lebens betrachtet den Stein, welcher auf seiner Bahn liegt, nicht als Hindernis sondern als ein Geschenk Gottes, welches er umströmt, weiter trägt oder umformt. Das Wasser hüllt den Stein ein, genau so wie wir in der allumfassenden Liebe unseres Schöpfers eingehüllt und geborgen sind. Wir können nun anfangen uns gegen den Strom zu wehren, die Kraft des Flusses verfluchen und uns gegen sie wehren, Widerstand leisten, starr werden und uns gegen das Leben stellen… oder – ‚Ja' sagen. ‚Ja' zum Leben, zu meinem Leben. ‚Ja' zum Fließen in meinem Leben, zu den Veränderungen und den Erfahrungen, die ich gerade mache. ‚Ja' sagen zum

Hier und Jetzt. ‚Ja' sagen zu allem, was kommt und ist, sei es Yin oder Yang, warm oder kalt, Tag oder Nacht, Mond oder Sonne, Kind oder Greis, Glück oder Trauer. In einem wahrhaft lebendigen Geschöpf muss das gesamte Spektrum des Lebens Platz haben. Ein erwachter Mensch lebt nicht im ewigen Kampf von Wunsch und Widerstand. Nein, er ist Betrachter, Genießer des Lebens. Er staunt ob der Vollkommenheit des Lebens und darüber, wie schwer es sich die Menschen oft machen, glücklich zu sein. Er weiß, dass diese Welt nicht nur ein Paradies sein könnte, sondern – sie ist eins. Er weiß, dass die Menschen letzten Endes alle ‚gut' sind und er weiß, dass jeder Mensch, bis zu seiner Bewusstwerdung, noch genau jene Erfahrungen, Krankheiten und Nöte braucht, die er gerade jetzt erfährt. Auch Du. Deshalb greifen die Erleuchteten nicht oder nur sehr selten in die Geschicke der Welt und Menschen ein. Aber sie sind da, gewiss, und sie begleiten nicht nur Dich und mich, sondern alle Lebewesen. Sie lieben Dich so, wie Du bist, nicht weil Du ‚gut' oder ‚schlecht' bist, sondern weil Du genau wie sie auch ein Kind Gottes bist, ein Geschöpf, welches aus reinster Liebe und aus reinstem Licht geboren wurde, nicht um sündhaft zu sein oder zu bleiben, sondern um zurückzukehren zum Ursprung, um nach Hause zu kommen, zurück zur Liebe. Diese Liebe und dieser Friede, von dem wir jetzt gesprochen haben, beginnt gerade jetzt in Deiner Gedankenwelt, gerade jetzt in Dir. Tu es und Du wirst erstaunt sein über die Wandlung, welche in Deinem Leben beginnen wird. Es kann wieder fließen, Du kannst wieder fließen – zurück ins Meer der Liebe. Und Du, der Du Dich fragst, warum sich in Deinem Leben nichts ändert, nichts wandelt – wandle Dich selbst. Denn in Wirklichkeit ist nicht Dein Nachbar das Problem, nicht Dein Chef, die Kroaten, die Umweltverschmutzung, die Politik, Deine Krankheiten, das miese Essen in der Kantine oder 'die Welt', sondern: Du und ich.

Liebe und Glück

Ich möchte den folgenden Anlass als Einstieg benutzen, um an dieser Stelle etwas dazu beizutragen, dem Geheimnis des Glücks, der Freude und der Liebe näher zu kommen. Lass uns im Anschluss daran, lieber Leser, dazu einige Betrachtungen und Gedanken durchspielen.

Vor vielen Jahren, ich war gerade im Ersatzdienst des Militärs bei den Feldpredigern, lauschte ich einer hektischen, angeregten Diskussion zwischen katholischen und reformierten Priestern. Bald schon lagen sie sich in den Haaren und ich sah bereits die ersten Handgreiflichkeiten aufkeimen. Ich fragte mich im Stillen, was wohl das Thema dieser Diskussion sein könnte. Zweifelsfrei musste es eine hochwichtige Sache sein, die hier besprochen wurde. Ich näherte mich ein wenig, um genauer hinhören zu können und erfuhr worum es ging. Die Priester stritten sich darüber, wo genau sich nun die Hölle befinde! Die einen behaupteten, sie sei im Inneren der Erde, die anderen bestritten dies. Ohne zu bemerken, dass sie selbst bereits in ein teuflisches Spiel geraten waren, befanden sich die Priester mit ihrer Streiterei in einem Bewusstsein, welches wohl mehr dem der Hölle, als dem des Himmels entsprach. Ja, die Himmelsstürmer lieben es anscheinend mehr über Himmel und Hölle zu philosophieren, als sie zu erleben. Und genauso, wie ich den Garten nicht durch ein Gespräch mit dem Gärtner erlebe, genauso wenig erfahre ich die Schöpfung in Diskussionen über Gott. Es verhält sich mit allen wirklichen Dingen so wie mit der Liebe: Du kannst sie nicht ergreifen, jedoch kannst Du Dich von ihr ergreifen lassen! Vorher wirst Du viel über die Liebe, Gott, Himmel und Hölle reden, danach, nach deren Erleben, wirst Du kaum Worte finden, um die Dinge zu beschreiben. Deshalb lehren jene Weisen und Eingeweihten, welche nicht nur bloß über Wissen, sondern Weisheit verfügen, ihre Erkenntnisse über Geschichten, Anekdoten und Gleichnisse. Lass uns nun im Folgenden gemeinsam entdecken, was es ist, das den Menschen daran hindert, Gotteserfahrungen zu machen oder die wahre Liebe zu erleben. Beginnen wir mal mit der Liebe. Du möchtest geliebt werden, ja? Das ist leider eine ungünstige Basis um die Liebe zu erleben, denn die Liebe erfährt sich selbst im Geben. Dies wiederum mögest Du bitte nicht falsch auffassen und gleich denken: ‚Aha, schon wieder so einer, der sagt, dass Nehmen schlecht ist!' Nein, ich sage damit nur, dass sich das Empfangen als gesetzmäßige Folge des Gebens automatisch einstellt, darum braucht man sich nicht zu kümmern. Stell´ es Dir ´mal so vor Du wirfst einen Stein in die Luft. Was tust Du, damit er zu Boden fällt? Siehst Du, es gibt also offenbar Dinge, die geschehen einfach so, ohne Dein Dazutun. Einverstanden? Was ist jedoch der Grund dafür, dass Du geliebt sein willst? Vielleicht denkst Du jetzt: ‚Ja das ist doch normal, jeder will geliebt sein! Das stimmt schon, nur – es bedeutet, dass Du Dich jetzt nicht geliebt fühlst. Und wenn Du Dich jetzt nicht geliebt fühlst, hast Du irgendwo tief in Dir eine Überzeugung, die sagt: ich bin es nicht wert, geliebt zu werden. Von nun an wirst Du ein Leben lang um Liebe kämpfen, wirst versuchen, die Liebe irgendwo zu ergreifen und, für den Fall, dass Du sie tatsächlich einmal erwischst, wirst Du sie eng umschlungen an Dich pressen, sie nicht mehr loslassen wollen und sie so allmählich zerdrücken. Der oder die Geliebte – es läuft auch bei Gegenständen oder Geld so – fühlt sich mehr und mehr eingeengt und sucht früher oder später das Weite. Zuerst innerlich – dann auch in Wirklichkeit. Hier sind dann Sprichworte wie: ‚Liebe ohne Eifersucht ist keine Liebe…', – ‚Was sich liebt neckt sich…' entstanden. Der Mensch glaubt dann, anhand der intensiven Gefühle in diesem Stadium, es sei Liebe. Er befindet sich jedoch nicht in der wahren Liebe, sondern im Besitzdenken und -fühlen.

Sobald die Liebe, ob bewusst oder unbewusst, auf Angst begründet ist, ist sie zum Scheitern verurteilt. Genauso wie jeder Stein früher oder später zu Boden fällt. Und er fällt nicht zufällig zu Boden, es ist nicht unbegreifliches ‚Schicksal' oder

‚Karma' oder gar ein Unglück oder so. Nein, es ist lediglich die logische Folgerung der Gesetzmäßigkeiten. Eine zerbrochene Liebe schmerzt zwar, jedoch ist dies kein Unglück! Es ist ja nicht die Liebe die schmerzt, sondern das Ego, welches glaubt etwas verloren zu haben. Du denkst, dies sei zu hart ausgedrückt? Vielleicht. Frage: Betrifft es Dich? Trifft es Dich? Gehörst Du zu jenen, die jetzt gerade in Liebeskummer sind und glauben, die große Liebe verloren oder nicht erreicht zu haben? Es ist ganz in Ordnung sich so zu fühlen, jedoch wird auch Dein Schmerz die ewigen Gesetze nicht ändern können. Das Herz – die Liebe – kann nämlich gar nichts verlieren, weil sie keine Ansprüche, keine Erwartungen stellt. Sie ist einfach da, liebt. Alles andere ist der Liebe nur ähnlich, muss aber durch Schmerz zuerst erwachsen werden und lernen, dass lieben geben heißt und dann, ja und erst dann wirst Du wahrhaftig erleben können, was es heißt zu lieben und geliebt zu werden. Dann ist kein Verlust mehr möglich, denn die wahre Liebe, liebt Gott im Nächsten, liebt das strahlende Licht des Geistes im Geliebten, liebt den Glanz der geliebten Seele und kann unabhängig von Raum und Zeit, jenseits von Besitz und Haben-Wollen ununterbrochen mit ihrem wahren, himmlischen Geliebten verbunden und verschmolzen sein!

Wem diese Zeilen unwahr erscheinen, für den gibt es noch einen anderen Weg zur Liebe, zu Gott. Aus lauter Unzufriedenheit nämlich streben dann die Menschen nach äußerem Reichtum. Jenen werden sie vielleicht etwas schneller erreichen. Jedoch werden sie darin weder das Glück noch die Liebe finden. Achtung, ich sage nicht: Der äußere Reichtum sei schlecht. Im Gegenteil!

Nur sagt das kosmische Gesetz, dass dem wahren Reichtum, dem beständigen Glück und der echten Liebe stets das innere Erfüllt-Sein, der innere Friede zugrunde liegen. Der äußere Weg führt die Menschen immer zu folgenden Fragen: ‚Gibt es Gott? Wenn ja, wo kann ich ihn finden?' Beginnt man auch hier am falschen Ende zu suchen, wird man keine zufriedenstellenden Antworten auf die Fragen des Lebens erhalten. Suchst Du in der Welt nach Gott, nach dem Himmel, nach dem Paradies und hast Ihn in Deinem Innern noch nicht gefunden, wirst Du enttäuscht sein von der Welt, von den Menschen, von Deinem Leben und schlussendlich auch von Gott. Ansonsten jedoch wirst Du wissen, wo Himmel und Hölle sind, wo Dein vermeintliches Glück, wo Gott sich in Tat und Wahrheit befindet...: in Dir!

Manager und Spiritualist

Manche Manager wie auch Spiritualisten riskieren alles, wenn es um nichts geht, und nichts, wenn es um alles geht.

Und Du, Esoteriker, Parapsychologe, Hausfrau, Krankenschwester, Koch oder Bauarbeiter, Bürofachkraft, Revolutionär und Nonkonformist, ist es bei Dir nicht genauso? Komm, sei mal ehrlich, wärest Du bereit, alles aufs Spiel zu setzen, um Deinen Weg zu gehen, um Deine Ziele zu erreichen und erfolgreich zu sein? Oder bist auch Du einer von denen, die ständig über die Schärfe des Wettbewerbs klagen und überall Konkurrenz wittern? Und, ist diese Klage nicht bloß eine Klage über Deinen Mangel an Einfällen und Ideen? Fehlt Dir nicht einfach so etwas wie eine Vision? Wenn Du es tätest, – alles für Deinen Erfolg geben – gäbe es dann für Dich nicht etwas Sinnvolleres zu tun, als diese Zeilen zu lesen? Als spirituell oder auch materiell Verwirklichter würdest Du bestimmt entweder Dein Leben genießen oder Deine eigene Lehre verbreiten. Du würdest Deine Schüler lehren oder Deinen Wohlstand und Erfolg auskosten, oder aber Du würdest weiterhin Deine Aufgabe, Deine Vision erfüllen und keine Zeit haben, diese vielen Zeitschriften zu lesen, diese unzähligen Tagesschauen und Schlagzeilen zu konsumieren. Auch würdest Du bestimmt keine Zeit zum Streiten, Kritisieren und Bekehren anderer übrig haben. Nein, Du würdest leben! Zu glauben, die Verwirklichung könne nur im Geistigen geschehen oder nur in der Erfüllung materieller Wunschträume – oft sind auch die Vorstellungen wie Erleuchtung sein sollte, nichts anderes als Wunschträume ist fragwürdig. Ich bin der Meinung, dass es überall, immer und in jedem Lebensbereich möglich ist, sich zu verwirklichen und einen Zustand von Seligkeit erleben zu können. Bewerten wir das eine höher und besser als das andere, zeigt das nur, dass Widerstand zur anderen Hälfte des Lebens besteht. Und Widerstand, das ist ja eine weithin bekannte Tatsache, erzeugt genau das, was Du gerade eben nicht willst. Hast Du Dir nicht irgendwann einmal vorgenommen, auf gar keinen Fall so zu werden wie Deine Mutter oder Dein Vater? Und, hast Du nicht dennoch bei der ersten Auseinandersetzung mit Deinem Partner zu hören bekommen: ‚Du bist genau wie Deine Mutter oder Dein Vater?'. Hast Du Angst davor zu kurz zu kommen? Ist es nicht so, dass Du dann auch erlebst, dass Du oft zu kurz kommst? Oder fürchtest Du Dich vor Spinnen oder Hunden oder so? Ist es nicht schon fast wie ein Wunder, dass immer ausgerechnet in Deiner Nähe Spinnen sind und alle Hunde unbedingt mit Dir spielen möchten? Katzenallergie? Und schon möchten alle Katzen mit Dir schmusen? Und ich wage zu behaupten, dass alle Supermanager, Wissenschaftler und Multimillionäre irgendwann auf den spirituellen Trip abfahren und früher oder später dort genauso erfolgreich sein werden, wie sie es schon zuvor als Materialisten waren. Jetzt lassen sie sich zwar lieber als Realisten bezeichnen. Doch ist nicht jede Realität realistisch? Für mich schon. Wir sind alle Realisten, auch dann, wenn wir nicht dieselbe Realität bevorzugen. So oder so, lebt jeder in seiner eigenen, von ihm selbst kreierten Welt. Wie nahe – und ob diese Welten überhaupt der Wirklichkeit nahe kommen – vermag ich nicht zu sagen. Denn auch ich lebe in meiner Welt. Und wenn Du in einer Welt lebst, die Dir vollkommen entspricht, dann wirst Du Dir diese Fragen auch gar nicht mehr stellen. Wenn Du glücklich und erfolgreich, innerlich erfüllt und vom Leben einmal berührt worden bist, dann fallen alle trennenden Schranken. Dann verwandeln sich alle Widersprüche in Ergänzungen, dann könnte es sein, dass Dir bewusst wird, dass die Wirklichkeit, die Wahrheit, nicht bloß aus einer Welt, aus einer Realität besteht – vermutlich denkt ja fast jeder Mensch, dass seine Realität die Wahrheit ist – sondern, dass alle Realitäten, alle Welten gemeinsam der Wahrheit am nächsten kommen. Ja, es gibt zwei todsichere Methoden etwas zu erleben, eine Realität aufrecht zu erhalten, entweder die unerschütterliche Sehnsucht, den starken Wunsch nach etwas zu haben, oder etwas auf gar keinen Fall haben zu wollen (Widerstand). Beides funktioniert, denn es ist Magie. Denn: ‚energy flows where attention goes.' Was haben alle, die diesen Artikel nun lesen oder andere Informationen aufnehmen, gemeinsam? Sie alle sind Suchende. Und es macht Spaß zu suchen. Doch wer einmal gefunden hat, wonach er suchte, wird so erfüllt Sein, dass er nichts mehr braucht. Er hat nicht nur alle Antworten, sondern auch alle Fragen. Erfolgreich-Sein wird dann nicht mehr über ‚Haben', sondern über ‚Sein' definiert – Ich Bin. Ich sage nicht, Du sollst nicht mehr lesen, Dir keine neuen Informationen beschaffen oder nach weiteren Facetten des Lebens Ausschau halten. Ich sage lediglich, dass Du viel erfolgreicher wärest, wenn Du dies im Bewusstsein des ‚Finders', anstatt des ‚Suchenden' tust. Sowieso wäre es sinnvoller – einerlei ob Du spirituelle oder materielle Ziele verfolgst – Dich mit dem Bewusstsein des Erfolgreichen an die Sache heranzumachen. Denn wer sich erfolgreich fühlt, wird Erfolg erfahren. Wer sich selbst als erfolglos, als Sünder und schwach betrachtet, wird auch hier dementsprechende Resultate erzielen und erleben.

Ja, eigentlich gibt es weder Erfolg noch Misserfolg, sondern nur Resultate. Und jedes Resultat bringt Dich Deinem Ziel näher. Außer Du lässt Dich entmutigen. Wenn Du einmal verstanden hast, dass das Leben nichts weiter ist als eine phantastische Möglichkeit, Dich selbst zu erfahren, dann wirst Du ihm mit großer Bewunderung, Wertschätzung und ständigem Staunen begegnen. Dann wird das Leben nicht Dein Feind sein, den es zu besiegen gilt, gegen den man sich behaupten muss, sondern Dein Freund. Ein Freund, den Du täglich und in jedem

Augenblick neu einlädst, bei Dir zu sein. Du wirst gemeinsam mit dem Leben Sein und mit ihm zusammenarbeiten wie mit einem guten Partner. Der eine wird dem anderen das geben, was er braucht, um erfolgreich zu sein. Anstatt andauernd nach dem ‚Sinn des Lebens' zu suchen, wirst Du dem Leben selbst (D)einen Sinn geben. Denn das Leben als solches kommt nicht mit einem Sinn daher. Du bist damit nicht einverstanden? Na gut, dann geh und besuche alle Meister, Yogis und Lehrer dieser Welt, lies alle Weisheitsbücher und meditiere ununterbrochen über den Sinn des Lebens. Du wirst so viele Lebenssinne finden, dass Du nicht mehr weißt, welcher denn nun der richtige sei. Vielleicht wirst Du auch erkennen, dass alle richtig sind oder, dass es den einen Sinn, den Du suchst, vielleicht gar nicht gibt. Zumindest nicht als absolute Wahrheit. Und da also doch alles relativ ist, welchen Unterschied könnte es machen, wenn Du dem Leben gleich selbst einen Sinn gibst und darüber hinaus Dir vertraust, dass Du als göttliches Wesen einen ebenso sinnvollen Lebenssinn erschaffen kannst, darfst und sollst, wie es die angeführten Meister tun? Ich jedenfalls will Dir versichern, dass Deine Version des Lebenssinnes genauso gut ist wie alle anderen. Der Vorteil daran ist jedenfalls, dass Du dann viel mehr Zeit hast, um zu finden statt zu suchen, um zu leben anstatt bloß über das Leben nachzudenken. Du könntest dann erleben, wie es ist, Arbeit nicht wegen des Geldes, sondern der Arbeit willen zu verrichten und das Leben nicht um der Erleuchtung willen, sondern des Lebens wegen zu leben. Dies gibt Dir eine neue, ungeahnte und nie gekannte Freiheit zu Sein und zu tun was Du möchtest. Moral wird dann keine Frage mehr aufwerfen, keine Frage mehr sein. Denn wenn die Menschen tun könnten, was sie – fühlend – wollen und auf diese Weise ihr eigenständiges Tun wirklich lieben könnten, dann bin ich sicher, dass all die gegenwärtigen Grausamkeiten ein Ende hätten. In Wahrheit sind alle Menschen gut. Böse und unmoralisch wurden sie erst in dem Moment, als man ihnen verboten hat, so zu sein, wie sie wirklich sind: unglaublich kreativ, einfallsreich und schöpferisch. Neugierig und wissensdurstig, ausgestattet mit Forschergeist und Abenteuerlust, intelligent und feinfühlig, wach und lebendig. Ausgestattet auch mit einem natürlichen Sinn für Harmonie und Achtung vor dem Leben. Wenn Du da wieder angekommen bist, jenseits von Gut und Böse, jenseits von Suchen und Finden, jenseits von Haben-Wollen und Vermeiden, dann bist Du jenseits von Leben und Tod, dann bist Du angekommen in der Ewigkeit, angekommen im Hier und Jetzt. Und dann geschieht das Unfassbare. Alles das, wofür Du zuvor so lange, so hart gearbeitet und gekämpft hast, fällt Dir in den Schoß. Partnerschaft, Gesundheit, Macht, Erfolg und Geld fließen Dir in reichster Fülle zu. Jede Art von Mangel wird verschwunden sein und nur noch dann in Erscheinung treten, wenn Du es bewusst erschaffst. Dann, wenn Du dies erleben möchtest. Dein Leben wird nicht mehr wie es bisher der Fall war fremd bestimmt, sondern bewusst von Dir kreiert. Du bist frei! Ja, es gibt nichts, dass weiter entfernt wäre, als der Glaube, dass Armut und Spiritualität, oder Geld und das Gefühl von Glücklich-Sein zusammengehören. Erfolg und Reichtum sind ebenso wenig dasselbe wie Armut und Bescheidenheit. Erfolg und Glücklich-Sein sind Zustände jenseits aller Dinge und somit überall möglich, egal ob Du arm oder reich, mächtig oder machtlos, bescheiden oder gierig bist, erleuchtet oder nicht. Glück und Erfolg sind Gefühle. Gefühle sind immer da, sie kommen nicht und sie gehen nicht, Du wählst sie lediglich aus. Du hast jederzeit die Möglichkeit, Dich so oder anders zu fühlen. Du allein hast die Macht zu entscheiden, wie Du Dich gerade in diesem Moment fühlen möchtest und Du bist es auch der die Verantwortung dafür trägt, wie Du Dich fühlst. Wenn Du bereit bist, diese Verantwortung für Dein Leben zu übernehmen, ist es ganz leicht, auch die Kraft, Liebe und Macht zu erhalten, mit der Du alles erreichen kannst, was Du willst. Wenn Du auf diese Weise – also ohne Gewalt – erfolgreich wirst, dann stimmst Du automatisch mit der Schöpfung überein. Du schwingst in Harmonie mit ihr, bist im Fluss und lässt fließen, Geben und Nehmen sind eins geworden und Du wirst nachvollziehen können, was Jesus meinte, als er sprach: „Ich bin nicht von dieser Welt!“ Ja, Du wirst es erleben können, in dieser Welt zu Sein, aber nicht von dieser Welt bestimmt zu werden. Das Einzige, was Dein Leben bestimmen kann, ist Deine Vision, Dein Ideal. Es gibt derer genug, wähle aus! Es ist allemal besser zu wählen, Erfahrungen zu machen, hinzufallen und danach aufzustehen und weiterzugehen, als keine Vision zu haben. Es ist nämlich keine Schande hinzufallen, solange Du immer wieder aufstehst. Mein Vater hat mir dies stets so gesagt: „Mein Sohn, nur wer aufgibt, kann nicht gewinnen.“ Es liegt also weder am Ziel, das Du hast, noch an den Möglichkeiten oder Bedingungen, ob Du erfolgreich sein wirst, sondern ausschließlich an Dir selbst.

Alle Manager, Firmenbosse oder Spiritualisten, die wirklich erfolgreich waren, sind oder sein werden, haben höchstens zu Beginn ihrer Tätigkeit den Fokus auf Geld, Macht oder Erleuchtung gerichtet gehabt. Hier bleiben die Durchschnittserfolgreichen jeder Sparte stehen. Für sie ist hier die Karriere- oder Himmelsleiter zu Ende. Für die wirklich Erfolgreichen aber, geht es an diesem Punkt erst richtig los. Hier beginnt nämlich die Berufung, falls diese durch dringt, zu greifen: Spätestens nach allen irdischen Erfolgen erwacht schließlich die Vision. Jetzt ist der Weg zum Ziel geworden und es wird nicht mehr einem fiktiven Erfolg, Ort, Ding oder Zustand nachgejagt. Jetzt bist Du da, wo Du hingehörst, jetzt tust Du nur noch das, was getan werden muss, jetzt ist Erfolg garantiert, jetzt bist Du bei Dir angekommen. Jetzt erst beginnst Du mit dem wahren Leben. Maßgebend ist nicht, was Du glaubst, sondern ob Du von einem Glauben überzeugt bist.

Karma und Verantwortung

Der Begriff Karma löst heutzutage schon dieselben Gefühle aus wie Schuld.

‚Das ist mein Karma.', höre ich die Menschen sagen und es hört sich an, als ob sie es nicht mehr hergeben wollen. Es ist mein Karma, da kann ich nichts machen, ich muss es halt tragen. Und es hört sich wie eine große, schwere Last an. Irgendwie fühlt sich das so nach ‚Ausgeliefert-sein' an. Sich vom Rad der Wiedergeburt zu befreien ist gar nicht so einfach, wie viele glauben. Die meisten denken nämlich, es gäbe nur schlechtes Karma und das müsse man schwer abarbeiten. Danach nur noch Gutes tun. Und so glauben sie, die ersehnten, himmlischen Gefilde zu erreichen oder zumindest dem irdischen Rad der Wiedergeburt entfliehen zu können. Irgendwie scheint es mir, dass Esoteriker und Spiritualisten christlicher Herkunft zwar neue, indische Wörter benutzen aber ihre alten Ansichten beibehalten. Sie schmücken ihr altes Glaubenssystem mit neuen Wörtern, aber verändert hat sich nichts. Immer noch haben viele nicht begriffen, dass Karma das Gesetz von Ursache und Wirkung bezeichnet und die meisten können nicht fassen, dass auch gute Taten Karma schaffen. Wenn es das Gesetz von Saat und Ernte ist, so würde es Jesus bezeichnen, wäre es doch klar und logisch, dass nicht nur schlechte Samen eine Ernte bringen, sondern auch gute. Der Unterschied liegt also nicht darin zu ernten, oder nicht zu ernten, sondern in der Unterschiedlichkeit der Ernte. Geerntet wird immer – solange gesät wird.

Na gut, so wirst Du Dir jetzt vielleicht vornehmen, gar nichts mehr zu tun, um nichts mehr ernten zu müssen. Doch Nichts-Tun ist auch Tun. Mit dem Nichts-Tun erhöht sich die Gefahr der Unterlassung, denn es gibt Dinge, die von Dir getan werden sollten. Du kennst ja den Begriff ‚Unterlassungssünde'. Die Schwierigkeit liegt nicht darin, zu unterscheiden was Gut und Böse ist und dann nur noch das vermeintlich Gute zu tun, sondern darin zu lernen, wie es möglich ist zu leben ohne sich Karma zu erschaffen. Zuerst jedoch, bevor ich dazu übergehe zu erklären, wie man lebt ohne sich Karma zu erschaffen, möchte ich einen wunderbaren Weg aufzeigen, wie es möglich ist Karma, welches Du Dir gerade jetzt oder in Deiner Vergangenheit geschaffen hast, zu erlösen. Das Karma nämlich schafft Ausgleich. Es ist jene göttliche Einrichtung, die für Gerechtigkeit sorgt, so, dass keiner zu kurz kommt. So, dass alle ernten dürfen, was sie gesät haben. Wenn ich nun die einzelnen Schritte dieses Verfahrens erläutere, wirst Du sehr schnell bemerken, dass Du sie schon kennst. Und Du wirst darüber hinaus erkennen, dass Du es viel zu selten anwendest. Du wirst erkennen, dass Du oft den langen Weg des Leidens dem kürzeren Pfad der Ehrlichkeit vorziehst. Also, wie lässt sich denn Dein Karma nun transformieren?

1. Aufrichtige Reue

Es tut Dir leid, so gehandelt zu haben und Du wirst Dein Bestes tun, um es nicht noch einmal zu machen. Es soll Dir wirklich Leid tun, Du sollst es nicht bloß deswegen bereuen, weil es herausgekommen ist, was Du getan hast. Eher solltest Du jene Dinge, die Du getan hast und nun geheim hältst selber aufdecken, bevor es andere für Dich tun, das ist wesentlich angenehmer.

2. Bekenntnis

Es ist egal, wem Du es erzählst. Das Bekenntnis ist in Wirklichkeit eine Handlung, mit der Du die Verantwortung übernimmst. Es ist ein ‚Wieder- Zurückkehren' zum Ursprung und ein Fallenlassen jeglicher Rechtfertigung. „Ich habe es getan."

3. Wiedergutmachung

Eine Wiedergutmachung oder Entschädigung ist ein persönliches Opfer, um den angerichteten Schaden wieder gut zu machen. Die Person, die zufriedenzustellen ist, und die fühlt, dass die Entschädigung dem Schaden entspricht, bist DU. Wenn es unklar ist, was eine gerechte Entschädigung sein könnte, dann ziehe eine neutrale Partei zu Rate.

4. Dich wieder mit Deiner Intuition in Übereinstimmung bringen
Wenn Du die vorhergehenden Schritte getan hast, wirst Du wieder ruhig und entspannt sein. In dieser Ruhe kennst Du intuitiv die Richtung, in welcher Dein Glück und Dein weiteres Wachstum liegen. Du wirst mit Deiner Intuition wieder in Übereinstimmung sein und kannst nun Deinen Weg in Ausrichtung mit Deinen ganz persönlichen Zielen gehen. Je mehr jemand versucht sein Gesicht zu wahren, desto mehr wird er es verlieren. Du siehst, dass Bestrafung in diesem Bild nicht enthalten ist. Ehrliche Menschen, Menschen, die in Bezug auf ihre eigene spirituelle Entwicklung und Erleuchtung aufrichtig sind, brauchen keine Bestrafung um ihre Übergriffe zu korrigieren. Wenn Du einmal die Kraft der Freiheit erlebt hast, die von der vollständigen Bearbeitung der selbstentmächtigenden Aspekte eines geheim gehaltenen Übergriffes herrührt, wirst du niemals wieder einen Übergriff verstecken. Da Du Deinen Körper niemals absichtlich mittels schwerer Fesseln lähmen würdest, warum solltest Du Deinen Verstand mit Angst vor Aufdeckung lähmen wollen?

Die Schritte sind einfach:
1. Es tut mir aufrichtig leid.
2. Kein Entschuldigen, nur: ‚Ich habe es getan.'
3. Ich mache es zu meiner höchsten Priorität, den Schaden wieder gutzumachen, den meine Aktionen verursacht haben.
4. Ich werde hiernach der Führung meiner Intuition verantwortungsgemäß Folge leisten.

Eine oft gestellte Frage: ‚Ich weiß, dass es am besten ist, wenn ich den Schaden, den ich einem Menschen zugefügt habe, so weit es irgendwie geht, wieder gutmache, aber was ist, wenn der Mensch unerreichbar oder gestorben ist?'

Du kannst es wieder gutmachen, indem Du einen echten humanitären Dienst leistest. Unterstütze andere. Alles Leben ist verbunden. Deine Intuition wird Dir sagen, wann Deine Schuld bezahlt ist. Was Du also definitiv nicht brauchst, um Dein Karma zu transformieren ist Vergebung. Vergib Dir selbst und sei mutig genug, um diese Schritte zur erleuchtenden Gerechtigkeit zu vollziehen. Das wird Dich befreien und Du wirst wieder in Harmonie und Übereinstimmung mit Deinen Mitmenschen leben können.

Ohne Geheimnisse, ohne schlechtes Gewissen, ohne Unehrlichkeit und ohne Vorspiegeln falscher Tatsachen. Und sollte jemand Dir gegenüber einen Übergriff, eine Verletzung begangen haben – dann verzeih. Da in diesem System keine Bestrafung vorgesehen ist, brauchst Du auch nicht zu fragen, warum jemand etwas getan hat. Anerkenne einfach, dass er es getan hat. Bringe ihn nicht in Verlegenheit mit der Frage ‚warum?', es wird ihn höchstens wiederum dazu verleiten, unehrlich zu sein oder zu lügen. Es ist völlig unwichtig, warum jemand etwas getan hat. Weitaus wichtiger ist es, dass die Taten erkannt, verändert und nicht wiederholt werden. Gemäß Jesus Aussage: ‚Gehe hinfort und sündige nicht mehr…' Diese Worte sprach er nach erfolgter Heilung.

Die Vergebung Gottes zum Beispiel ist Dir sowieso gewiss, denn wir sind alle Gottes Kinder und Er vergibt ununterbrochen, weil Er weiß, dass wir es nicht aus böswilliger Absicht, sondern aus Unwissenheit getan haben. Denn in dem Augenblick, wo jemand erkannt hat und sich bewusst ist, was er getan hat, wird er es automatisch bereuen und in sich den tiefen Wunsch verspüren, es wieder gutmachen zu wollen und es nicht mehr tun. Das ist der natürliche, einfachste und schnellste Weg um vorhandenes Karma aufzulösen. Dies wären also die allerersten Schritte, die getan werden müssen, um dorthin gelangen zu können, wo es möglich ist zu leben, ohne neues Karma zu schaffen. Du kannst leben, ohne Dir Karma zu erschaffen, indem Du weder Gutes noch Schlechtes tust. Dazu musst Du aber erst verstehen können, dass es weder Gut noch Böse gibt. Ohne Werte leben zu können, heißt nicht, dass alles 'wertlos' ist, sondern wertfrei oder noch genauer gleichwertig. Dann und erst dann ist es möglich, eins zu eins direkt aus der Intuition

zu handeln. Und wer aus reiner Intuition handelt, der tut immer im rechten Moment auf die rechte Art und Weise genau das, was getan werden muss. Er hilft mit, den göttlichen Plan bewusst oder intuitiv in Erfüllung zu bringen. Dieser Mensch handelt nicht mehr aus Wunsch oder Widerstand, sondern aus Berufung. Es ist ihm nicht mehr oberste Priorität, dass es ihm selbst gut gehe, sondern er dient dem ‚Großen Ganzen'. Da er keine persönlichen Ziele mehr verfolgt, sondern übergeordnete, höhere Ziele, die dem Allgemeinwohl und der Entwicklung der Menschheit insgesamt dienen, wird er auch Dinge tun, die von vielen ‚normalen' Menschen nicht verstanden werden. Zum Beispiel wird er nicht neue Unklarheiten entstehen lassen. Er wird ehrlich seinen Weg gehen und ohne Rücksicht auf sein Image, auf seinen Ruhm und seine Macht genau das tun, was sein Inneres oder Höheres Selbst tun will, was er gemäß seiner inneren Führung tun muss.
Hier einige Fragen, die Du Dir selbst stellen kannst, um Dir auf die Schliche zu kommen, aus welcher Motivation Du etwas tust oder nicht tust.

1. Gibt / gab es Dinge in Deinem Leben, von denen Du nicht möchtest, dass sie bekannt werden?
2. Hast / hattest Du irgendwelche Vorhaben, wo Du den Betreffenden nicht alle Deiner Ziele / Absichten offenbarst?
3. Welche Deiner Handlungen sind von Angst oder Ärger motiviert?
4. Gibt es etwas in Deinem Leben, was Du ändern möchtest, es aber nicht kannst?
5. Was sind die Gründe dafür und wann wirst Du es ändern?

Wenn Du erst einmal die Verantwortung für Dein Leben übernommen hast und Du Dich nicht ständig damit entschuldigst, Opfer zu sein, dann hast Du reelle Chancen den ewigen Kreislauf von Geburt und Wiedergeburt, von Karma und Leid zu durchbrechen. Dann wirst Du mehr und mehr zum Schöpfer Deiner eigenen Realität. Dann wirst Du erleben, dass sich Saat und Ernte in einem immer kürzeren Zeitraum ausgleichen und Du kannst Dich glücklich schätzen, wenn es Dir nicht mehr 'gelingt' Geheimnisse zu haben. Denn solange ein Mensch Geheimnisse hat, hat er Dinge deren Erntezeit noch nicht gekommen ist. Und außerdem ist es ein uraltes Geheimnis, dass jede gute Tat das Karma einer unguten Handlung erlösen kann.

Wenn wir die Maske fallen lassen und wirklich ehrlich sind, dann beginnt das Göttliche in uns zu erwachen, dann beginnt die wahre Spiritualität. Was geschieht, wenn alles geerntet ist? Was geschieht, wenn Du nur noch soviel säst, wie die anderen ernten können? Was bleibt dann noch für Dich? Nichts! Und genau das ist der Zustand, von dem aus alles möglich ist. Erst wenn Du nichts hast, bemerkst Du, dass Du alles haben kannst. In dem Moment, wo Du bereit bist zu sterben, wirst Du wahrhaftig erkennen können, dass Du ewiges Leben besitzt. Das Resultat für Menschen, die sich nicht freiwillig entwickeln möchten heißt: Leiden. Und zwar in etwa so wie ‚Aug um Aug, Zahn um Zahn'. Zum Beispiel: Wenn Du Fleisch von Tieren isst und Du somit Dein stilles Einverständnis gibst, dass Tiere gefangen, gequält und getötet werden, dann gibst Du auch Dein Einverständnis, dass andere dasselbe oder Ähnliches mit Dir machen dürfen. Deshalb solltest Du niemandem etwas antun, was Du nicht möchtest, dass es Dir getan wird. Der Täter wird zum Opfer, der Jäger zum Gejagten und der Liebende zum Geliebten. Es gibt also zwei Wege um sein Karma zu bereinigen. Der eine braucht Mut und bringt Dir Respekt und der andere braucht die Fähigkeit, Leid zu ertragen und bringt Dir Mitleid. Es sind dies zwei Angebote der irdischen Realität, und bevor Du Deine nächste Handlung vollziehst, überlege Dir, welche Zukunft Du für Dich bevorzugst. Du allein hast alles in der Hand, Du bestimmst, ob Deine Zukunft von Leid und Schmerz, Krankheit und Verzweiflung geprägt ist oder vor Glück und Freude nur so überströmen wird. Und wenn Dein Inneres sich schon lange bei Dir meldet und Dich bittet umzudenken und gewisse Dinge in Deinem Leben verändern möchte, so könnte es hilfreich für Dich sein über folgenden Gedanken nachzudenken. Es gehört oft mehr Mut dazu, seine Meinung zu ändern, als ihr treu zu bleiben.

Karma heißt nicht, dass Du bestraft wirst, sondern es fordert Dich auf, die Verantwortung für Dein Leben zu übernehmen. Wenn Du bereit dazu bist, wird Karma eine tolle Sache sein für Dich. Wenn nicht, dann solltest Du baldmöglichst daran denken, es zu tun. Am besten bevor Du das Gefühl hast, Opfer zu sein, und bevor Du zu glauben beginnst, dass das Leben hart, schwer und ungerecht ist. Denn hat nicht Jesus gesagt: ‚Dir geschieht nach Deinem Glauben!?'

An das Karmagesetz zu glauben kann also eine Chance für Dich bedeuten, Dein Leben in eine bessere Richtung zu steuern oder aber dahingehen, dass Du denkst: ‚Ich kann ja eh nichts ändern, das ist halt mein Karma.' Du wirst Dich so ein Leben lang über Dinge hinwegtrösten, die Du eigentlich ganz leicht verändern könntest, wenn Du bloß ein wenig mutiger wärst. Wenn Du bereit bist, die Verantwortung für Dein Leben voll und ganz zu übernehmen, dann hast Du auch die Macht, alles zu erreichen, was Du willst.

Als ich gerade aufgehört hatte zu rauchen, zeigte mir die Geistige Welt das Folgende. Ich genoss gerade den Gedanken, wie es wäre, einen tiefen Zug einer Zigarette zu nehmen, ohne ihn jedoch auszuführen. Da sah ich, wie dieser Gedanke und die ihm innewohnende Kraft bei einem anderen Menschen, der gerade damit kämpfte, ebenfalls das Rauchen aufzugeben, in dessen Aura eindrang und wie dieser im selben Augenblick entschied, sich wieder eine Zigarette anzustecken und es auch tat. Ich war jetzt also mit diesem mir unbekannten Menschen verbunden und mit seinem Karma verwoben. Solange, sagte die geistige Welt, wie dieser Mensch noch raucht, werde ich mit der Lust nach Zigaretten zu kämpfen haben.

Karma ist etwas, das man sich erschafft, etwas, was sich der Mensch kreiert. Wenn er lernt, wie es möglich ist, etwas zu kreieren und wie es geht, etwas zu integrieren, aufzulösen, dann werden sich in seinem Leben nicht ständig die mehr oder weniger selben Umstände wiederholen, sondern er wird in der Lage sein, den ewigen Kreislauf zu unterbrechen. Es gibt Methoden, die uns helfen zu erkennen, welche Samen wir gesät haben und uns lehren, wie wir diese, sollten es nicht diejenigen sein, welche uns die gewünschten Früchte einbringen, wieder aus dem Boden entfernen, bevor sie Wirklichkeit geworden sind. So ist es dann ganz einfach, sein Karma zu bestimmen. Eine wunderbare Möglichkeit stellt diesbezüglich das Free Spirit-Training dar. Es vermittelt genau die Techniken und Übungen, die wir benötigen, um uns in aller Tiefe selbst zu entdecken, unsere Saat zu erkennen und sie gemäß unserem innersten Sein zu verändern. Das Karma ist nun lösbar, die Verantwortung jedoch kann ich niemandem abnehmen, so gerne ich das auch wollte. Würde jeder solchermaßen aus seinem Geiste heraus handeln, wäre die logische Folgerung eine erleuchtete, interplanetarische Menschheit, die in Frieden und Harmonie miteinander lebt. Denn das, was wir in dieser Inkarnation erreichen sollten und auch können, ist Friede. Deshalb war Jesu Gruß: ‚Friede sei mit Euch!'

Läuterung

Ich habe das Feuer der Läuterung am eigenen Leib erfahren. Danach wollte ich nur noch eins: LEBEN!

Eines ist mir immer noch in bester Erinnerung, so als wäre es heute gewesen. Der Abschied! Ja, ich erlebte den Moment, kurz bevor ich in die irdische Welt inkarnierte, ich erlebte ganz bewusst die Trennung von meinen ‚himmlischen Eltern'. Nicht im Sinne von Gott, sondern Eltern, wie wir sie auf Erden haben. Sie waren äußerlich beide sehr jung, ich schätze knapp 30, beide waren sie wunderschön anzusehen und bevor ich ‚hernieder stieg' und hier geboren wurde sagten sie zu mir: „Du musst jetzt gehen. Wenn Du unten bist, wirst Du wieder Eltern haben, auf der Erde. Betrachte sie so, als wären es Deine ‚richtigen' Eltern."

Ich nahm Abschied, inkarnierte und jetzt weiß ich, weshalb ich zu meinen irdischen Eltern nie so ein richtiges, so ein schönes, liebevolles Verhältnis entwickeln konnte. Obwohl sie sehr lieb waren. Aber irgendwie begleitete mich stets das Gefühl, dass dies nicht meine richtigen Eltern sind, oder dass sie nicht so sind wie ich ‚Eltern' noch in Erinnerung hatte. Demnach ist es auch nicht erstaunlich, dass ich bereits als Baby nach Möglichkeiten suchte, zurück nach Hause zu kommen. Eine gute Gelegenheit bot sich mir, als ich 14 Monate alt war. Mutter hatte gerade eine große Pfanne Kaffeewasser auf den Herd gestellt – es war die Chance für mich. Ich angelte mich auf wackligen Babybeinchen in die Küche, zog mich zwischen Muttis Beinen hoch und griff blitzschnell die große Etikette, welche an einer Schnur am Griff der Pfanne befestigt war, und riss das kochende Wasser über mich. Ich war lange Zeit im Koma und verbrachte 3 Monate im Züricher Kinderspital. Danach kam ich wieder nach Hause. Es hatte also nicht geklappt! Ich wollte zurück nach Hause. Die Sehnsucht nach meiner himmlischen Heimat war so stark, das ich mir immer neue Ideen ausdachte. Zum Beispiel schaffte ich es mit 4 Jahren, mich von der elterlichen Hand zu lösen und über die Straße zu laufen. Resultat: vom Auto überfahren, schwere innere Verletzungen, Krankenhaus und unerträgliche Schmerzen, die mich bis zum nächsten Unfall, 16 Jahre später, quälten. Aber gereicht hatte es wieder nicht. Ich lebte immer noch. Ich lebte und lebe immer noch in einer Welt, die mir oft so unwirklich, so hart und grausam, so lieblos und schwerfällig schien, dass ich auch weiterhin den Wunsch hatte, nach Hause zu kommen, zurück an den Ort, den ich ‚Himmel' nenne. Immer noch hatte ich Heimweh und wer weiß, vielleicht wird klein Bruno doch noch etwas einfallen, das funktioniert.

Mit dem Roller die Straße runterflitzen, ja, das war's, das geht bestimmt! Fazit: Blutende Knie, ein Loch im Kinn, zu Hause ‚zufälligerweise' ein Arzt zu Besuch, zwei Tage später wieder auf den Beinen. Dann die Lösung, Kinderkrankheiten! Hat auch nicht geklappt. Später dann, als alle Waghalsigkeiten mit dem Moped vorbei waren, kaufte ich ein Motorrad. Eine Harley

Davidson. Es dauerte nicht lange und es gelang mir ein frontaler Zusammenstoß mit einem Auto. Ich flog durch die Luft und obwohl der ganze Spuk nur einige Sekunden dauerte, hatte ich genügend Zeit ganz gemütlich den sogenannten Lebensfilm zu betrachten. Es war faszinierend. Ich befand mich in einem Raum ohne Zeit, ohne Angst, ohne Lärm, ohne die Schwere des irdischen Lebens oder Körpers zu spüren, ohne Schmerzen. Jetzt hab ich's geschafft, das ist das Ende, jetzt hat´s mich erwischt, das überlebe ich nicht. Ende. Doch all dies war mit meinem Aufprall am Boden, nachdem ich in dreifachem Salto mortale durch die Luft geflogen war und rücklings auf den Boden knallte, schlagartig vorbei. Weitere 20 Jahre Schmerzen, die mich am Boden hielten. Wie ich die Schmerzen im Free Spirit®-Training losgeworden bin und wie die genauen Zusammenhänge waren, würde hier zu weit führen. Nur eines möchte ich Dir nicht vorenthalten, die Schmerzen, welche ich nun schon mein ganzes Leben lang trug, hatten ihre Ursache nicht im physischen Bereich, sondern im seelischen. Es war das Gefühl, allein und verlassen zu sein in dieser Welt, das mich so hilflos und verletzlich sein ließ. Das Gefühl, dass mir hier unten keiner helfen kann und ich ganz auf mich allein gestellt bin – ohne meine himmlischen Eltern – hat zu all dem geführt.

Es hatte auch nicht geholfen, als ich damals beim Einkaufsbummel mit meinen Eltern im Kaufhaus, mit meinen noch ganz kleinen Kinderfingerchen eine Starkstromsteckdose erforschte. Gerade noch rechtzeitig rissen sie mich weg. Auch später als ich das mit dem Strom per Schraubenzieher versuchte, gelang es nicht. Es gab bloß einen Knall, einen schwarzen Türrahmen und ich lag auf meinem Kinderbett.

Nun, ich habe mich also nie wirklich wohl gefühlt in meiner ‚irdischen' Haut und selbst damals, als das göttliche Reinigungsfeuer in mir loderte und fast meine ganze Haut verbrannte, meine Nieren dadurch fast versagten, hat es nicht gereicht, ich wurde in letzter Minute gerettet. Danach machte ich noch einen letzten Versuch, crashte mit meinem Auto in eine Kolonne. Zwei Totalschäden, ein Blechschaden, verletzt war aber niemand. Nicht einmal ich. Ich war angegurtet, das ist ein großer Fehler, wenn man hier weg will. Danach stellte sich aber die Frage, ob ich denn wirklich noch weg wollte? Zu Deiner Beruhigung: Ich bin noch da!

Leid

Theoretisch ist es einfach, zu Schmerz und Leid ‚ja' zu sagen, aber das praktische Erleben von Schmerz, Leid und Verzweiflung, das Annehmen von Leid ist einer der anspuchsvollsten, reifsten Prozesse des Lebens.

Es ist die abgewandelte Form von ‚Liebet Eure Feinde'. Dieser Lektion entkommt kein Mensch auf dieser Erde. Jeder Leser hat schon Einsamkeit, Schmerz, Leid und Verzweiflung erfahren. Jeder Mensch weiß, wie es ist, wenn man das Gefühl hat, von Gott und allen guten Geistern verlassen zu sein. Wie es ist, wenn man ganz auf sich allein gestellt ist und das Gottvertrauen zutiefst erschüttert ist. Es sind dies jene unbezahlbar wichtigen Momente im Leben, welche ‚Läuterung' herbeiführen und die Menschen entweder in die absolute Verzweiflung oder aber zum absoluten Glück, zur Einheit in der Liebe Gottes zurück führen.

Wer sein Leben Jesus weiht, hat mit seiner Inkarnation meistens Vorstellungen von Leid und Schmerz verbunden. Dadurch – durch diesen tiefen Glauben und diese unendliche Verbundenheit – vollzieht ein Jünger /eine Jüngerin Jesu, im eigenen Leben die wichtigsten Stationen des Gottessohnes. Er tut dies solange, bis er / sie fähig wird, alles zu lieben, was da ist, war und sein wird. Er lernt dadurch mehr und mehr, alle Bewertungen von 'Gut' und 'Böse' loszulassen und kehrt so zurück zum wahren und wirklichen Leben. Er erkennt, dass dieses irdische Leben und darüber hinaus auch das nicht irdische Leben, ja alle möglichen Variationen von Realität, der Spiegel der ‚Bewusstseine' ist, welche in dieser Sphäre leben. Und der Mensch kann nach einigem Training beliebig zwischen diesen Ebenen hin und her wechseln und verschiedenartigste Erfahrungen sammeln. Einige Menschen zeichnen sich dadurch aus und erkennt man daran, dass sie sich weigern, verschiedene Erfahrungen zu machen oder andere Standpunkte einzunehmen. Sie sind stur, fanatisch, brauchen viele Gesetze und Richtlinien, lieben das traditionelle und wissenschaftlich beweisbare Weltbild. Es sind jene, die ihrem Gefühlsleben völlig orientierungslos sind und es nicht gewohnt sind, Schmerzen zu ertragen. Sie fühlen sich immer schnell persönlich betroffen, bei allem was gesagt wird und fühlen sich von weiter entwickelten Menschen stets unverstanden. Dann beginnen sie diese zu bewerten, zu verurteilen und manchmal physisch, aber meistens mental zu ‚töten', zu zerstören. Es sind jene, die nicht glauben, was sie nicht glauben wollen und allen ihr Wissen, ihre Erfahrung und ihren persönlichen Glauben aufdrängen. Sie versuchen immer, ihre gesamte Umwelt zu indoktrinieren und können sehr aggressiv werden, wenn man ihnen widerspricht. Krankheit versucht, diese Disharmonie auszugleichen, Schmerzen öffnen die Herzen der Betroffenen und ihrer Mitmenschen. Man sühnt, weil man sich sehnt nach dieser anderen Seite von sich. Man sühnt, weil man sich schlecht und sündig fühlt. Man sühnt, um sich das Recht und den Mut zueigen zu machen, wieder zu Gott, der ja in einem selbst wohnt, ‚ja' zu sagen. ‚Ja, ja, ja!!!' ist die andere Seite von ständigem ‚Nein!', das wir der Welt entgegenschleudern. ‚Ja' zu Schmerz, Leid, Pein und Verzweiflung. Ja, sogar: ‚Ja!'. zum Tod. Er öffnet uns das Tor zum wahren Leben. Zu einem Leben in Harmonie, zu einem Leben in Liebe, zu einem Leben des Miteinanders, zu einem Leben, in welchem ich weder mich selbst noch andere erniedrige oder erhöhe, sondern erkenne, dass wir alle Gottes Kinder sind, erkenne, dass wir alle und die ganze Welt vollkommen sind. Würdig von Dir geliebt und wertgeschätzt zu werden, unseretwegen, meinetwegen, Deinetwegen.

Erleuchtung auf Erden

Der Mensch ist nicht da, um sich stets mehr und mehr zu ärgern, sich Sorgen zu machen, ums Überleben zu kämpfen, um unaufhörlich zu leiden. Er ist da, um seine Erleuchtung zu finden.

Wenn wir annehmen, dass der Weg das Ziel ist, wie Jesus sagte, und wir weiter annehmen, dass unser Ziel die Erleuchtung ist, das Einswerden mit Gott, dann liegt die Annahme näher, dass der Mensch – Du und ich – bereits erleuchtet sind, es nur noch nicht wissen. Wir sind uns nicht bewusst, dass wir es sind. Wir schlafen und einige beginnen immer tiefer zu träumen, derweil andere bereits langsam am Erwachen sind. ‚Erwachet!' heißt ja auch immer der Ruf, den die Geistige Welt an uns richtet. Obwohl ich sehr für gute Taten bin, benötigt es zum Aufwachen keine bestimmte Anstrengung. Weder das Spenden von Geld, noch Bemühungen wie Yoga, Gebet, bestimmte Ernährungsformen noch andere Rituale und auch kein Ertragen von Leid kann uns das Eins-Sein mit Gott erkaufen. Es kann uns höchstens gut tun und uns davor bewahren, die uns geschenkte Erden-Zeit mit dümmerem zu vertun. Alle spirituellen Techniken haben zum Ziel, die Bewusstheit darüber zu erlangen was wir tun und weshalb wir es tun. Ich erinnere dabei an die Aussage: ‚Vergib ihnen, denn sie wissen nicht, was sie tun!' Denn, wenn jemand weiß, was er da wirklich tut, wird er ganz bestimmt vieles nicht mehr tun, dafür aber anderes umso mehr. Und, ohne dass jemand sagen musste, was Du tun sollst und was nicht. Wenn Du erwacht bist, wenn Du genau durchschauen kannst, was Du tust, dann wirst Du mehr und mehr Dein eigener Meister sein. Dann fallen alle äußeren Meister und Lehren, alle Disziplinen, die Du gelernt hast, weg. Was wäre Gott, wenn er nur jene zu sich nehmen würden, die den Kopfstand beherrschen, oder bloß Vegetarier, wie ich einer bin, oder nur solche, die ein schweres Leben ohne Reichtum gelebt haben oder nur Katholiken,

Buddhisten oder Juden? Dann wäre Gott vermutlich eher ein Geschäftsmann, denn ein Schöpfer. Aber der Geschäftemacher bist du, sind wir Menschen, ist unser Ego. Genauso wenig, wie es möglich ist Gottes Liebe zu erkaufen, ebenso unmöglich und unnötig ist es, sich Erleuchtung erkaufen zu wollen. Erleuchtung kommt nicht, weil Du möglichst verbissen etwas tust, sondern indem Du sie einfach zulässt. Denn Erleuchtung ist immer da. Sie kommt nicht und sie geht nicht, und sie wird Dich nirgendwo hinbringen. Sie ist, wie sie ist. Du kannst aufwachen und sie erleben oder nicht. Das ist die Wahrheit. Alle Wege führen zu dieser Wahrheit. Die Sonne scheint auch dann, wenn Du die Augen verschlossen hast. Selbst wenn Du schläfst und träumst, geht Dein Bett nicht weg. Auch alle anderen Menschen und Wesenheiten leben und werden aus Gott gespeist, auch wenn sie nicht an ihn glauben und gar nichts dafür tun, von ihm geliebt zu werden. Denn Gottes Liebe ist bedingungslos und unbegrenzt. Gott erwartet von Dir nicht, dass Du perfekt bist. Denn ‚Perfekt-sein' ist nicht das, was wir gemeinhin darunter verstehen. Perfekt sein ist alles andere als gut und wünschenswert, denn es bezeichnet einen statischen, künstlichen Zustand, wo keinerlei Veränderung mehr möglich ist. Dies würde den Tod der Schöpfung bedeuten. Gott ist nicht perfekt, sondern vollkommen! Und die Vollkommenheit lässt Wachstum zu. Und deshalb ist es wichtig, dass Du zuallererst weißt, dass Du gut bist, so, wie Du gerade bist.

Alle Bemühungen, die Du unternimmst, weil Du glaubst, nicht gut genug, nicht würdig genug, nicht rein genug, nicht liebevoll genug, nicht demütig genug, nicht heilig genug zu sein, um Erleuchtung verdient zu haben, werden nichts fruchten. Aber vermutlich wirst Du, wie alle anderen vor Dir, folgenden Weg gehen: leben, lieben, leiden, die Welt erforschen und viel Wissen aneignen.

Krankheit, der Gesundheit wichtigster Aspekt

Alle suchen nach der Wundermedizin, doch wenn sie auftaucht verdammen wir sie.

Gesundheit ist wahrhaftig eines der wertvollsten Güter, die wir besitzen. Wir sollten sie pflegen und unterstützen, wo und wie wir nur können. Die Gesundheit besteht jedoch nicht nur aus einem gesunden Körper, sondern zu einem ebenso großen Teil aus einem harmonischen Arbeitsbereich, einem gesunden Familienleben, einer weisen Denkweise, guter Ernährung und erholsamer Nachtruhe. Gesundheit ist somit weniger eine Sache des Körpers, sondern der Seele. Jede Krankheit ist die Folge von inneren Spannungen, seelischen Verletzungen und Disharmonie. Natürlich gibt es auch ‚karmische Gründe' dafür, die sind weitaus geringer, als man glaubt. Karma lässt sich leicht auflösen, wenn man bereit ist, sich zu verändern. So ist es auch mit jeder anderen Krankheit. Eigentlich ist sie das Wunderheilmittel! Damit nämlich zeigt uns die Intelligenz des Körpers ganz genau die Richtung, in welche unsere Heilungsbemühungen gehen sollen, damit wir wieder genesen können. Anstatt Krankheit zu verdammen, werden wir lernen müssen, sie zu lieben! Wenn wir sie als Freund betrachten und nicht als bösen Feind, dann sind wir auch in der Lage, sie zu verstehen. Dafür aber müssen wir ihre Sprache verstehen. Und die Sprache eines feindlichen Landes lernt offenbar keiner gerne freiwillig. Du brauchst Dich nur ganz ehrlich zu fragen, welche Nationalität auf der Erde Dir nicht so sehr liegt, Dir nicht nahe steht oder mit der Du einfach nichts anfangen kannst. Sprichst Du deren Sprache? Ist ja auch verständlich, dass man lieber mit Freunden spricht als mit Feinden. Nur, verstehen lernst Du sie so logischerweise auch nicht. Du wirst ihre Standpunkte nie wirklich verstehen, weil Du sie selbst nicht einnehmen kannst, weil Du sie zu wenig liebst. Solange wir etwas ablehnen, sei es Krankheit, Armut, oder Krieg, werden wir es früher oder später erleben. Warum? Ganz einfach, weil immer das Realität wird, worauf die eigene seine Aufmerksamkeit gelenkt ist, sei es als Wunsch oder als Widerstand.

Die kontraproduktive Kriegs-Strategie medizinischer Aufklärung durch TV und Printmedien.

Angenommen es wäre irgendwo in der Welt ein Krisenherd und die Politiker eines anderen Landes möchten dieses rebellische Land beherrschen. Was würden sie tun, um ihre eigenen Soldaten und das ganze Land, zu einem Krieg gegen die feindliche Nation zu motivieren? Sie verbreiten im ganzen Land die Gräueltaten ihrer Feinde. Mit der Wahrheit nimmt man es da nicht gar sehr genau. Im Gegenteil, vieles wird schlimmer dargestell als es ist und ebenso vieles wird noch hinzugedichtet und gemutmaßt, um die Wut und die Angst so weit zu schüren, bis alle Kräfte und finanziellen Mittel aufgewendet werden, um die feindliche Nation zu besiegen. Das ganze daraus entstehende Leid, wird als gerechter Kampf gegen das Böse propagiert und letztlich auch so empfunden. Daher wird für nichts auf der Welt mehr Geld, Energie und Menschenleben investiert als für die Rüstung. An zweiter Stelle jedoch wird auf unserer Erde für die chemisch-pharmazeutische Kriegsführung gegen den allgegenwärtigen Feind ‚Krankheit' mobil gemacht. Die Strategie ist genau dieselbe. Man kreiere zuerst ein Feindbild wie Krebs, AIDS, Viren, Bazillen oder Cholesterin, mache allen klar wie gefährlich dieser Feind ist, verdeutliche, dass durch diesen Widersacher jeder unmittelbar in seiner persönlichen Freiheit und seinem finanziellen und gesundheitlichen Wohlbefinden bedroht sei und präsentiere Mittel, welche den vermeintlichen Feind besiegen könnten. In diesem Fall Medikamente. Doch wie in jedem anderen Krieg auch, gibt es immer nur wenige Sieger und viele, unzählige Verlierer. Für die große Masse der Bevölkerung, Soldaten oder Patienten führt dieser Kampf nicht zu Frieden und Gesundheit, sondern zu vermehrtem Leid, Armut und Tod.

Um erfolgreich und gesund zu sein oder zu werden, müssen wir unsere Strategie ändern.

Ich nenne diese neue Strategie die Strategie der Nächstenliebe. Ist im Kriegsbeispiel der Fremde unser ‚Nächster', so sind in Sachen Gesundheit unser Körper und unsere Organe die ‚Nächsten'. Nur was Du liebst, kannst Du verstehen, weil Du bereit bist, einen anderen Standpunkt einzunehmen. Der Körper teilt Dir immer genau mit, was er braucht, um seine Gesundheit aufrecht zu erhalten. Man muss nur hinhören. Wir sollten den Kampf gegen irgendetwas oder irgendjemand beenden und Integration anstreben. Gesundheit, Nächstenliebe und Friede werden viel einfacher erreicht, indem man das unterstützt, was man haben möchte, anstatt zu bekämpfen, was man nicht will. Dadurch ist die gesamte Aufmerksamkeit auf das Ziel und nicht die Behinderungen gerichtet, was zur Folge haben wird, dass Du Deine Ziele mit Leichtigkeit verwirklichen kannst. Das ist Psychologie. Den Feind zu bekämpfen ist aus Unwissenheit, gezeugte Dummheit.

Mein Motto: gesunde Ernährung, ein ausgewogener Lebensstil, vernünftiges Denken und Ehrlichkeit im Umgang mit sich selbst und seinen Nächsten.

Die Bruderschaft der Weißkittel

Eine ironisch-tragische Geschichte

Schwarzmalerei.

Erstaunlich ist es schon, dass das Wort ‚Heilen' heutzutage offenbar der rein schulwissenschaftlichen Medizin vorbehalten ist. So werden doch immer wieder alternativ heilende Praktiker zu Strafe und Gefängnis verurteilt, weil sie dieses ‚heilige Wort' gebrauchen. Weitere ‚Tabu-Worte' sind zum Beispiel auch ‚Patient' und ‚Medikament'. Alternative Heilmittel etwa werden nur dann als Medikament anerkannt, wenn sie von nachweislichen Nebenwirkungen begleitet sind. Finde also bloß nicht ein Mittel, welches heilt und keine Nebenwirkungen aufweist, sonst kannst Du sicher sein, dass Dir nicht nur die Ärzteschaft, sondern auch die gesamte ‚Pharma-Mafia' das Leben schwer machen. Denn eines gibt es leider noch nicht, eine wirksame Medizin gegen Gier, Machtgelüste und Ignoranz. Ich habe mich schon immer gefragt, wer denn jener erste Arzt gewesen ist, der auf die gloriose Idee kam, den Beruf des Heilers oder der Heilerin nur jenen zu erlauben, die bereit waren, das zu glauben, was dieser zu wissen vorgab. Einer muss ja irgendwann den Anfang gemacht haben. Und dieser eine begann Diplome und Zeugnisse an seine Gläubigen auszustellen. Dessen Anhänger wurden so viele und so mächtig, dass jeder der sich ihrer Indoktrination widersetzte zum Scharlatan abgestempelt wurde. Hat man sie einst gefoltert und getötet, begeht man heute an ihnen meist nur noch Rufmord. Man sollte jedoch nicht glauben, dass die heutige Variante, Andersgläubige zu bestrafen, menschlicher sei. Oft ist dies ein besonders langer und von vielerlei Schmerzen begleiteter Leidensweg, für den das Ende oftmals eine Erlösung wäre. Doch zurück zu diesem einen ersten Arzt. Wer war er? Woher hatte er seine Approbation und Heilerlaubnis? Bei wem absolvierte dieser seine Ausbildung? Wer schrieb seine Zeugnisse? An welcher Universität hat er wohl studiert? War er ein Heiliger oder bloß der Schlauste aller damaligen Heiler die heute alle Scharlatane wären? Und so stehe ich also da mit vielen Fragen, die keiner so genau beantworten kann. Doch selbst unbeantwortet lassen diese Fragen einen Raum entstehen, in welchem jeder fühlen kann, dass da irgendwann irgendetwas nicht gestimmt haben kann. Nun, wenn man sich also von anderen distanzieren, abgrenzen oder gar vollkommen abtrennen will, braucht man nur die altbewährte Polarität für sich zu nutzen. Es werden also keine farbenfrohen Bilder mehr gemalt, sondern nur noch schwarz-weiß Zeichnungen hergestellt. Diese Schwarz-Weiß-Denken-Strategie ist zwar leicht in ihrer Kleinkariertheit zu erkennen, aber sie hat eben den Vorteil, dass damit fast jedem klar aufgezeigt werden kann, wo die exakten Grenzen lägen, wie Gut und Böse sich unterscheiden, was richtig und was falsch zu sein hat. Es wird bewusst auf die sanften, überall in der Natur vorkommenden Abstufungen verzichtet. Wer könnte denn genau bestimmen, wo die Grenze des abendroten zum nachtblauen Himmel liegt? ‚Das gibt Schwierigkeiten!', hat man sich damals bestimmt gesagt und im Laufe der Zeit hat man sich dann entschlossen, um ganz klar herauszustellen, wer die 'Guten' und wer die 'Bösen' sind, sich in weiße Gewänder zu kleiden. Und diese Verkleidung, welche übrigens auch von vielen esoterischen Sekten getragen wird, ist in ihrer Wirkung bis zum heutigen Tage um Einiges eindrucksvoller als Sheriffsterne, Polizei- oder Militäruniformen. Ich persönlich sehe in dieser Verhaltensweise keinen wesentlichen Unterschied zur schmückenden Kleidung und verzierten Keule des Oberschamanen einer Höhlenbewohner-Sippe. Wieso wird eigentlich jeder ‚Heiler' von der offiziellen Ärzteschaft als verantwortungslos, geldgierig und vertrauensbrüchig bezichtigt, mit dem Hang zum Patientenmissbrauch?

Rein psychologisch müsste ich sagen, dass hier die eigenen Schattenseiten projiziert werden. Und allemal einfacher als diese bei sich selbst zu therapieren, ist es natürlich, sie anderen anzuhängen. Und so geschieht´s, dann, dass ein aufrechter Herzensmensch, der keinem Geschöpf etwas Böses tun könnte und sich als Heiler in den Dienst der Menschheit gestellt hat, sich plötzlich im Gefängnis wiederfindet. Er wird die Welt nicht mehr verstehen und bisweilen bestimmt ganz durcheinander sein und er wird sich wohl nicht so verhalten, wie man es von einem Verbrecher erwarten könnte. Das alles, in Verbindung mit seinen weisen und tiefgründigen Äußerungen, wird zu guter letzt gar noch dazu führen, dass man ihn für ‚unzurechnungsfähig' erklärt. So jemand scheint das Schicksal vieler Weiser zu teilen, indem er ein Leben in Verleumdung und Ächtung führt und als Unbekannter zu Grabe getragen wird. Denn auch die vormals Geheilten und seine ehemaligen Patienten werden allesamt dem öffentlichen, gesellschaftlichen und oft auch familiären Druck nicht lange Stand halten können und besser schweigen. Wahrhaft große Menschen werden oft erst nach ihrem Ableben, als solche erkannt. Und wenn das, was sie sagten, oft erst Jahrzehnte später in eine rein mechanische Denkweise Eingang findet, werden sie erst in ferner Zukunft ‚heilig' gesprochen. Dann aber will jeder ein Freund dessen gewesen sein, den man selbst an den Pranger gestellt hat.

Graumalerei.

Erstaunlich ist für mich der Umstand, dass die Menschheit und vor allem die Patienten, die Einnahme all der hochtoxischen als Medizin angepriesenen Chemikalien, bis zum heutigen Tag so gut überlebt haben! Und dennoch beobachte ich, dass heute keiner mehr gesund stirbt. Es scheint sich als normal in unseren Köpfen eingenistet zu haben, dass man halt je älter, desto kränker wird. Das ist halt nun mal so. Die Weißkittel haben offenbar beschlossen, dass eine lange Lebensdauer gut und eine kurze schlecht sei. Für mich persönlich steht Lebensqualität weit über der auf Erden verbrachten Quantität an Jahren. 'Weiß' hat offenbar beschlossen, Tod und Krankheit auf die ‚schwarze' Seite zu stellen, welche sie bis aufs Äußerste bekämpft. Psychologisch gesehen wird sich das Bekämpfte also noch mehr zeigen müssen. Und so kommt es, dass die Menschen erstens immer noch sterben und zweitens, dadurch, dass sie nun quantitativ länger leben, auch häufiger krank werden. Leider haben die medizinischen Wissenschaften ihre Entwicklung verschlafen. Dr. John Wayne kämpft gegen den Banditen. Es ist wie Bonanza oder heute wie Star Wars. Der Gute kämpft gegen das Böse. Und das Böse wächst und wächst.

Die Ärzte sterben, doch die Krankheiten bleiben! Es gibt aber Hoffnung. Langsam sehe ich die Sonne am Horizont aufgehen und ich kann beobachten, dass es immer mehr Ärzte gibt, die wissen, dass man Gesundheit stärken muss und nicht Krankheit bekämpfen.

Weißmalerei.

Erstaunlich, dass die umfassende Indoktrination, welcher wir über die Massenmedien ausgesetzt sind, es mittlerweile nicht mehr vermag, diese Wahrheit zu unterdrücken. Plötzlich tauchen geniale Wissenschaftler aus dem Nichts auf, entwickeln unglaubliche ja beinahe phantastisch anmutende Technologien und Präparate und kommen damit sogar an die Öffentlichkeit! Sie wagen es anzusprechen, dass Impfungen, Chemotherapien und Bestrahlungen den Tod bringen können, nicht das Leben vereinfachen und verlängern, sondern das Leiden ausdehnen. Sie stehen in neuer Selbstverständlichkeit auf und fürchten sich nicht vor ihren Standeskollegen, ihr Herz ist erwacht und sie fühlen ihren Auftrag, den Menschen und der Welt zu dienen. Sie bestehen darauf, aufzuhören, sie zu beschmutzen, zu vergiften und auszubeuten. Ja, es scheint mir, als hätten sie erkannt, dass keiner wirklich glücklich werden kann, der nur an sich zu denken vermag. Ihre Sicht ist weit, nicht mehr regional (Hals-Nase-Ohren-Muskeln-Knochen) oder national (Magen-Darm-Niere-Leber), auch nicht nur international (Herz-Lunge-Haut-Schleimhaut), sondern plötzlich tauchen universelle Heiler in allen Sparten der Wissenschaft und des Glaubens auf (Körper-Seele-Geist-Umwelt-Kosmos-Universum).

Das macht mich glücklich! Zu sehen, wie all die einst verkannten und geächteten Seelen wieder inkarnierten und auf dem Plan der Menschheit wieder auftauchen, um ihnen ihre Hilfe erneut anzubieten. Ihre Liebe zu uns hat sie, die ihnen einst von uns zugefügten Ungerechtigkeiten, vergeben und vergessen lassen. Und jetzt sind sie wieder da, unzählige von ihnen. Und dies meine Freunde ist ein Zeichen der End- und Neuzeit. Das Ende der Schwarz-Weiß-Malerei, der Beginn eines neuen Denkens und Fühlens. Vor allem in den Bereichen des Heilens und der wahren Nächstenliebe. Und bald wird auch eingesehen, dass Medikamente, welche vor ihrer Zulassung Millionen von Tiergeschwister leiden ließen und sie schließlich umbrachten, unmöglich zum Heil des Menschen beitragen können. Es wird bald Allgemeingut sein, dass von Tod nur Tod kommt, von Leid nur Leid und man wird umschwenken auf das wohl älteste, bewährteste Rezept: Jenes der Liebe. Es ist die Liebe in den Pflanzen, Steinen und Herzen, welche die wahre, die echte und einzige Medizin darstellt. Es ist die direkte Ausstrahlung Gottes, die heilt. Und um diese weitergeben zu können, benötigt es weder ein Diplom noch ein Rezept! Und die Liebe Gottes, wie auch immer wir sie benennen: Gott, Odem, Buddha, Licht, Brahma, Odin, Energie etc. und welchen Träger wir auch immer für sie auswählen, Tabletten, Globuli, Essenzen, Spritzen, Kräuter oder Handauflegen wird durch keine Gesetze aufzuhalten sein. Es beginnt die Zeit, wo nicht mehr Uniformen und Weißkittel gefragt sind, sondern reine Seelen, und sie sprießen bereits wie das Farn im Dschungel. Jetzt ist die Zeit, wo es sich lohnt den Blick auf alternative Heilmethoden zu richten! Es gibt keine unheilbaren Krankheiten, es gibt nur unheilbare Patienten, und was zuerst geheilt werden muss, ist die Einstellung sich selbst, seinem Nächsten und der Krankheit gegenüber. Wenn Du es vermagst, Deine Krankheit als Freund willkommen zu heißen und sie zu lieben, benötigst Du nur mehr wenige Therapien, um große Erfolge zu verzeichnen. Beginne gerade jetzt, indem Du aufhörst ‚schwarz' oder ‚grau' zu malen. Male ‚weiß' und lass Dein Leben wieder farbenfroh, nicht-polar, einheitlich, ganz heil Sein. Erkenne Dich als ein Teil Gottes der Du schon immer warst, bist und sein wirst!

Globalisierung

***‚Globalisierung' – ja, das hört sich gut an…
Gerade in spirituellen Kreisen denkt man dabei immer an ein Miteinander, an ein Zusammenwirken zum Guten, an eine Verschmelzung aller positiven Menschen zum Wohle des Planeten.***

Doch was heißt eigentlich ‚global'? Zum einen heißt es ‚weltumspannend', zum anderen bedeutet es ganz einfach ‚Verweltlichung'. Den Hintergründen einer Globalisierung wohnt leider nicht eine spirituelle Ausrichtung inne, sondern eine wirtschaftliche. Mit einer Globalisierung, vor allem der Märkte, beabsichtigt man bloß, mehr Profit zu erwirtschaften. Als Nebenwirkung müssen die Menschen dann beispielsweise höhere Steuern und vor allem im Lebensmittelbereich mindere Qualität in Kauf nehmen. Globalisierung zielt darauf ab, die Dinge bezüglich ihres Äußeren zu verschönern, auf Kosten des inneren Wertes. Die Äpfel werden immer glänzender und runder. Doch sucht man in ihnen nach Nährstoffen und Vitaminen, so findet man immer weniger davon. Die Bananen werden in Zukunft zwar eine einheitliche Biegung aufweisen, aber begast werden sie trotzdem. Es kann also in Zukunft weltweit vorgeschrieben werden, was alles begast, konserviert, bestrahlt und genmanipuliert wird und werden muss, ohne, dass irgendwelche qualitätsbewusste Minderheiten ein wirksames Einspruchsrecht hätten. Den Höhepunkt stellt dann die bereits begonnene globale Privatisierung des Wassers dar. Die Folge davon wird nicht Wohlstand und Nahrung für alle sein, sondern mehr Hunger, Armut, Unzufriedenheit, Krankheit, Ungerechtigkeit sowie ein 'Segen' vieler neuer Medikamente und weltumspannende Kriege.

Die Enthaltsamkeit neutraler Staaten wird mehr und mehr ein Ding der Unmöglichkeit. Man will damit ja schließlich auch erreichen, dass keiner mehr sagen kann: ‚Das hat mit uns nichts zu tun, wir sind unschuldig!' Doch wir alle wissen, wie schwer es ist, aus einem einst vereinbarten Vertrag auszusteigen, vor allem dann, wenn damit Ungerechtigkeiten verbunden sind. Ja, die Menschen investieren dann viel mehr Energie, Zeit und Geld dafür, sich zu rechtfertigen und zu versuchen, alles so zu drehen und zu wenden, dass Unrecht plötzlich zur edlen Heldentat mutiert. Was wir selbst bei kleineren Streitigkeiten im ‚regionalen', sprich Privatleben tun, wird sich nun mehr und mehr auch weltweit, global abspielen. Was ich damit meine, ist Folgendes. Keiner will die Verantwortung übernehmen, seine Fehler eingestehen und sie wieder gutmachen. Warum? Weil die Menschen Verantwortung gleichsetzen mit Schuld. Es will eben keiner der 'Schuldige' sein. Wenn also die Schuld globalisiert wird, kann man letztlich niemanden zur Rechenschaft ziehen. Kann man niemanden zur Rechenschaft ziehen, werden sich jene Macht- und Profitmenschen auf so sicherem Territorium befinden, dass sie beruhigt mit ihren Untaten weitermachen können.

Wenige haben den Profit und viele die Verantwortung! Aber sie waschen ihre Hände nicht mit Wasser, sondern in Blut. Und es ist gut zu wissen, mit welchem Blut, nämlich mit Deinem und dem Deiner Kinder!

Globalisierung wäre als Gedanke ganz in Ordnung, doch müssten dahinter bereits verantwortungsbewusste, freie Menschen mit spiritueller Ausrichtung stehen. Doch die Realität zeigt eben, dass die Esoteriker lieber gemütlich meditieren, als gemeinsam und tatkräftig zu handeln. Die Mehrheit der Esoteriker bringt es ja nicht weiter, als sich gegenseitig zu kritisieren und ich will nicht hoffen, dass es mit ihnen genauso endet, wie mit den sogenannten Weltreligionen, die sich gegenseitig sogar aufs massivste bekriegen. Wir sollten aber schon heute bedenken, dass es dort ebenfalls mit scheinbar harmloser Kritik begonnen hat. Das Traumziel der drahtziehenden Hintermänner der Globalisierung ist es, eine einfache, weltweite Möglichkeit der Versklavung von Menschen herbeizuführen. Und es ist nun mal so wie die Menschheit heute entwickelt ist, eine Tatsache, dass eine einzige große Masse leichter zu beeinflussen ist, als viele kleine Nationen, Staaten, Gruppen oder Glaubensgemeinschaften. Wenn sich alle Menschen in einem einzigen Suppentopf 'einkochen' lassen, braucht es nicht viele Köche und bloß einen Kochlöffel. Daraus könnte sehr leicht ein Einheitsbrei entstehen, der keinem mehr so richtig schmeckt. Doch was will man tun, wenn es keine anderen Köche mehr gibt? Wenn es keine Töpfe mehr gibt und keine Kochlöffel mehr, weil man sich so auf diesen einen, globalen Kochvorgang soetwas von verlassen hat, dass man es nicht mehr für notwendig hielt, sich mehrere Optionen offen zu halten? Was wäre ein Computerprogramm ohne Optionsmenü? Wie begrenzt wären die Anwender, wenn es bloß noch einen Zeichensatz geben würde? Und wie fatal wären die Auswirkungen dessen, wenn dieser Zeichensatz plötzlich ausfiele oder ‚von-sich-aus' entschiede, gewisse Buchstaben und Zahlen nicht mehr zu schreiben? Wie sehr würden wir alle die zuständigen Firmen anflehen, uns diese Zeichen wiederzuerschaffen? Und wie viel wären wir bereit, dafür zu geben? Was, Du denkst es würde nie so weit kommen? Dann schau Dich ′mal um, in welchem Maße sich die Menschheit zum Beispiel auf elektrischen Strom verlässt. Schau mal wie sehr Dein Leben, Dein Wohlstand, Dein Wohlbefinden und Deine Lebensweise auf Strom abgestimmt ist. Wie würde Dein Leben ohne Strom aussehen? Kein Licht, keine medizinischen Apparate, keine Handys, keine Computer, keine Telefone, keine Wasserpumpen, kein Küchenherd, keine elektrischen Heizungen, kein Radio, kein TV, keine Aufzüge. Und zur Arbeit fahren, wäre dann wohl auch unnötig. Selbst das mit dem Geld, könntest Du auch gleich vergessen, Geld abheben, Bankomaten. Keine Computer am Bankschalter, was dann? Unter positiver, hilfreicher Globalisierung würde ich persönlich etwas ganz anderes verstehen. Für mich würde es nicht eine Eingrenzung der Möglichkeiten, sondern vielmehr eine größere Vielfalt bedeuten. Es würde zum Beispiel nicht dazu führen, dass viele Naturheilmittel verboten, sondern mehr und mehr davon angeboten werden würden. Es gäbe dann nicht nur Benzin-, Diesel- oder

Elektromotoren, sondern noch viele andere Alternativen dazu. Konkurrenz würde nicht ausgeschaltet, sondern sogar noch vermehrt werden. Wettbewerb würde den Markt beleben und nicht so, wie es bei einer Vereinheitlichung der Fall ist, abtöten. Aber wer weiß, vielleicht ist ein weltweiter Wirtschaftszusammenbruch ja sogar erwünscht.

Für mich bedeutet Globalisierung ein weltweites, ja sogar universelles Zusammenstehen, ein Miteinander, das alle Menschen bereichert und nicht nur einige wenige auf Kosten vieler. Globalisierung, Einheit und Gleichheit hören sich sehr gut an, aber wenn man es genau betrachtet, geht es darum, die Bedürfnisse der Menschen so zu formen, dass alle gleich werden.

Bist Du gleich wie alle anderen? Möchtest Du überhaupt gleich sein wie alle anderen? Spirituell gesehen – ja. Politisch und wirtschaftlich gesehen jedoch, wird Globalisierung zum Fluch für die Menschheit. Wehe dann all jenen, die es wagen, aus der Reihe zu tanzen. Doch, wer tanzt denn aus der Reihe? Sind es nicht gerade wir, Du und ich, die wir uns um eine menschlichere, spirituellere und liebevollere Lebensweise bemühen? Sind es nicht gerade jene, die sich um eine sinnvollere Lebensaufgabe bemühen? Was, wenn man all diese Menschen per Gesetz kriminalisiert, all die Heiler und all jene, welche sich für umweltfreundliche Technologien einsetzen? Waren es nicht immer die sogenannten 'Außenseiter', welche bahnbrechende Erfindungen realisierten? Soll unsere Zivilisation beendet werden? Dann nur zu! – 'One World'.

Kurzum, bevor ich eine Globalisierung befürworte, plädiere ich für die dafür notwendige Basis. Globalisierte Liebe im Herzen aller Menschen. Danach, bin auch ich gerne dabei.

Selbstverleugnung

Selbstverleugnung entsteht durch kurzfristiges Vorteilsdenken und endet in einem Leben voller Abhängigkeit, Halbwahrheiten, Verwirrung und Unzufriedenheit.

Meist beginnt es ganz unscheinbar. Vielleicht möchtest Du eigentlich bloß einigen vermeintlichen Schwierigkeiten aus dem Weg gehen, doch letztlich führt es ins Desaster. Menschen, die sich selbst verleugnen, geben vor, es anderen recht machen zu wollen, doch in Wahrheit sind sie nur darauf bedacht, es sich selbst leicht zu machen. Menschen jedoch, die es sich leicht machen wollen, haben Widerstand gegen komplizierte, schwere Lebenssituationen. Und das bedeutet, dass sie sich mehr und mehr gerade in diese Situationen hineinmanövrieren. Dies ist das Resultat des Erschaffens einer Realität durch Widerstand.

Man wählt den 'einfachen' Weg, um kurzfristige Vorteile zu erwerben, doch langfristig gesehen sind diese Vorteile Schritte in ein modernes Sklaventum. Man tut nicht mehr einfach das, was man tun möchte, sondern begrenzt sich mit der Furcht, dass man eigene Vorteile verlieren könnte. Dies ist eine Form von Erpressung, die man sich selbst in die Wege geleitet hat. Auch wenn es ganz harmlos begann, so wirken sich doch die längerfristigen Resultate gravierend auf die Lebensqualität aus. Du wirst mehr und mehr unfrei in Deinen Entscheidungen und Handlungen. Deine eigene Entwicklung, Deine Hobbys und Bedürfnisse werden beschnitten und am Ende Deines Lebens wirst Du feststellen, dass von all den Menschen, die Du kennst, einer zu kurz gekommen ist, nämlich Du. Die ganze Zeit davor hast Du Dich jedoch mit dem Gedanken über Wasser gehalten, dass es dann und dann, so in ein paar Jahren, von alleine vorübergeht. Du kannst es auch immer gut begründen: ‚…dann ist mein Kind älter', ‚dann läuft das Geschäft besser', ‚dann bin ich in einer anderen Position', ‚dann wird der sowieso pensioniert', ‚bis dann ist er oder sie bestimmt verstorben', ,dann…'. Aber in der Zukunft hört es niemals auf. Entweder es hört jetzt auf, oder nie. Denn die psychischen Hintergründe, welche die jetzige Situation erschaffen haben, erschaffen auch Deine zukünftige. Und zwar nicht weniger krass, sondern eher mehr. Wenn Du einmal lügst, entstehen weitere Lügen. Wenn Du einmal nicht zu dem stehst, was Du wirklich willst, wirst Du es immer wieder tun. Am Schluss wirst Du Sklave oder Sklavin Deiner Umwelt sein. Du wirst zu einem Anpasser, der sich ständig verbiegen muss, um durchs Leben zu kommen. Und damit dies nicht allzu deprimierend für Dich wird, wirst Du halt in anderen Gebieten Deinen Eigenwillen durchsetzen. Leider oft dort, wo es tatsächlich besser und hilfreicher für Dich gewesen wäre, auf andere zu hören. Dies wird aber Deine Erfahrungen von Misserfolgreich-Sein nur vermehren und am Ende flüchtest Du in die Verwirklichung von Äußerlichkeiten, wie Aussehen, Sport, Unterhaltung, Geld und Prestige. Du bezahlst dafür jedoch einen viel zu hohen Preis. Ja, Du bezahlst mit Deinem Leben dafür. Mit Deinem Leben, welches so frei, freudvoll und erfolgreich hätte sein können. Du verschenkst damit die beste und einzige Zeit, die Du hast: die Gegenwart. Natürlich glaubst Du Dich in einer ausweglosen Situation, deren einzige Lösung der Kompromiss wäre, aber Du handelst in solchen Momenten gegen Dein Selbst. Du ignorierst Deine eigene Intuition und wenn Du das oft genug praktiziert hast, bleibt sie bald für immer im Hintergrund. Was soll sie auch, nachdem Du sie ja sowieso meist übergehst? Und von nun an, wird Dein Leben nicht mehr von Deinem Höheren Selbst oder Deinem Herzen geleitet, sondern von einem feigen Verstand, der stets bloß den Weg des geringsten Widerstandes sucht. Deine Intuition muss dem Denken weichen und einem Verstand das Feld überlassen, der die wirklich wichtigen Dinge des Lebens gar nicht verstehen kann. Bezeichnend für ein solches Verhalten ist, dass Du in Deinem Leben immer ernster wirst, immer mehr denken und berechnen musst, und dass es nicht leicht sein wird für Dich, alle Anforderungen des 'Abhängigen-Lebens' zu bewältigen. Kompromisse zu machen, die

Deinem Inneren widerstreben, ist keine einmalige Sache. Vor langer Zeit hast Du damit angefangen, ohne dass Du es bemerkt hättest. Denn dies ist die Notfalltaktik für Menschen, Liebe zu bekommen. Es beginnt schon sehr früh in der Kindheit. Meist entstand es zur Kompensation oder Liebesrückgewinnung eines Elternteils oder Partners. Auch um die Freundschaft seiner Freunde zu gewinnen war diese Methode 'geeignet'. Bloß, solche Freundschaften sind unfrei und nicht von Dauer. Sie dauern nur gerade so lange, wie niemand genau das durchsetzt, was er möchte. Wenn Du das tun würdest, dann würdest Du sehr schnell bemerken, wie rar echte Freunde sind.

Um echte Freunde zu finden, musst Du zuerst Dein eigener bester Freund sein. Du musst zuerst lernen, Dich nicht selbst, auch nicht auf subtilste Art und Weise, zu hintergehen. Schließ Frieden mit Dir und hab keine Furcht vor dem, was kommt. Du kannst sicher sein, es kommt niemals so schlimm, wie es käme, wenn Du so fortfährst. Dein Schicksal liegt in Deiner Hand, wenn Du die Verantwortung übernimmst und den Mut hast, zu Dir zu stehen. Denn so gerne Du auch zu anderen stehen würdest, es ist Dir nicht möglich, solange Du nicht zu Dir selbst stehen kannst. Und wenn Du Kinder hast oder Schüler, dann überlege Dir gut, welches Beispiel Du ihnen vorleben willst. Denn sie bekommen diese Dinge genau mit, und sie werden Dich kopieren. Somit obliegt Dir eine große Verantwortung. Du lieferst ihnen mit Deinem Verhalten einen Archetypus, den sie später im Leben nur schwer verändern können – wenn überhaupt. Es liegt also an Dir, die Zukunft der Menschheit mitzugestalten, ihre Geschicke in eine ehrlichere und erfolgreichere, glücklichere Bahn zu lenken oder mitzuschwimmen im großen Strom der angepassten Individualisten, welche einstmals, nach einem mehr oder weniger erfolgreichen Leben, in die geistige Welt übertreten und bemerken, dass sie ihr Leben vertan haben. Sie schreien förmlich nach einer Wiedergeburt und sie schwören sich, es diesmal besser zu machen. Doch kaum reinkarniert, scheinen sie alles wieder vergessen zu haben und wählen wieder den Weg des geringsten Widerstandes. Du siehst, ich weiß, dass es nicht einfach ist. Doch gerade deshalb empfehle ich Dir, die nötigen Veränderungen jetzt durchzuführen. Es war nie leichter als gerade jetzt! Du musst es nur entscheiden. Ja, Du musst Dich nur einmal wirklich für Dich entscheiden und glaube mir, es ist kein Egoismus, auch wenn es Dir so erscheinen mag, Egoismus wäre, es nicht zu tun und so weiterzumachen wie bisher.

Du kannst es sehr wohl weiterhin so tun, aber dadurch wirst Du kein brauchbares Vorbild (Archetyp) für die Welt. Dein Leben bekäme nicht mehr und auch nicht weniger Bedeutung, als das der meisten Menschen. Aber Du bist zu weitaus mehr im Stande! Gott kannst Du für Dein Leben nicht verantwortlich machen, er hat es in Deine Hände gelegt, Du hast den freien Willen, Dich für ein Leben in Abhängigkeit oder Freiheit zu entscheiden. Es beginnt ganz harmlos. Vielleicht solltest Du doch endlich den Weg Deines Herzens gehen, ohne Kompromisse? Du wirst erleben, wie viel Du dadurch Deinen Mitmenschen an Mut, Stärke und Courage weitergeben kannst. Du wirst sehen, dass Du plötzlich alle Menschen um Dich herum ermutigst, auch ihren Weg zu gehen und Du wirst sehen, dass einer nach dem anderen mehr Glück und Zufriedenheit, Liebe und Erfolg in seinem Leben haben wird. Durch Dich! Auch das beginnt meist ganz unscheinbar, so wie ein Lächeln, das sich von einem zum anderen, wie ein Lauffeuer um die ganze Welt lächelt. Doch es kann nur einer sein, der den Anfang macht: Du!

Du

Meine Meinung über Dich ist zwar nicht wichtig, aber es ist vermutlich die schönste, die Du je gehört hast.

Wie ich etwas über Dich wissen kann, da ich Dich nicht kenne? Du wirst Dich bald wundern, wie gut ich Dich kenne! Ich kenne nämlich Deinen Kern. Du bist ein Teil von mir und gleichfalls ein Teil Gottes. Wie könntest Du also anders sein als wunderbar? Bestimmt hast Du in Deinem Leben schon einiges durchgemacht und viele schwierige Situationen gemeistert. Oft standest Du allein da und keiner hat Dich wirklich verstanden. Hast Dich für andere eingesetzt und Dich für sie aufgeopfert, doch selten war jemand da, der Dich wirklich tragen konnte, wenn Du mal Hilfe brauchtest. Oder Du hattest Glück und es gab Menschen, die Dich auch durch Deine schwierigen Situationen begleiteten. Aber eines ist sicher, Du hast viele Prüfungen überstanden und Situationen gemeistert, die andere vielleicht nicht hätten meistern können. Du bist stark. Deine Gedanken sind oft so tiefgründig und Deine Wahrnehmungen oft so weitreichend, dass es für andere schwierig ist, ihre Dimension zu erfassen. Irgendwie bist Du stets auf Dich allein gestellt und ständig auf der Suche nach der Wahrheit und nach einer Möglichkeit, die Dir hilft, Dich weiter zu entwickeln. Du magst kein sinnloses Leben führen und bist ein richtiges Stehaufmännchen.

Du machst aus allem das Beste und bist stets bemüht, ein guter Mensch zu sein. Dein Herz ist leuchtend und voller Visionen, auch wenn Du Dich oft nicht traust, diese in die Tat umzusetzen, weil Du entweder auf Dich oder Deine Mitmenschen Rücksicht nimmst. Trotz all Deiner Fehler bist Du ein leuchtendes Lichtwesen, welches sich mit der irdischen Erfahrung veredelt. In Wirklichkeit bist Du aber bereits sehr edel und voller Liebe. Oft bist Du so voller Liebe, dass es Dich ärgert, wenn andere nicht liebevoll sind und untereinander einen groben Ton anschlagen und eine verletzliche Umgangsform leben. Oft ärgerst Du Dich auch über Dich selbst, wenn Du verärgert bist. Manchmal, in gewissen Situationen, weißt Du Dir nicht anders zu helfen – als zu streiten und in Partnerschaften wunderst Du Dich darüber, wie man so aneinander vorbeireden kann. Obwohl Du viel Geduld hast, verlierst Du hin und wieder Deine Nerven. Deine Laster nerven Dich und manchmal weißt Du einfach nicht weiter. Und dennoch… Du bemühst Dich und gibst Dein Bestes und deshalb bist Du wunderbar. Du bist eine Seele, die von sehr weit herkommt, das spürst Du in gewissen Momenten, wenn Du irgendwie das Gefühl hast, nicht von diesem Planeten zu sein. Doch Deine Liebe und Bereitschaft zu wachsen ist so groß, dass Du Dich jeder Herausforderung stellst. Ich finde das großartig! Selbst wenn Du nicht alles gibst, Dich hängen lässt und einfach nicht mehr ‚gut' sein willst, finde ich Dich toll! Denn es braucht Mut, sich auch mal gehen zu lassen, nicht immer gut sein zu wollen und zuzugeben, dass man überfordert ist. Ich habe große Achtung davor. Ja, ich habe Achtung vor Dir, weil Du Dich dem Leben stellst und immer noch da bist. Du gibst nicht auf und ich weiß, Du wirst Dein Ziel erreichen. Deshalb liebe ich Dich. Eigentlich hättest Du für Deine Ausdauer einen Orden verdient. Ich würde ihn ‚Verdienstorden fürs Menschsein' nennen. Hiermit verleihe ich ihn Dir. Du lässt Dich weder von Krankheiten noch von finanziellen Hindernissen beeindrucken und überwindest, früher oder später, alle Hürden des menschlichen Daseins. Ich habe große Wertschätzung davor. Mit anderen Worten, Du kannst tun und lassen was Du willst, ich finde Dich phantastisch! Du bist liebenswert, weil Du bist, wie Du bist. Auch wenn ich Dich vielleicht persönlich nicht kenne, ich spüre Deine Gegenwart und es tut mir gut zu wissen, dass es Dich gibt. Ich spüre, dass ich nicht allein bin und ich weiß, dass wir es gemeinsam schaffen werden, diese Welt in ein Paradies zu verwandeln.

Lass Dich niemals entmutigen, vertraue darauf, dass auch Du nicht allein bist. Ich und viele meinesgleichen unterstützen Dich sicht- oder unsichtbar. Unsere Hilfe ist Dir gewiss. Du kannst Heilung empfangen, während Du meine Zeilen liest, Erkenntnisse und Einsichten erlangen und Kraft auftanken für Deinen weiteren Lebensweg. Es gibt genügend Heiler, Helfer, Meister und Erleuchtete, die Tag und Nacht für Dich beten, Dir Kraft und Liebe, Heilung und Erleuchtung senden. Du bist nicht allein! Genieße es gerade der oder die zu sein, der Du bist. Du bist weder ein Irrtum Gottes noch ein Zufall der Schöpfung. Es gibt Dich, weil Du gebraucht wirst und weil Du einzigartig bist. Es gibt Dich, weil die Welt Deine spezielle Energie braucht und kein anderer sie so gut wie Du auf dieser Erde verankern kann.

Du bist zwar winzig klein im göttlichen Gefüge, hast aber einen enormen Einfluss darauf. Werde Dir dessen bewusst und anerkenne Dich selbst als einmaliges Wesen, dessen Fähigkeiten und Liebe, dessen Leiden und Menschlichkeit auf dieser Erde so sehr benötigt werden. Ich will jetzt bestimmt nicht übertreiben, aber Du bist wirklich ein Hit! Und, was immer Du über mich denken magst, wo immer Du in Deinem Leben gerade stehst, meine Meinung über Dich steht fest. Schön, dass es Dich gibt!